PETRA MATTFELDT & AXEL PETERMANN

IM KOPF DES BÖSEN – KEN UND BARBIE

**PETRA MATTFELDT &
AXEL PETERMANN**

IM KOPF DES BÖSEN – KEN UND BARBIE

KRIMINALROMAN

blanvalet

Der Verlag behält sich die Verwertung des urheberrechtlich geschützten Inhalts dieses Werkes für Zwecke des Text- und Data-Minings nach § 44 b UrhG ausdrücklich vor. Jegliche unbefugte Nutzung ist hiermit ausgeschlossen.

Penguin Random House Verlagsgruppe FSC® N001967

1. Auflage 2024
Copyright © 2024 by Petra Mattfeldt & Axel Petermann
Copyright © 2024 by Blanvalet in der
Penguin Random House Verlagsgruppe GmbH,
Neumarkter Straße 28, 81673 München
Redaktion: Kristina Lake-Zapp
Umschlaggestaltung und -motiv: Guter Punkt, München unter Verwendung von Motiven von Shutterstock.com (Fer Gregory; xpixel); iStock / Getty Images Plus (Tatiana Mezhenina; Zinkevych); iStock.com / PonyWang
Autorenfoto: © Rebekka Schnell
StH · Herstellung: DiMo
Satz: Vornehm Mediengestaltung GmbH, München
Druck: GGP Media GmbH, Pößneck
Printed in Germany
ISBN 978-3-7645-0832-6

www.blanvalet.de

PROLOG
Kasselberger Weg am Rhein, Köln
Donnerstag, 29. Juni 2023

Das Blut rauschte in seinen Ohren, und mit jedem seiner federnden Schritte erhöhte sich sein Pulsschlag noch mehr, während ihm der Schweiß von der Stirn rann.

Es war eine dämliche Idee gewesen, um diese Zeit noch joggen zu wollen, war es doch in den letzten Tagen immer schon so heiß gewesen, dass man es ab spätestens zehn Uhr kaum noch hatte aushalten können. Inzwischen war es fast halb zwölf, und die Sonne brannte vom Himmel, doch nun, da er bereits die Hälfte seiner üblichen Strecke hinter sich hatte, war es unsinnig umzukehren. Er warf einen kurzen Blick auf seine Smartwatch – sie zeigte eine Herzfrequenz von einhundertdreiundfünfzig an. Er war jung, fit und trainiert, doch es war wohl besser, im Hinblick auf den Pulsschlag etwas langsamer weiterzujoggen.

Die Luft schien zu flimmern, er kniff einige Male die Augen zusammen und wischte sich den Schweiß von den Brauen, um wieder klar sehen zu können. Im Laufen warf er einen Blick über die Schulter, um sicherzugehen, dass kein Fahrrad kam. Dann überquerte er die Straße und passierte die St.-Amandus-Kirche, aus der gerade ein Brautpaar heraustrat, das sich von den Spalier stehenden Hochzeitsgästen beglückwünschen ließ. Eigenartig, an einem Donnerstag um diese Uhrzeit zu heiraten, dachte er noch, dann joggte er weiter auf dem Langeler Damm. Radfahrer kamen ihm entgegen, einige von ihnen hielten ein Eis in der Hand. Vielleicht würde er sich auch eins holen, wenn er den kleinen Strandabschnitt erreicht hatte, an dem sich zu dieser Jahreszeit die Leute nur so tummelten. Einige Minuten später konnte er bereits die Menschen sehen, die sich Abkühlung am Rheinufer erhofften.

Plötzlich erweckte etwas seine Aufmerksamkeit, und er blieb abrupt stehen. Nur ein Stück entfernt parkten mehrere Polizeifahrzeuge, ein größerer Bereich vom Wasser aus bis hoch zum Weg war mit rot-weißen Plastikbändern gesichert.

Einige Schaulustige hatten sich bereits eingefunden, denen die Polizisten die Sicht auf das, was sich dort unten tat, mit weißen Pavillons, die innerhalb des markierten Bereichs aufgebaut worden waren, zu verwehren versuchten.

Er ging noch ein Stück weiter, reckte nun selbst den Hals.

»Was ist denn los?«, fragte er einen Mann, der das Geschehen aufmerksam verfolgte. Er schätzte ihn auf Anfang siebzig.

»Heute in der Früh hat da einer eine Leiche entdeckt«, gab dieser Auskunft, ohne seinen Blick von dem abzuwenden, was sich dort unten tat. »Das Wasser geht ja schon seit Jahren zurück, und durch die Hitze in letzter Zeit wurde die wohl freigelegt.« Der Mann drehte sich zu ihm um. »Klaus«, er deutete mit dem Kinn auf einen anderen Mann, der ein Stück weit entfernt stand, »hat mit dem gesprochen, der sie gefunden hat. Sie soll einzementiert gewesen sein.«

»Einzementiert?«

Der Mann nickte. »Ja. Stimmt doch, oder, Klaus?«, rief er dem anderen zu.

»Ja«, rief dieser zurück und gesellte sich zu ihnen, offenbar erfreut darüber, sein Wissen teilen zu können.

»Ich war ja einer der Ersten hier«, sagte er, und es klang, als empfinde er so etwas wie Stolz. »Der, der sie gefunden hat, ist jetzt da unten bei der Polizei. Aber ich habe vorhin mit ihm sprechen können. Angeblich ist die Leiche zerstückelt und einzementiert. Der skelettierte Kopf hat wohl noch rausgeguckt. Ist 'ne junge Frau mit langen blonden Haaren.« Er schüttelte den Kopf. »Die Haare waren im Beton eingegossen, sonst wären die sicherlich längst ausgefallen, doch am Rest haben sich die Fische wohl ordentlich bedient.«

»Danke«, sagte er und spürte Übelkeit in sich aufsteigen. Ein Blick auf seine Smartwatch verriet ihm, dass sein Puls soeben in die Höhe geschnellt war. Er zog das Handy hervor, ging ein paar Schritte zur Seite und wählte die Nummer seines besten Freundes.

»David, ich bin's.« Er senkte seine Stimme, damit nicht jeder mitbekam, was er sagte. »Ich bin am Fähranleger Langel. Vielleicht solltest du herkommen. Sie haben eine Frauenleiche mit langen blonden Haaren aus dem Rhein geborgen.«

Sein Freund erwiderte nichts, sondern legte sofort auf. Er steckte das Handy wieder ein und sah, wie nun eine etwa dreißigjährige Frau mit kurzen dunklen Haaren und ein Mann mit braunen Haaren und einem Bart aus dem Pavillon der Polizei heraus ins Freie traten. Die junge Frau blickte zu ihm herauf, und kurz fühlte er sich ertappt, ganz so, als hätte er etwas Falsches getan. Ihr Blick schien ihn zu durchbohren, sodass er sich eilig abwandte. Wer war sie?

1. KAPITEL
Kasselberger Weg am Rhein, Köln
Donnerstag, 29. Juni 2023

> *Jedes Opfer hat es verdient, dass ihm Gerechtigkeit widerfährt. Und meine Aufgabe ist es, dafür zu sorgen.*
>
> SOPHIE KAISER

Sophie Kaiser war zusammen mit ihrem Kollegen vom BKA Wiesbaden, Leonhard Michels, unter dem Pavillon hervorgetreten und sah nun zu den Schaulustigen hinauf. Ihr Blick fiel auf einen Jogger, der direkt zu ihr sah. Etwas an seiner Körpersprache verriet Sophie, dass er mehr an dem, was hier unten geschah, interessiert war als die übrigen Schaulustigen, die sich am Rheinufer eingefunden hatten und die Hälse reckten, um möglichst nichts von dem zu verpassen, was am Fundort vor sich ging.

»Ich brauche Fotos von allen Leuten dort oben. Bitte kümmern Sie sich darum«, wies sie einen uniformierten Kollegen an. »Und die vollständigen Personalien, bitte. Einzelfotos von denen, die keinen Ausweis dabeihaben.«

»In Ordnung«, gab der Polizist knapp zurück und setzte sich in Bewegung.

»Dafür brauchen Sie unsere Einwilligung«, hörte Sophie jemanden laut sagen und sah erneut nach oben, ob es der Jogger war, der sich beschwerte. Doch der hatte sich etwas abseits gestellt, das Handy in der Hand, und schien zu telefonieren. Sophie wandte sich Leonhard zu.

»Denkst du, dass unser Mann dafür verantwortlich ist?«, fragte Leonhard.

»Aufgrund der Auffindesituation nicht«, antwortete Sophie. »Er hat bisher keines seiner Opfer zerstückelt. Und die einzige Gemeinsamkeit sind nach jetzigem Kenntnisstand das Geschlecht und der Rest, der von ihren langen blonden Haaren übrig ist.«

Marcus Brandner von der Spurensicherung trat ebenfalls unter dem Pavillon hervor und gesellte sich zu Sophie und Leonhard, gefolgt von seinem Kollegen Stephan Moritz.

»Und?«, fragte Leonhard nur.

»Was die Spuren angeht, solltet ihr nicht zu viel erwarten. Das Wasser wird einen Großteil vernichtet haben, und wir können lediglich auf Anhaftungen unter dem Zement und am Opfer selbst hoffen. Doch ob hier etwas übrig geblieben ist, ist fraglich. Bei dem Zustand der Leiche werden wir das Opfer wohl nur über die Zähne oder einen DNA-Abgleich identifizieren können.«

»Kannst du schon sagen, wie lange sie in etwa im Fluss gelegen hat?«, fragte Sophie, worauf Marcus sogleich den Kopf schüttelte.

»Das ist zum jetzigen Zeitpunkt unmöglich. Denk an die caspersche Regel: Im Wasser fault eine Leiche bei gleichen Temperaturbedingungen nur halb so schnell wie an der Luft. Da sie aber nur noch Reste ihrer langen Haare hat, wird sie längere Zeit im Wasser gelegen haben, nicht nur Tage, sondern wahrscheinlich Jahre.« Brandner atmete einmal tief durch.

»Also eher nicht Katherine Wolf? Oder Selina Breuer?«, vergewisserte sich Sophie, denn aktuell wurden zwei weitere junge Frauen mit langen blonden Haaren vermisst.

Der Mann von der Spusi zuckte mit den Achseln, brummte: »Eher nicht«, dann wandte er sich an seinen Kollegen. »Komm, machen wir weiter. Je schneller wir bei dieser Hitze und dem

Fäulnisgestank der Leiche fertig werden, desto besser.« Damit machte er kehrt und verschwand wieder unter dem Pavillon. Stephan zögerte kurz, dann folgte er Marcus, obwohl ihm anzusehen war, dass er gern noch einen Moment lang pausiert hätte.

»Was überlegst du?«, fragte Leonhard, mit dem sie seit nunmehr einem Vierteljahr fest beim BKA Wiesbaden zusammenarbeitete. Sophie war froh gewesen, dass Leonhard ihr Angebot angenommen hatte, mit ihr zusammen zum BKA zu wechseln und dort in einer neu gegründeten Einheit deutschlandweit tätig zu werden. Nachdem Leonhard und sie gemeinsam den sogenannten Sandmann-Fall hatten aufklären können, war ihr vom Leiter der operativen Fallanalyse des BKA nicht nur der neue Job, sondern darüber hinaus angeboten worden, ihr Team selbst zusammenzustellen. Sophie hatte nicht lange überlegen müssen und sich für Marcus Brandner und Stephan Moritz von der Spurensicherung der Kripo Hannover entschieden. Sie hatte nicht bezweifelt, dass diese ihr zum BKA folgen würden, und sie hatte mit ihrer Einschätzung richtiggelegen. Marcus war in gesellschaftlicher Hinsicht ein recht anstrengender Charakter, zumindest für die Allgemeinheit. Sophie und er jedoch hatten sich von Anfang an gut verstanden, und Sophie war der Ansicht, dass sein Verhalten und seine Art zu denken sehr viel logischer und nachvollziehbarer waren als die der meisten Menschen, mit denen sie zu tun hatte. Marcus Brandner war, was die Spurensicherung anging, eine Koryphäe, weshalb er trotz seiner zahlreichen Marotten von den Kolleginnen und Kollegen akzeptiert wurde. Für Sophie zählte neben seiner akribischen Arbeit vor allem die Tatsache, dass Marcus genau wie ihr selbst Arbeitszeiten vollkommen gleichgültig waren. Für sie war es eine Selbstverständlichkeit, die einzig logische Handlungsoption, sich voll und ganz in seine Arbeit zu knien, wenn ein Verbrechen stattgefunden hatte. Menschen, die mit einem Fall befasst waren und das nicht taten, waren ihr suspekt. Und dass Stephan Moritz nach Marcus' Zusage ebenfalls mitkommen würde, war für Sophie ebenfalls logisch gewesen. Marcus war für Stephan eine Art Mentor und Stephan vermutlich der einzige Mensch, der vierundzwanzig Stunden am Stück mit Marcus umgehen konnte und dazu auch bereit war. Denn dass Marcus mit seiner Art viele vor den Kopf stieß, hatte Sophie selbst oft genug mitbekommen.

Bei Leonhard Michels dagegen hatte Sophie auf eine Zusage gehofft, wenngleich nicht wirklich daran geglaubt. Immerhin hatte dieser sich in Lübeck eine Karriere aufgebaut, war dort überaus angesehen und geschätzt. Vor allem aber wohnten Leonhards Eltern und die Familie seiner Schwester dort, und Sophie hatte trotz der Freundschaft, die sich zwischen ihnen nach dem Sandmann-Fall entwickelte, nicht einschätzen können, welchen Stellenwert dies für Leonhard hatte. Umso erfreuter war sie gewesen, als dieser ihr, nur einen Tag nachdem sie sich in Lübeck zum Essen getroffen hatten und sie ihm das Angebot unterbreitet hatte, die Zusage gab. Sophie war der festen Überzeugung, dass sie gemeinsam in der Lage sein würden, gute Arbeit zu leisten. Arbeit, die derzeit darin bestand, eine vor drei Tagen entführte Achtzehnjährige zu finden, bei der zu befürchten stand, dass sie einem Serienvergewaltiger und -mörder in die Hände gefallen sein könnte, der bereits mehrere tote Mädchen auf dem Gewissen hatte.

»Sophie?« Leonhard suchte ihren Blick. Wie so oft hatten ihre Gedanken sich verselbstständigt.

»Entschuldige«, bat sie. »Was hast du gefragt?«

»Ich habe dich gefragt, was du denkst«, antwortete er.

Sophie bedeutete ihm, sich noch ein Stück weiter vom Pavillon zu entfernen. Sie wollte vermeiden, dass die Kollegen und Kolleginnen sie eventuell hören konnten.

Sophie war froh, dass sie Leonhard hatte anvertrauen können, dass bei ihr schon im Kindesalter Autismus, genauer das Asperger-Syndrom, diagnostiziert worden war und sie manches anders wahrnahm als er. Sie hatte es für richtig befunden, es ihm zu sagen, hatte gespürt, dass sie ihm vertrauen konnte, was für Sophie eine neue Erfahrung gewesen war. Sie sprach nicht oft mit anderen über sich, eigentlich nie, und zwar nicht nur, weil sie nicht die geringste Lust hatte, sich und ihre Art zu denken und zu handeln auf irgendeine Weise erklären zu müssen, sondern weil sie das Denken und Handeln der anderen häufig für unlogisch hielt, nicht ihr eigenes. Ihr fiel es nicht schwer, sich nicht von ihren Gefühlen leiten zu lassen und damit so kopflos zu reagieren wie die meisten Menschen, mit denen sie zu tun hatte. Ihr Problem war eher, die ihres Empfindens nach unkontrollierten Emotionen anderer nachvollziehen zu können, doch das ließ sie sich nicht anmerken. Genauso wenig wie sie sich anmerken ließ, was sie dachte. Für sie war das, was in ihrem Kopf vorging, überaus persönlich, und wer darüber Bescheid wissen durfte, entschied nur sie allein. Leonhard respektierte das und hatte ihr in dem Gespräch über ihr Asperger-Syndrom sogar gesagt, dass er es geradezu faszinierend fand, auf welch besondere Art sie die Dinge betrachtete und wahrnahm. Das Vertrauen zwischen ihnen war dadurch noch einmal gewachsen und hatte sie noch enger miteinander verbunden. Sophie spürte, nein, sie *wusste*, dass sie sich zu einhundert Prozent auf Leonhard verlassen konnte. Und schon so manches Mal hatte sie bemerkt, dass er, wenn sie mit ihrer rein analytischen Art wieder einmal jemanden ungewollt vor den Kopf stieß, eingegriffen und die Wogen geglättet hatte. Ihr tat es gut, mit Leonhard einen Vertrauten an ihrer Seite zu haben, und inzwischen konnte sie es zulassen, mit ihm genau über die Dinge zu sprechen, bei denen sie spürte, an Grenzen zu stoßen – bei sich selbst oder bei anderen. Es war noch immer ein seltsames Gefühl, doch eines, das Sophie mehr als nur zu schätzen wusste.

»Ich habe Schwierigkeiten«, flüsterte sie Leonhard nun zu, als sie sicher war, dass niemand sie hören konnte.

Leonhard sah sie fragend an.

»Ich habe Schwierigkeiten, mir ein klares Bild zu machen«, präzisierte sie und deutete mit einer Kopfbewegung in Richtung Pavillon. »Dadurch, dass der Körper zerteilt und in diese Form gebracht wurde, fällt es mir schwer, ihn mir als Frau vorzustellen.«

»Weil er jetzt in diese Würfelform gepresst ist, ich verstehe.« Leonhard nickte.

Sophie legte die Stirn in Falten und schüttelte den Kopf.

»Nein. Das ist keine Würfelform«, widersprach sie. »Ein Würfel besteht aus sechs Seitenflächen, acht Ecken und zwölf Kanten, und alle Seitenflächen sind gleich große Quadrate.«

»Aber es sieht aus wie ein Würfel«, versuchte Leonhard zu erklären, »also … fast.«

Wieder schüttelte Sophie den Kopf und krauste die Stirn. »Die obere und untere Seite des Zementblocks«, stellte sie dann klar, »sind weit länger als die Seitenflächen, sodass die Form eher an einen Quader als an einen Würfel erinnert, wobei ein Quader ein regelmäßiger Körper mit rechten Winkeln ist. Diese sind hier nicht gegeben.« Sie schüttelte bekräftigend den Kopf. »Darüber hinaus sind bei einem Quader die gegenüberliegenden Seiten parallel zueinander und gleich lang und …«

Leonhard legte vorsichtig seine Hände auf ihre Schultern und unterbrach so ihren Redeschwall.

»Das da drin entspricht keiner regelmäßigen geometrischen Form, du hast vollkommen recht. Mein Fehler.« Er hob abwehrend die Hände. Sophie setzte zu einer Erwiderung an, doch dann brach sie ab. Sie kannte Leonhard inzwischen gut genug, um zu wissen, dass er ein gutes Regulativ für sie war. Außerdem stellte sie verwundert fest, wie selbstverständlich inzwischen Körperkontakt zwischen ihnen geworden war, auch wenn dieser sich auf leichte Berührungen an Armen oder Schultern beschränkte. Zwar hatte sie es Leonhard nie gesagt, doch er schien zu ahnen, dass Sophie allgemein übliche soziale Gesten wie Händeschütteln geradezu absurd fand und sich mehr oder weniger dazu zwingen musste. Genau das wusste Sophie zu schätzen, gab es ihr doch das Gefühl, sich weder ständig hinterfragen noch erklären zu müssen.

Sie beugte sich nach vorn und konzentrierte sich.

»Ich frage mich, weshalb der Täter die Frau verstümmelt hat. Es sieht auf den ersten Blick nach einer defensiven Mutilation aus.«

Mutilation kam aus dem Lateinischen von *mutilare* und bedeutete so viel wie jemanden schwer zu verletzen, meistens mit dem Verlust von Körperteilen, erinnerte Sophie sich an ihr Studium. Mit ihrem eidetischen Gedächtnis konnte sie nicht anders, als alle Informationen, die sie zu einem Thema oder Begriff verinnerlicht hatte, unbewusst abzurufen. Das konnte sehr anstrengend sein. Besonders wenn sie kurz vor der Aufklärung eines Falles stand, hatte sie das Gefühl, ihre Gedanken kaum noch kontrollieren zu können.

Sophie atmete tief durch, versuchte ein Gefühl für die Leiche zu bekommen. Bei der Frau im Beton sah es auf den ersten Blick so aus, als habe es sich um eine pragmatische Entscheidung des Täters gehandelt. Möglicherweise konnte er die Tote nicht in einem Stück abtransportieren, zum Beispiel weil er fürchtete, Nachbarn könnten ihn dabei beobachten. Deshalb trennte er die Extremitäten vom Körper ab und transportierte die Leichenteile an einen Ort, wo er den Torso und die anderen Körperteile in Beton goss. Wie aber mochte es ihm gelungen sein, ohne Hilfe ein solches Gewicht in den Rhein zu verfrachten? Und war das wirklich das Motiv des Täters für die Verstümmelung? Sie würde mehr darüber sagen können, wenn sie erfuhr, welche Verletzungen der Körper der Toten noch aufwies. Sophie hatte in der Vergangenheit mit einigen Tätern gesprochen und zahlreiche Protokolle studiert. Viele von ihnen beschrieben das

Prozedere des Tötens als einen unglaublichen Rausch. Sadisten beispielsweise ergötzten sich am Schmerz ihres Opfers, ehe sie es umbrachten. Manchmal war die Wut von Tätern sogar so groß, dass ihre Gewalt über den Tod hinausging. War dies hier der Fall gewesen? Dann würde der Modus Operandi des Täters ins Raster der aggressiven beziehungsweise offensiven Form der Leichenverstümmelung fallen. Sophie spürte, wie ihre Finger zu kribbeln begannen. Sie brauchte mehr Informationen, und zwar so schnell wie möglich.

»Was denkst du?«, fragte Leonhard.

Sophie richtete sich auf. »Ich brauche mehr Informationen, um mich dem Täter anzunähern. Es macht mich …«, sie suchte nach dem richtigen Wort, »nervös, so wenig zu wissen.«

Einen Moment sahen sie sich an, dann nickte Leonhard.

»Ich weiß, was du meinst. Hier können wir im Augenblick sowieso nichts mehr tun. Das Beste wird sein, wir fahren ins Präsidium und machen dort weiter, bis wir die Nachricht erhalten, dass der Leichnam aus dem Zement befreit wurde und wir in die Rechtsmedizin können, um uns die Verletzungen anzusehen. Ich hoffe, es dauert nicht zu lange, die Todesursache zu bestimmen.«

Sophie nickte. »Ja, das wird das Beste sein.«

Leonhard zwinkerte ihr zu. »Und übrigens: Für mich fühlt sich die Form, in der sich der Körper befindet, auch falsch an. Wahrscheinlich für jeden, außer für den, der dafür verantwortlich ist.«

Sophie lächelte. »Fahren wir«, sagte sie dann, wohl wissend, dass Leonhard ihr mit seinen Worten ein gutes Gefühl geben wollte. Sie streiften die Einmalhandschuhe ab und gaben den Kollegen Bescheid, dass sie in die Dienststelle fahren würden, wo eigens für sie und die weiteren Mitarbeiter, die ihnen für die Aufklärung der Fälle zur Verfügung standen, mehrere Büroräume eingerichtet worden waren.

Als beide wieder unter dem Pavillon hervortraten, sah Sophie, dass ein Mann, sie schätzte ihn auf Anfang dreißig, sich an den uniformierten Kollegen vorbeizudrängeln versuchte.

»Sie können hier nicht durch! Nehmen Sie doch Vernunft an!«, forderte der Polizist, der oben die Fotos gemacht hatte und die Personalien der Schaulustigen hatte aufnehmen sollen.

Sophie sah, wie der Jogger, zu dem sie vorhin Blickkontakt gehabt hatte, den Mann ebenfalls zu beruhigen versuchte.

»Ich will mit den Verantwortlichen sprechen!«, brüllte der jedoch und stieß den Polizeibeamten so heftig gegen die Brust, dass dieser taumelte und zu Boden ging.

Zwei weitere Polizisten bekamen den kleinen Tumult mit und eilten ihrem Kollegen zu Hilfe.

»Halt!«, rief einer der Beamten, was jedoch keinerlei Wirkung zeigte. Daraufhin brachten sie ihn gemeinsam recht unsanft zu Boden und fixierten ihm die Hände auf dem Rücken.

»Lassen Sie ihn los!«, mischte sich der Jogger ein und machte einen Schritt auf die ringende Dreiergruppe zu, dann bückte er sich und sah den am Boden liegenden Mann an. »Mensch, David, lass den Scheiß!«

Leonhard, der den uniformierten Kollegen hatte beispringen wollen, ging nun ebenfalls in die Hocke und sprach den Mann an. »Wenn meine Kollegen Sie jetzt loslassen, werden Sie sich dann benehmen?«

Der Mann, den der Jogger »David« genannt hatte, nickte, erwiderte aber nichts.

»Lasst ihn los!«, ordnete Leonhard an.

»Verdammte Polizeigewalt!«, schnauzte einer der Schaulustigen weiter oben, doch keiner von ihnen ging darauf ein.

Die Beamten ließen den Mann los und halfen ihm auf. Mittlerweile war auch der gestürzte Polizist wieder aufgestanden und gesellte sich zu ihnen.

»Wie heißen Sie?«, fragte Sophie den Mann ruhig.

»David, David Specker.« Mit Tränen in den Augen deutete er auf den Pavillon. »Ist das dort Mirja?«

»Mirja …?«,

»Mirja Schmieder«, antwortete David Specker stockend.

»Wir wissen noch nicht, wer das Opfer ist«, erklärte Sophie, dann wandte sie sich dem Jogger zu. »Und Sie sind?«

»Niklas Harms. Ich bin Davids Freund und habe ihn angerufen, als ich sah, was hier vor sich ging«, antwortete er.

»Ist Mirja Schmieder Ihre Frau?«, fragte Leonhard Specker.

»Meine Verlobte.«

»Mein Name ist Sophie Kaiser, das ist mein Kollege Leonhard Michels«, stellte Sophie Leonhard und sich vor, ohne ihre Ausweise vorzuzeigen oder zu erwähnen, dass sie vom BKA waren.

»Seit wann wird Ihre Verlobte vermisst?«

»Seit sechs Monaten und vierundzwanzig Tagen«, gab David Specker kraftlos zur Antwort, und Sophie konnte die Verzweiflung des Mannes in seinen Augen lesen.

»Darf ich bitte mal Ihre Personalausweise sehen?«, fragte Sophie, worauf David Specker seinen hervorzog, Niklas Harms jedoch mit den Schultern zuckte.

»Ich habe beim Joggen keinen Perso dabei. Ich weiß, müsste ich haben, habe ich aber nicht«, sagte Harms.

»In Deutschland gibt es zwar eine Ausweispflicht, jedoch keine Mitführpflicht«, klärte Sophie ihn auf. »Insoweit liegt kein Fehlverhalten Ihrerseits vor.«

Harms sah erst Specker und dann Leonhard an, ohne dass er etwas auf Sophies Ausführungen erwidert hätte.

»Danke«, sagte Sophie nun und reichte Specker den Personalausweis zurück. »Kommen Sie, gehen wir ein Stück«, bat sie ihn anschließend.

»Bitte lassen Sie mich nachsehen, ob sie es ist«, flehte Specker.

Leonhard schüttelte den Kopf und positionierte sich so, dass Specker die Sicht zum Pavillon verwehrt wurde. »Das geht nicht«, sagte er und sah dem Mann fest in die Augen. »Die Spurensicherung ist noch dabei, ihre Arbeit zu machen.«

»Bitte, ich will doch nur Gewissheit haben!« Tränen traten in die Augen des Mannes.

»Herr Specker«, versuchte Sophie, ihn zur Vernunft zu bringen. »Mein Kollege hat recht. Wir können Sie nicht dorthin lassen. Lassen Sie unsere Kollegen ihre Arbeit machen, damit wir eine Chance haben, die Tote zu identifizieren und den zu finden, der für diese Tat verantwortlich ist.« Er klappte den Mund auf, um zu widersprechen, doch sie blickte ihm fest in die Augen. »Selbst wenn es sich um Ihre Verlobte handelt, könnten Sie sie unter den gegebenen Umständen nicht zweifelsfrei identifizieren. Sobald wir mehr wissen, sehen wir weiter.«

Specker hob die Hände vor den Mund und atmete mehrmals hinein, um nicht zu hyperventilieren. Sophie merkte ihm deutlich an, dass ihm übel geworden war. Nach einer Weile blickte er seinen Freund Niklas an, der ihm zunickte.

»Gehen wir ein Stück«, forderte Sophie Specker erneut auf und deutete zum Weg, der oben am Fluss entlang verlief.

Specker sah noch einmal zum Pavillon, dann setzte er sich in Bewegung. Zu viert gingen sie unter den Blicken der Schaulustigen die Böschung hinauf.

»Ihre Verlobte ist also im Dezember verschwunden?«, begann Sophie, als sie den Weg erreichten, ein Stück von den Schaulustigen entfernt, sodass diese ihre Unterhaltung nicht mitbekamen. »Erzählen Sie uns bitte von dem Tag«, forderte sie Specker auf, der tief durchatmete und dann zu reden begann.

2. KAPITEL

**Kasselberger Weg am Rhein, Köln
Donnerstag, 29. Juni 2023**

> *Sophie mag manch einem eigenartig
> erscheinen. Für mich jedoch ist sie der
> logischste Mensch, der mir je begegnet ist.*
>
> LEONHARD MICHELS

»Ihre Verlobte ist also im Dezember verschwunden. Können Sie uns erzählen, wie der Tag verlief? Ist Ihnen irgendetwas Besonderes aufgefallen?«, fragte Sophie erneut, während sie, David Specker, Niklas Harms und Leonhard sich Schritt für Schritt immer weiter vom Leichenfundort und der Gruppe Schaulustiger, die sich oberhalb der von der Polizei aufgestellten Pavillons versammelt hatte, entfernten.

Specker nickte, jetzt ein klein wenig gefasster. »Es war ein ganz normaler Montag«, begann er. »Einen Tag vor Nikolaus. Es hat geregnet, und Mirja und ich haben gefrühstückt und uns gewünscht, dass endlich mal Schnee fällt, denn wir wollten uns am nächsten Tag mit einigen Freunden auf einen Glühwein und eine Bratwurst treffen.« Er nickte zu Niklas Harms hinüber. »Bei Nik und Leonie im Garten.«

»Das stimmt«, bestätigte Harms. »Wir machen das jedes Jahr, reihum.«

»Mit wie vielen Leuten?«, fragte Sophie.

»Mit zwölf. Wir sind sechs Paare«, gab Specker Auskunft.

»Wobei wir in dem Jahr elf Leute gewesen wären, weil Julian und Alena sich kurz zuvor getrennt hatten«, stellte Harms klar.

»Richtig.« Specker nickte. »Inzwischen sind sie wieder zusammen. Ist eine On-off-Beziehung bei den beiden. Aber das spielt für Ihre Ermittlungen wohl kaum eine Rolle.«

»Sie haben also zusammen gefrühstückt«, brachte Sophie ihn auf den Tagesablauf zurück. »Haben Sie das immer gemacht?«

»Meistens«, antwortete Specker. »Ich arbeite als Systemadministrator, da kann es schon mal passieren, dass sich bei einem Kunden morgens der Server verabschiedet und nichts mehr geht. In so einem Fall werde ich um sechs aus dem Bett geklingelt, aber das kommt nicht allzu oft vor – und wenn doch, dann ist Mirja immer noch liegen geblieben, sie muss ja erst um halb zehn bei der Arbeit sein.«

»Als was arbeitet Ihre Verlobte?«, wollte Leonhard wissen.

»Sie arbeitet in einer Marketingagentur.«

»Uns ist klar, dass Sie das alles wahrscheinlich schon bei Ihrer Vermisstenanzeige angegeben haben«, sagte Sophie. »Macht es Ihnen etwas aus, es uns noch einmal zu erzählen?«

»Nein, überhaupt nicht«, antwortete Specker sofort. »Vielleicht finden Sie ja einen neuen Ansatz. Ihre Kollegen tappen bisher vollkommen im Dunkeln.« Die Hoffnung in seiner Stimme war nicht zu überhören.

Leonhard war klar, weshalb Sophie diese Frage gestellt hatte. Menschen, die ein schlechtes Gewissen oder etwas mit einer Tat zu tun hatten, schilderten ihre Wahrnehmung der Ereignisse im Regelfall nur ungern ein weiteres Mal, geschweige denn weitere Male. Sophie hatte Leonhard außerdem einmal erklärt, dass Lügner dazu neigten, das bereits Gesagte in exakt derselben Reihenfolge zu wiederholen, eine Erfahrung, die er bei seiner Arbeit auch schon mehrfach gemacht hatte. Diejenigen, die die Wahrheit sagten, sprangen in ihren Schilderungen zeitlich hin und her, korrigierten sich, führten Details aus und bezogen sich selbst mit ein.

»Wir geben unser Bestes«, versprach Sophie, dann hakte sie nach: »Worüber haben Sie sonst noch gesprochen? Wissen Sie das noch?«

»Ja. Ich glaube, ich weiß noch jedes Wort.«

Leonhard sah, wie Specker erst nickte und dann den Kopf schüttelte.

»Es ist schon eigenartig, oder? Ich könnte Ihnen nicht spontan sagen, ob ich letzte Woche am Dienstag oder am Mittwoch einkaufen war, aber was Mirja und ich an dem Tag besprochen haben, weiß ich noch, als wäre es heute gewesen.«

Leonhard sah ihn von der Seite an. »Und was haben Sie besprochen?«

»Organisatorische Dinge, im Grunde belanglos. Wir haben das Weihnachtsfest geplant, wie wir es in diesem Jahr halten wollten. Wir waren sonst immer am ersten Weihnachtstag bei ihren Eltern, am zweiten bei meinen. Diesmal aber wollten meine Eltern am zweiten Feiertag verreisen, deshalb baten sie mich, die Tage zu tauschen und am ersten Weihnachtstag zu ihnen zum Essen zu kommen. Das ging jedoch nicht, denn Mirjas Bruder und seine Frau hatten nur am ersten Weihnachtstag Zeit, die Familie wäre dann nicht zusammengekommen.« Specker sah Leonhard an. »Belangloser Alltagskram, ich weiß. Aber Sie haben gefragt.«

»Wie haben Sie das Ganze gelöst?«, erkundigte sich Sophie.

»Na ja, an dem Morgen gar nicht. Wir wollten später nach einer gemeinsamen Lösung suchen, doch dazu sind wir nicht mehr gekommen.« Speckers Stimme brach.

»Wann ist Ihre Verlobte aus dem Haus gegangen?«

»Ich weiß es nicht genau, ich vermute aber, so gegen neun. Sie geht immer so gegen neun Uhr aus dem Haus.«

»Und wieso wissen Sie das nicht?«, fragte nun wieder Leonhard.

»Weil ich früher losmusste wie immer. Ich habe mich gegen

kurz nach acht auf den Weg gemacht. Meine Arbeitsstelle ist nur zehn Minuten mit dem Auto von unserer Wohnung entfernt, fünfzehn, wenn der Verkehr sich staut. Ich fange regulär um halb neun an.«

»Wie hat Ihre Verlobte auf Sie gewirkt, als Sie gegangen sind?«, fragte Sophie.

»Ganz normal.« Er zuckte mit den Achseln. »Wirklich, genau wie immer. Ich habe ihr einen Kuss gegeben und ihr einen schönen Tag gewünscht.«

»Es hat keinen Streit gegeben?«, hakte Sophie nach. »Ich meine, wegen der Aufteilung zu Weihnachten.«

»Nein.« Specker schüttelte den Kopf. »Ich fand ja, dass sie recht hatte.«

»Recht womit?«

»Na ja, Mirja war der Ansicht, dass meine Eltern nicht einfach alles umstoßen können, was wir die ganzen Jahre über immer so gemacht hatten, und ich war ihrer Meinung. Es wäre wohl darauf hinausgelaufen, dass wir meine Eltern zu Weihnachten diesmal nicht besucht hätten.«

»Und das war wirklich okay für Sie?«, fragte Leonhard.

Specker blieb stehen. »Sie wollen mir jetzt aber nicht unterstellen, dass ich etwas mit Mirjas Verschwinden zu tun habe, weil ich möglicherweise meine Eltern zu Weihnachten nicht hätte sehen können?«

Sophie schüttelte den Kopf. »Nein, das wollen wir Ihnen nicht unterstellen. Die Frage meines Kollegen zielte darauf ab, in Erfahrung zu bringen, in welcher Stimmung Ihre Verlobte war, als sie später das Haus verließ und sich auf den Weg zur Arbeit machte«, erklärte sie.

Specker setzte sich wieder in Bewegung. »Ich vermute, in guter. Wirklich, es gab keinen Streit zwischen uns. Wir fanden das Theater wegen Weihnachten eher lächerlich.«

»Mirja war immer sehr entspannt«, erklärte nun Niklas

Harms. »Wir anderen haben die beiden immer nur als das ›Vorzeigepaar‹ bezeichnet.«

Leonhard fiel auf, dass Harms die Vergangenheitsform benutzte, und er war sich sicher, dass Sophie es ebenfalls bemerkt hatte.

»Konnte von unseren Kollegen seinerzeit ermittelt werden, wann genau Ihre Verlobte verschwunden ist?«, fragte Sophie.

»Das muss irgendwann auf dem Weg zur Arbeit gewesen sein, denn dort ist sie nie angekommen«, antwortete Specker, und Leonhard konnte deutlich hören, wie er schluckte.

»Ist es denn sicher, dass sie das Haus verlassen hat?«, fragte sie weiter, und Leonhard war überrascht, dass seine Kollegin bei dieser Frage nicht David Specker ansah, sondern nach rechts blickte zu dessen Freund Niklas Harms.

»Was ist denn das für eine Frage?«, entgegnete Harms überrascht, und Specker blieb erneut stehen, worauf auch die drei anderen stoppten.

»Nun, es wäre doch möglich, dass der Täter bei Ihnen geklingelt hat, von Ihrer Verlobten reingelassen wurde und eine mögliche Entführung erst später stattfand«, antwortete Sophie und sah zunächst Specker, dann Harms an.

»Aber …« Specker zog die Augenbrauen zusammen. »Aber hätte es dann nicht irgendwelche Kampfspuren bei uns zu Hause geben müssen?«

»Wurde Ihre Wohnung denn dahingehend untersucht?«, fragte Leonhard.

»Nein. Ich meine, es gab ja auch überhaupt keinen Grund dafür. Als ich nach Hause kam, war nichts durcheinander, nichts deutete auf einen Kampf hin. Alles war wie immer, nur eben, dass Mirja nicht da war.«

»Sie hatten also den ganzen Tag keinen Kontakt?«, fragte Sophie nun.

»Nein.« Specker schüttelte den Kopf.

»War das normal? Ich meine, die meisten Paare schicken sich doch zumindest in der Pause eine WhatsApp oder fragen, ob sie noch was vom Einkaufen mitbringen sollen«, meinte Leonhard.

»Ja, das stimmt.« Specker nickte.

»Aber Ihre Verlobte hat sich den ganzen Tag über nicht gemeldet?«, hakte Sophie nach.

»Nein.«

»Doch Gedanken gemacht haben Sie sich deshalb nicht?«

»Na ja, ich hatte an dem Tag einiges zu tun und habe nicht ständig aufs Handy gesehen. Außerdem hätte es ja auch sein können, dass sie ihres zu Hause vergessen hatte.«

»Ist das öfter vorgekommen?«, wollte Leonhard wissen.

»Nein, eigentlich hatte sie es immer bei sich«, räumte Specker ein.

»Muss die Fragerei wirklich sein?«, schaltete sich Harms dazwischen. »Er hat nichts mit Mirjas Verschwinden zu tun, und ihn quält das Ganze schon genug.«

»Und Sie?«, fragte Sophie und sah ihn an, ohne eine Miene zu verziehen.

»Was soll das? Ich habe zu der fraglichen Zeit gearbeitet, das kann jeder in meiner Firma bezeugen. Außerdem hätte ich überhaupt keinen Grund gehabt, Mirja was anzutun«, empörte sich Harms.

»Meine Frage galt nicht dem ersten Teil Ihrer Bemerkung, sondern dem zweiten«, stellte Sophie klar. »Sie sagten, Herr Specker habe nichts mit dem Verschwinden seiner Verlobten zu tun und das Ganze würde ihn schon genug quälen«, wiederholte sie. »Ich dagegen möchte von Ihnen wissen, ob Sie das Verschwinden der Verlobten Ihres Freundes ebenfalls quälen würde.«

Harms war anzusehen, dass er nicht recht wusste, wie er mit ihrer Erwiderung umgehen sollte. »Ja, allerdings. Es quält mich, weil so was einfach keinen Menschen kaltlässt«, sagte er zögernd.

»Woher kennen Sie eigentlich den genauen Zeitpunkt von Frau Schmieders Verschwinden?«, hakte Sophie weiter nach.

»Den kenne ich nicht«, knurrte Harms.

»Aber sagten Sie nicht eben, dass Sie zur fraglichen Zeit bei der Arbeit waren, was jeder in der Firma bezeugen könnte? Wie können Sie das behaupten, wenn Ihnen die fragliche Zeit doch gar nicht bekannt ist?«

»Ich gehe davon aus, dass Mirja auf dem Weg zur Arbeit verschwunden ist!«, stieß Harms aufgebracht hervor. »Auch Ihre Kollegen sind seinerzeit davon ausgegangen.«

»Verstehe.« Sophie sah nun wieder Specker an. »Haben Sie eine Visitenkarte für mich, damit ich Sie kontaktieren kann, sobald wir die Leiche aus dem Fluss identifiziert haben?«

»Sicher.« Specker fasste in seine Gesäßtasche und holte sein Portemonnaie hervor, in dem er nach einer Visitenkarte kramte.

»Wie alt war Frau Schmieder zum Zeitpunkt ihres Verschwindens?« Sophie nahm ihm die Karte aus der Hand, die er ihr entgegenstreckte.

»Neunundzwanzig«, antwortete Specker.

Leonhard und Sophie tauschten einen kurzen Blick. Sie hatten bisher zwei Leichen gefunden, beide sehr zierlich und mit langen blonden Haaren. Die beiden jungen Frauen waren vergewaltigt und offenbar auch gefoltert worden. Die eine war siebzehn, die andere sechzehn Jahre alt gewesen, eine neunundzwanzigjährige Frau entsprach also erst einmal nicht dem Opfertypus. Vielleicht war sie einem anderen Täter zum Opfer gefallen, vielleicht war der Täter von seinem üblichen Beuteschema abgewichen. Oder hatte der Täter sein Opfer so angepasst, dass es seinem Ideal gerecht wurde? Sophie hatte Leonhard auf Fälle hingewiesen, in denen Täter ihre Opfer schminkten oder ihnen bestimmte Kleidung anzogen, damit sie ihren Fantasien entsprachen. War dies auch hier der Fall? Leonhard konnte es kaum erwarten, Sophie nach ihrer Meinung zu dieser These zu fragen.

»Vielen Dank, Herr Specker«, sagte er. »Sie hören von uns.«

»Danke.« Specker war sichtlich mitgenommen und wischte sich mit dem Handrücken über die Augen.

»Sagen Sie, haben Sie ein Foto von Ihrer Verlobten bei sich?«, fragte Sophie und deutete auf die Brieftasche.

»Ich habe Fotos auf meinem Handy«, erklärte Specker und zog sein Mobilgerät aus der rechten Gesäßtasche. Er entsperrte es und klickte in seinen Alben auf Favoriten. Leonhard sah, dass seine Hand zitterte.

»Hier, das ist Mirja. Bei einem Kurzurlaub in Berlin. Das war ungefähr zwei Monate vor ihrem Verschwinden. Das Foto habe ich damals auch Ihren Kollegen geschickt. Es müsste sich in der Vermisstenakte befinden.«

»Darf ich mal?« Sophie nahm ihm das Handy ab und zeigte das Foto Leonhard.

»Ihre Verlobte war neunundzwanzig?«, fragte Leonhard überrascht. »Ich hätte sie um einiges jünger geschätzt.«

»Ja«, stimmte Specker zu. »Sie sieht viel jünger aus, wahrscheinlich auch, weil sie so zierlich ist. Sie hat immer geflucht, wenn sie an der Supermarktkasse ihren Ausweis vorzeigen musste, sobald sie Alkohol kaufen wollte.« Specker lächelte, als Sophie ihm das Handy zurückreichte. Er strich mit dem Daumen über das Foto, dann steckte er das Handy wieder ein, atmete tief durch und wandte sich zum Gehen. Harms schloss sich ihm an. Er war noch immer verärgert, das konnte Leonhard ihm deutlich ansehen. Als die beiden außer Hörweite waren, sagte Leonhard zu Sophie: »Als ich hörte, dass sie neunundzwanzig ist, dachte ich sofort, sie passt nicht, aber nun ...«

Sophie nickte. »Ja, das ging mir genauso, doch jetzt, mit dem Foto, habe ich meine Meinung geändert. Sie ist genau der gleiche Typ wie die beiden toten Mädchen«, pflichtete sie ihm bei.

Sie gingen langsam zurück zur Fundstelle. Marcus Brandner und Stephan Moritz waren inzwischen auch unter dem Pavillon hervorgetreten und entledigten sich soeben ihrer weißen Overalls. Brandner war darunter wie immer ganz in Schwarz gekleidet.

»Was macht ihr denn noch hier?«, fragte Brandner verwundert. »Ich dachte, ihr wolltet längst zurück im Präsidium sein.«

»Wir haben noch eine Aussage aufgenommen«, erklärte Leonhard.

»Die Verlobte des Mannes ist vor einigen Monaten spurlos verschwunden, und als sein Freund mitbekommen hat, dass eine Leiche gefunden wurde, hat er ihm Bescheid gegeben, weshalb er auf schnellstem Wege hergekommen ist.«

»Seit wie vielen Monaten wird sie jetzt vermisst?«, fragte Brandner.

»Seit etwas über sechs Monaten«, antwortete Leonhard.

»Seit sechs Monaten und vierundzwanzig Tagen«, korrigierte Sophie. »Er sagte ›sechs Monate und vierundzwanzig Tage‹.«

»Stimmt. Er sagte sechs Monate und vierundzwanzig Tage«, stellte Leonhard richtig und seufzte innerlich. Es war wirklich nicht immer leicht mit Sophie, doch um keinen Preis der Welt würde er die Zusammenarbeit mit ihr missen wollen.

»Hm.« Brandner deutete zum Pavillon. »Wenn ihr mich fragt, liegt die Tote seit mindestens zwei Jahren im Rhein, womöglich auch länger. Aber mit Wasserleichen ist das so eine Sache.«

»Verstehe«, antwortete Leonhard und warf Sophie einen Blick zu.

»Wir warten dennoch bis nach der Autopsie und der eindeutigen Identifizierung, bis wir ihm Bescheid geben«, befand Sophie. »Nur um sicherzugehen.«

»Eure Entscheidung.« Brandner griff nach dem Beweismittelkoffer, den er vor sich abgestellt hatte. »Wir fahren jetzt in die Rechtsmedizin und versuchen, die Körperteile vom Beton zu befreien. Sobald wir mehr wissen, geben wir euch Bescheid. Bis später.« Damit schickte er sich an, die Böschung hinaufzusteigen, dicht gefolgt von Stephan Moritz.

»Danke!«, rief Leonhard den beiden nach, dann wandte er sich Sophie zu, die nachdenklich in Richtung Pavillon blickte.

»Was denkst du?«, fragte er sie. »Könnte es unser Mann sein? Wenn ja, hätte er seinen Modus Operandi geändert.«

»Wir haben momentan nur Informationen zur Leichenentsorgung, doch die ist viel aufwendiger als bei den anderen, die einfach nur wie Unrat weggeworfen wurden. In diesem Fall ist es möglich, dass mehrere Täter zusammen agiert haben, denn es braucht Kraft, um diesen Betonklotz bewegen zu können. Und vermutlich haben sie Zugang zu einem Boot, denn irgendwie muss die Leiche ja in den Rhein gekommen sein. Lass uns abwarten, was uns die sterblichen Überreste sagen, wenn sie erst einmal aus dem Beton befreit sind«, schlug Sophie vor. »Vom Opfertyp her könnte es passen«, fuhr sie nach kurzem Überlegen fort. »Mich interessiert aber ganz besonders, *warum* der Täter seinen Modus Operandi bei seinem Nachtatverhalten verändert hat. Bei der Betonleiche konnte er nahezu sicher sein, dass sie niemals gefunden wird, bei den anderen Opfern nicht. Da war es ihm offenbar egal, ob jemand sie entdeckt oder nicht.«

»Ich weiß«, räumte Leonhard ein. »Ich wollte nur wissen, was du denkst.«

»Ich denke, dass wir uns der Antwort nach und nach nähern werden.«

»Ja, natürlich. Klar.« Leonhard ersparte sich jede weitere Bemerkung. Sophie war eben Sophie.

»Komm«, sagte er. »Fahren wir.«

Sophie nickte, dann machten sie sich zusammen auf den Weg zu seinem Auto. Leonhard hatte darauf bestanden, seinen Wagen zu nehmen, da Sophie sich noch immer kein neues Auto angeschafft hatte und er ihrem uralten Golf nicht vertraute. Dass das Ding überhaupt noch fuhr, grenzte für ihn an ein Wunder. Dabei konnte sich Sophie nun wirklich ein neues Auto leisten. Genau genommen könnte sie sich sogar gleich ein ganzes Autohaus kaufen, ohne dass sich dies großartig auf ihren Kontostand auswirkte, denn Sophie war nicht nur reich, sondern stinkreich. Ihrer Familie gehörte ein Millionenunternehmen, weshalb sie in finanzieller Hinsicht schon jetzt, mit gerade mal dreiunddreißig Jahren, komplett ausgesorgt hatte. Allerdings interessierte Sophie sich ganz und gar nicht für Geld und hätte dies Leonhard gegenüber vermutlich nie erwähnt, hätte er sie nicht ganz konkret danach gefragt, da ihm entsprechende Gerüchte zu Ohren gekommen waren.

David Specker und Niklas Harms standen vor einem Wagen, der ein Stück von Leonhards schwarzem BMW X2 entfernt am Straßenrand parkte. Specker hatte die Hände auf die Heckklappe gestützt, als sei ihm übel, Harms stand neben ihm und sagte etwas zu ihm, was Leonhard auf diese Entfernung nicht verstehen konnte. Er warf Sophie einen Blick zu, dann stiegen sie ein.

»Muss hart sein«, sagte Leonhard und deutete mit einer Kopfbewegung auf Specker und Harms, anschließend ließ er den Motor an, blinkte und fuhr an den beiden vorbei.

Sophie blickte aus dem Fenster, dann sah sie Leonhard an.

»Wenn Marcus' Einschätzung stimmt und diese Leiche schon mindestens zwei Jahre im Rhein versenkt war, kann es zumindest nicht Mirja Schmieder sein«, fasste sie zusammen. »Wir müssen mit unseren Ermittlungen weiter zurückgehen«, überlegte sie laut, »und uns alle Vermisstenfälle der letzten fünf Jahre ansehen. Aber im Moment sollten wir uns erst einmal auf die aktuellen Fälle konzentrieren.«

»Warum wurden wir nicht über das Verschwinden dieser Mirja Schmieder unterrichtet?«, fragte Leonhard. »Zumindest vom Typ her passt sie genau ins Bild. Was denkst du?«

»Das habe ich mich vorhin auch gefragt«, antwortete Sophie. »Ich fürchte, weil wir einen Fehler gemacht haben.«

»Welchen?« Leonhard warf ihr einen überraschten Seitenblick zu.

»Wir haben uns die Vermisstenfälle junger blonder Frauen im Alter zwischen fünfzehn und fünfundzwanzig vorlegen lassen. Mirja Schmieder ist mit neunundzwanzig Jahren wohl durchs Raster gefallen.«

»Damit könntest du richtigliegen«, pflichtete Leonhard ihr bei. »Wir müssen uns gleich ihre Akte geben lassen.«

Sophie antwortete nicht, und Leonhard sah, dass sie abwesend aus dem Fenster blickte. Wie so oft versank sie offenbar wieder einmal in ihrer eigenen Gedankenwelt. Leonhard kannte das schon von ihr. Sophie hatte ihre ganz eigene Art, neue Fakten zu bewerten, und brauchte, wie sie ihm einmal erzählt hatte, immer einen Moment, um Neues in eine Art Ablagesystem in ihrer Gedankenwelt einzusortieren. Doch Leonhard wusste auch, dass sie, wenn sie damit fertig war, mit vollkommen neuen Erkenntnissen wieder ins Hier und Jetzt zurückkehrte. Und dann kam jede Menge Arbeit auf sie zu – auf sie beide.

3. KAPITEL
**Wohnung von David Specker, Köln
Donnerstag, 29. Juni 2023**

> *Seit mehr als einem halben Jahr fühle ich mich wie in einem Albtraum, aus dem ich einfach nicht erwache.*
>
> DAVID SPECKER

Er hatte sich in seinem Auto von Niklas nach Hause fahren lassen, weil er nach dem Gespräch mit den Kommissaren am Rheinufer so zittrig gewesen war, dass er seinen Wagen vermutlich gegen den nächsten Baum gesetzt hätte. Niklas war eine gute Stunde geblieben und hatte Laura, Davids Kollegin, angerufen, um dieser zu sagen, was geschehen war und dass er heute vermutlich nicht mehr in die Firma kommen würde.

David hatte kaum etwas davon mitbekommen, obwohl er direkt neben Niklas gesessen und jedes Wort gehört hatte. Irgendwann war Niklas aufgebrochen, nachdem David ihm versichert hatte, einfach nur allein sein zu wollen. Und seitdem saß er nun hier auf dem Stuhl am Esstisch und starrte vor sich hin.

Die Gedanken wirbelten durch seinen Kopf wie in einer Endlosschleife, und immer wieder hörte er die Stimme dieser Kommissarin, dass er die Tote selbst dann nicht zweifelsfrei hätte identifizieren können, wenn es sich tatsächlich um Mirja handelte. Übelkeit stieg in ihm auf. Irgendwann spürte er, dass er es nicht länger aushielt, er sprang auf, eilte ins Bad und übergab sich in die Toilette. Es dauerte, bis sein Magen endlich aufhörte zu krampfen. Er drückte die Spülung und setzte sich direkt neben der Toilette auf den Boden, den Kopf kraftlos an die Fliesenwand gelehnt, die Augen geschlossen. Er sah Mirja vor sich, wie sie lachte und ihm die Hand entgegenstreckte. In schneller Abfolge tauchten weitere Bilder von ihr auf, Fotos, die er mit seinem Handy während ihrer gemeinsamen Zeit in Berlin gemacht und die er sich wieder und wieder angesehen hatte. David erinnerte sich noch genau daran. Sie hatten im Hotel gefrühstückt, eine Schiffstour auf der Spree gemacht, danach die Museumsinsel besucht und abends im Fernsehturm zusammen gegessen. Es war ein perfekter Tag gewesen und ein unvergesslich schönes Wochenende, das ihre damals kriselnde Beziehung wieder ins Lot gebracht hatte.

Denn so, wie Niklas es vor den Kommissaren dargestellt hatte, war es nicht – Mirja und er waren keineswegs das perfekte Paar gewesen. Zumindest nicht immer. Wahrscheinlich hatte Niklas es nur deshalb gesagt, damit die Polizei nicht auf die Idee kam, ihn, David, zu verdächtigen. Er hatte zwar vorhin nicht widersprochen, doch im Grunde hatte er Niklas' Bemerkung als überflüssig empfunden. Schließlich gab es in jeder Beziehung Aufs und Abs, und Mirja und er waren bereits seit über sieben Jahren zusammen. Dass es da auch mal Streit gegeben hatte oder schwierigere Zeiten wie im letzten Jahr, fand David nicht ungewöhnlich. Niklas wusste darüber Bescheid, schließlich war er Davids Freund, und David hatte mit ihm darüber gesprochen. Ja, Niklas hatte ihm sogar dazu geraten, Mirja den Laufpass zu geben, weil diese sich seiner Meinung nach in den letzten Jahren extrem verändert hatte und mehr und mehr die Feministin raushängen ließ. So extrem wie Niklas hatte David das nie empfunden, doch es stimmte, dass Mirja und er sich öfter wegen ihrer verschiedenen Auffassungen, vor allem in puncto Rollenbilder, gestritten hatten. Was sicher nicht zuletzt Mirjas neuer Arbeit in der Marketingagentur geschuldet war, in der nur Frauen arbeiteten, die ein bestimmtes Männerbild strikt ablehnten.

Im Grunde war es David einerlei. Für ihn war Gleichberechtigung eine Selbstverständlichkeit, nur machte er sich eben nicht allzu viele Gedanken darüber und konnte deshalb manche von Mirjas Ansichten nicht wirklich nachvollziehen. Seiner Meinung nach regte sie sich häufig über Dinge auf, die in seinen Augen nicht der Rede wert waren.

Sie hatten sich nach ihren Auseinandersetzungen meist schnell wieder versöhnt, mit Niklas dagegen war Mirja des Öfteren recht kräftig aneinandergeraten, weil dieser sehr konservativ eingestellt war, vor allem was seine Beziehung zu seiner Partnerin Leonie betraf. Leonie war ein stilles Mäuschen, dem es zu gefallen schien, dass Niklas derjenige war, der die meisten, wenn nicht sogar alle Entscheidungen in der Beziehung traf.

Niklas hatte seiner Leonie einen Antrag gemacht, und es war zu einem riesigen Krach zwischen Mirja und Niklas gekommen, als dieser erfuhr, dass Mirja Leonie dringend davon abgeraten hatte, diesen anzunehmen.

Auch zwischen David und Mirja war es deshalb zum Streit gekommen, weil er fand, dass sie sich da nun wirklich nicht einzumischen hatte. Doch Mirja war völlig uneinsichtig gewesen und hatte auf ihrem Standpunkt beharrt, dass Leonie den größten Fehler ihres Lebens beging, wenn sie Niklas heiratete.

Zwar hatten sich die Wogen nach einer Weile wieder geglättet, doch ein gewisser Groll war zwischen Niklas und Mirja geblieben. Und das selbst dann noch, nachdem Niklas und Leonie sich im Juli schließlich das Jawort gegeben hatten.

Genau aus dem Grund waren ihre Treffen zu viert immer seltener geworden, und David und Niklas waren irgendwann dazu übergegangen, nur noch zu zweit etwas miteinander zu unternehmen oder gemeinsam Tennis zu spielen, wie sie es schon seit Jahren taten.

Als Mirja im Dezember verschwand, war es Niklas gewesen, der Tag und Nacht für David da gewesen und nicht von seiner Seite gewichen war. Niklas war es auch gewesen, der sich um David gekümmert hatte, wenn er sich sinnlos betrunken hatte und nicht mehr wusste, wie er nach Hause und ins Bett kommen sollte.

Ja, es waren harte Monate gewesen, und es war auch nur geringfügig besser geworden. Doch seit vorhin, als er Niklas' Anruf erhalten hatte, fühlte David sich wieder in die Zeit zurückgeschleudert, als Mirja gerade erst verschwunden war, und er hatte das Gefühl, sich kaum auf den Beinen halten zu können.

Er wusste nicht, wie lange er dort neben der Toilette gesessen und über all das nachgedacht hatte. Es fiel ihm schwer, wieder aufzustehen, doch dann rappelte er sich hoch, stellte sich ans Waschbecken, ließ eiskaltes Wasser über seine Hände laufen und wusch sich mehrere Male das Gesicht. Er sah in den Spiegel, doch irgendwie nahm er sich selbst gar nicht richtig wahr. Als er nach dem Handtuch griff, um sich abzutrocknen, fiel sein Blick auf die Ablage, auf der die Badutensilien standen. Auf Mirjas Seite war alles unverändert, nicht ein einziges Teil hatte er dort weggeräumt. Sie sollte sehen, dass er an ihrer Rückkehr niemals gezweifelt hatte – falls sie denn wieder heimkam. Ob er die Sachen wohl auch dann noch dort stehen ließe, wenn sich herausstellte, dass Mirja die Frau aus dem Rhein war?

Selbst wenn es sich um Ihre Verlobte handelt, könnten Sie sie unter den gegebenen Umständen nicht zweifelsfrei identifizieren.

Wieder musste er an die Bemerkung der Kommissarin denken, und wieder spürte er diese Übelkeit. Doch nun legte er den Kopf in den Nacken und atmete mehrere Male tief durch, um sich nicht erneut übergeben zu müssen. Mit zittrigen Fingern legte er das Handtuch zurück, machte kehrt und verließ das Badezimmer.

Er ging in die Küche, füllte den Wasserkocher und drückte die Taste hinunter. Dann nahm er Kamillentee aus der prall gefüllten Teeschublade und legte einen der Beutel in eine Tasse. Eigentlich hasste er Tee, doch laut Mirja war Kamillentee gut für den Magen. Aus diesem Grund hatte er in den letzten Monaten so viel Kamillentee getrunken, dass er ihm schon fast wieder zu den Ohren rauskam, und es war die einzige Sorte, die er sogar nachgekauft hatte. Die anderen Teesorten in dem übervollen Fach hatte er nicht angerührt. Sie alle gehörten Mirja, die wer weiß wie viel Tee am Tag getrunken hatte. Als sie noch da war, hatte immer eine Thermoskanne voll auf dem Tisch gestanden.

Die Taste ploppte hoch, und David füllte das heiße Wasser in die Tasse. Anschließend ging er damit ins Wohnzimmer, setzte sich auf die Couch und stellte die Tasse neben sich auf dem Tisch ab. Sollte er Laura anrufen und sich erkundigen, ob er in der Firma gebraucht wurde? Zwar fühlte er sich im Moment ganz sicher nicht danach, gleich noch zur Arbeit zu fahren, andererseits fände er dort Ablenkung und wäre nicht gezwungen, ohne Unterlass an Mirja zu denken und daran, was womöglich mit ihr geschehen war.

Er trank einige Schlucke Tee, dann stellte er die Tasse erneut ab und ging ins Schlafzimmer. Er war vollkommen durchgeschwitzt, ob von der Hitze oder den Ereignissen oder beidem, konnte er nicht sagen, aber eine Dusche würde ihm sicher guttun.

Die Abkühlung tat tatsächlich gut. Er zog sich frische Sachen an, nahm Schlüssel, Brieftasche und Handy und machte sich auf den Weg zur Firma. Seine Handynummer stand auf der Visitenkarte, die er dieser Kommissarin gegeben hatte. Sie würde ihn also erreichen können, wenn die Identität der Toten feststand, doch das würde wohl noch eine Weile dauern. Es war besser, wenn er zur Arbeit fuhr, denn wenn er nur rumsaß, würde er noch wahnsinnig werden.

Er nahm den Wagen. Zwar hätte er auch zu Fuß gehen können, doch es konnte eben jederzeit der Fall eintreten, dass er zu einem Kunden fahren musste, und dann war es praktischer, ein Fahrzeug vor Ort zu haben.

Er dachte an Niklas, der ihn vorhin nach Hause gebracht hatte. Von David zu ihm war es ein ganz schönes Stück, vor allem zu Fuß. Ob er sich ein Taxi genommen hatte? Schließlich hatte er einfach nur vor seiner Schicht joggen wollen und stünde jetzt gewiss unter Zeitdruck.

David war seinem Freund unendlich dankbar dafür, dass er ihm Bescheid gegeben und sich anschließend um ihn gekümmert hatte. Denn auch wenn wahrscheinlich niemand wirklich nachvollziehen konnte, wie es ihm ging, so war Niklas doch derjenige, der am dichtesten an ihm dran war und daher zumindest erahnen konnte, was er seit Mirjas Verschwinden durchmachte.

David parkte, stieg aus und atmete mehrere Male tief durch, bevor er die Firma betrat. Noch wusste er nicht, ob es wirklich Mirjas Leiche war, die man im Rhein entdeckt hatte. Und solange nicht zweifelsfrei feststand, dass es sich tatsächlich um seine Verlobte handelte, bestand für ihn noch Hoffnung – auch wenn er tief im Innern spürte, dass diese von Tag zu Tag schwand.

4. KAPITEL
Polizeipräsidium Köln
Donnerstag, 29. Juni 2023

> *Noch fehlen mir zu viele Teile, um das Puzzle zusammensetzen zu können. Doch eine erste Struktur zeichnet sich ab.*
>
> SOPHIE KAISER

Sie hatte gleich nach ihrer Rückkehr ins Präsidium Mirja Schmieders Akte von der Vermisstenstelle der Kripo angefordert, was einen Moment gedauert hatte.

Als der Ordner da war, hatte sie sich zusammen mit Leonhard an den Tisch in dem Raum gesetzt, der ihrer Sondereinheit vom Polizeipräsidium Köln bereitgestellt worden war, und Einblick in die Akte genommen. Als sie durch war, schob sie den Ordner Leonhard zu. Sie verfügte über ein eidetisches Gedächtnis, im Allgemeinen besser, wenn auch falsch, als fotografisches Gedächtnis bekannt, und musste nur einen Blick auf eine Seite werfen, um deren Inhalt zu erfassen. So konnte sie sich bereits Gedanken über die Parallelen zu den anderen Fällen machen, während Leonhard noch mit Lesen beschäftigt war.

Für zwei Uhr hatte sie Christoph Greger und Lena Bormann um ein Treffen gebeten, die sie bei ihrer Arbeit in Köln unterstützten. In der Soko für diesen Bereich waren noch weitere Kollegen tätig, doch die zwei waren Sophies und Leonhards

Ansprechpartner und dafür zuständig, die Informationen innerhalb der Dienststelle weiterzugeben.

Leonhard klappte soeben den Aktendeckel zu, als Christoph und Lena den Konferenzraum betraten.

»Hallo«, grüßten Lena und Christoph und nahmen auf der gegenüberliegenden Tischseite Platz. Sophie und Leonhard erwiderten ihren Gruß.

Während Sophie Christoph heute Morgen schon gesehen hatte, als Leonhard und sie zum Leichenfund am Rhein gerufen worden waren, war Lena erst jetzt dabei. Sie kam immer später, weil sie vor der Arbeit ihre dreijährige Tochter in die Krippe bringen musste. Oder, wie heute, zu ihrer Mutter, da die Krippe wieder einmal ausgefallen war, was, wie Lena ihr erzählt hatte, ständig vorkam. Sophie war es ein Rätsel, wie man mit Kindern überhaupt noch verlässliche Planungen vornehmen konnte. Zwar waren Kinder für sie ohnehin kein Thema, doch unter solchen Umständen fühlte sie sich in ihrem Entschluss, niemals Mutter werden zu wollen, nur noch mehr bestätigt.

Christoph nahm die Kaffeekanne und schenkte sich eine Tasse ein.

»Will jemand von euch?« Er blickte fragend in die Runde.

»Ich nehme einen«, sagte Leonhard, worauf Christoph ihm die Tasse rüberschob und die nächste füllte, die er ganz selbstverständlich Lena reichte. Die beiden arbeiteten schon weit länger zusammen als Leonhard und sie, und Sophie konnte ihnen die Vertrautheit anmerken, die über die Jahre gewachsen war.

Während Christoph sich nun selbst einschenkte, nahm Sophie sich eine der kleinen Wasserflaschen, die auf dem Tisch bereitstanden, und verzichtete darauf, nach einem der ebenfalls bereitstehenden Gläser zu greifen. Wenn es sich irgendwie einrichten ließ, trank sie immer direkt aus der Flasche. Sie schauderte bei der Vorstellung, was für Ablagerungen den Gläserrändern anhaften könnten, und es war ihr unverständlich, dass andere Menschen sich darüber keine Gedanken machten.

»Wir kommen gerade von dem Leichenfund am Rhein«, begann sie das Gespräch und trank einen Schluck.

Christoph blickte sie ernst an. »Und? Ist die Tote Katherine Wolf?«

»Nein, das ist eher auszuschließen. Zwar wollte sich Marcus Brandner nicht festlegen, wie lange die Leiche schon im Wasser lag«, antwortete Leonhard. »Doch wahrscheinlich nicht nur Tage, sondern Jahre.«

»Wir müssen die Autopsie und die Untersuchung der Überreste abwarten«, stellte Sophie fest. »Allerdings würde ich mich im Moment nicht allzu sehr auf die Tote im Rhein konzentrieren, sondern alles daransetzen, die aktuellen Fälle zu beleuchten, um Katherine Wolf hoffentlich noch lebend finden zu können. Das Nachtatverhalten des Mörders ist ein ganz anderes als bei den anderen Opfern.« Sie machte eine kurze Pause. »Allerdings sind wir auf einen weiteren Fall aufmerksam geworden …« Sie schob Christoph und Lena die Akte zu. »Die Frau heißt Mirja Schmieder und ist seit dem 5. Dezember des letzten Jahres spurlos verschwunden.«

»Warum erfahren wir erst jetzt von ihr?«, wunderte sich Christoph, der mit seinen achtundvierzig Jahren der Älteste in der Runde war.

»Sie ist 1993 geboren und war somit zum Zeitpunkt ihres Verschwindens neunundzwanzig Jahre alt. Deshalb hatten wir sie nicht auf dem Radar, weil wir uns nur auf Frauen bis fünfundzwanzig konzentriert hatten. Doch wenn ihr euch das Foto anseht, wird deutlich, weshalb wir sie als mögliches Opfer unseres Mörders nicht ausschließen können.«

»Sie sieht wirklich nicht aus wie neunundzwanzig«, meinte Lena, als sie das Foto betrachtete.

Einen Moment sagte niemand etwas, weil Christoph und Lena die Akte lasen. Als sie fertig waren, sah Christoph auf.

»Wie seid ihr auf diese Mirja Schmieder gestoßen?«, fragte er.

»Der Verlobte, David Specker, war vor Ort am Rhein. Sein Freund ist dort vorbeigejoggt und hat so von dem Leichenfund Kenntnis bekommen. Er hat Specker Bescheid gegeben, weil er dachte, es könnte sich um die vermisste Mirja Schmieder handeln«, erklärte Leonhard.

»Unwahrscheinlich«, resümierte Lena, »wenn seine Verlobte erst vor einem halben Jahr verschwunden ist und die Leiche aber vermutlich schon sehr viel länger im Rhein lag.«

»Vor einem halben Jahr und vierundzwanzig Tagen«, korrigierte Sophie und tippte oben links auf den Stempel der Vermisstenstelle. »Könntet ihr euch bitte mit denen in Verbindung setzen und fragen, ob noch weitere Frauen verschwunden sind, die wir womöglich nicht auf dem Schirm haben?«

»Ich erledige das«, bot Lena an.

»Vielleicht haben wir mit Mirja Schmieder eine neue Spur in unserem Fall«, überlegte Sophie und zog zwei weitere Akten aus dem Stapel mit Unterlagen, der neben ihr lag. Sie schlug sie jeweils auf der ersten Seite auf und legte sie so nebeneinander, dass Christoph und Lena einen Blick darauf werfen konnten. »Ihr seid schon länger an dem Fall dran«, fuhr sie anschließend fort. »Ich würde gern kurz zusammenfassen, was wir bisher haben, damit Leonhard und ich auf dem gleichen Stand sind wie ihr. Unterbrecht mich bitte, sollte ich etwas Falsches sagen, ja?«

Christoph nickte.

»Alena Hellweg«, begann Sophie, ohne auf die Akte zu blicken, »Schülerin, zum Zeitpunkt ihres Verschwindens siebzehn Jahre alt. Ihre Leiche wurde am 21. März dieses Jahres auf der Mülldeponie entdeckt. Laut Obduktion war sie zu diesem Zeitpunkt bereits mehr als drei Monate tot. Aufgrund des Verwesungszustandes konnte ein genauerer Todeszeitpunkt nicht festgestellt werden. Alena Hellweg war euren Ermittlungen zufolge mit jemandem verabredet, den sie über Instagram kennengelernt hat, als sie am 9. Juli 2022 verschwand. Sie befand sich also mindestens vier oder fünf Monate in der Gewalt des Täters«, sagte Sophie und wartete kurz, ob Christoph oder Lena einen Einwand hatten. Als diese nichts sagten, deutete Sophie auf das nächste Blatt.

»Marie Kreutzer, ebenfalls Schülerin, zum Zeitpunkt ihres Verschwindens fünfzehn Jahre alt. Ihre Leiche wurde am 2. August 2021 in einem Abwasserkanal entdeckt. Laut Obduktion war sie etwa einen Monat tot. Auch hier konnte der Todeszeitpunkt nicht genauer festgestellt werden. Sie verschwand zwischen dem 7. und 8. Januar 2021, als sie ohne das Wissen ihrer Eltern eine Party besuchte. Dort wurde sie von mehreren Zeugen gesehen, anschließend verliert sich ihre Spur. Somit befand sie sich, wenn man den Zeitpunkt des Verschwindens und den unbestimmten Todeszeitpunkt bedenkt, ebenfalls über etwa fünf Monate in der Gewalt des Täters.«

Sophie deutete auf das nächste Blatt.

»Selina Breuer, Auszubildende in einer Tierklinik, war zum Zeitpunkt ihres Verschwindens neunzehn Jahre alt. Sie verschwand am 13. September 2021, und bis heute fehlt von ihr jede Spur. Selina ist nach dem Treffen mit einer Freundin nicht zu Hause angekommen.« Sophie tippte auf das letzte Blatt.

»Und zuletzt Katherine Wolf«, fuhr Sophie fort und deutete auf den aktuellen Fall, der Grund, warum sie und ihr Team überhaupt von den Kölner Kollegen beim BKA angefordert worden waren.

»Katherine ist Schülerin, achtzehn Jahre alt und wurde auf dem Nachhauseweg von der Schule zum Elternhaus entführt. Und das, wie wir alle wissen, vor genau drei Tagen.«

»Damit haben wir mit dem Fall Mirja Schmieder fünf mutmaßlich entführte und teils getötete Frauen«, sagte Leonhard, beugte sich vor und deutete auf die aufgereihten Akten. »Alena Hellweg und Marie Kreutzer sind tot, Selina Breuer und Katherine Wolf verschwunden, möglicherweise entführt, und über Mirja Schmieder müssen wir mit den Kollegen sprechen, die die Sache im Dezember aufgenommen haben.«

»Wir sollten unsere Suchkriterien überdenken und auf jeden Fall das Alter hochsetzen«, meinte Christoph. »Zwar wissen wir noch nicht, ob Mirja Schmieder tatsächlich einem Verbrechen zum Opfer gefallen ist, doch wenn ich sie mir so anschaue«, er hob das Foto an, »dann würde es mich nicht überraschen. Die Ähnlichkeit mit den anderen Frauen ist nicht zu übersehen – sie erinnern mich allesamt frappierend an die Barbiepuppen, mit denen meine Nichten so gern spielen.«

»Ja, du hast recht«, pflichtete Sophie ihm bei. »Könntest du bei deiner Anfrage an die Vermisstenstelle das Höchstalter der Frauen auf fünfunddreißig raufsetzen und nachfragen, wie viele unbekannte weibliche Tote es noch gibt, Lena? Zwar werden wir danach wahrscheinlich noch mehr Akten auf den Tisch bekommen, aber wir können nicht riskieren, dass uns erneut jemand durchrutscht.«

»Klar, mache ich«, versprach die Kollegin.

»Sophie, ich weiß, du wolltest es so lange wie möglich hinausschieben«, begann Christoph nun, und Sophie konnte ihm anmerken, dass er zögerte, seinen Gedanken auszusprechen. Fast unmerklich spielte er an seinem Ehering, nur um diesen im nächsten Moment schlagartig loszulassen. »Aber wann willst du mit der Sache Katherine Wolf an die Öffentlichkeit gehen? Wie du selbst sagtest, ist sie jetzt drei Tage verschwunden. Wahrscheinlich werden wir uns auch so schon den Vorwurf gefallen lassen müssen, dass irgendjemand sie noch gesehen hat und einen Hinweis hätte geben können, wenn er oder sie nur rechtzeitig von ihrem Verschwinden gewusst hätte.«

»Je öfter ein Bild verbreitet wird, desto größer ist die Anzahl vermeintlicher Zeugen, die davon überzeugt sind, diese Person gesehen zu haben«, stellte Sophie klar. »Jeder dieser Aussagen nachzugehen, würde in erster Linie bedeuten, sich von der eigentlichen Ermittlung ablenken zu lassen und damit die Chancen, Katherine zu finden, deutlich zu verringern. Natürlich könnten wir so an weitere Informationen und Zeugenaussagen gelangen, um ganz sicher zu sein, dass ein Unfall ausgeschlossen werden kann, aber ich habe bisher kaum gute Erfahrungen mit dem Einbeziehen der Öffentlichkeit gemacht.« Sophie sah Christoph an. »Ganz abgesehen davon, dass es den Druck auf die Soko erheblich erhöhen würde.«

»Das ist mir schon klar. Aber wir machen uns angreifbar, wenn wir es nicht tun. Und wenn sich am Ende die Eltern mit einem Aufruf an den Entführer wenden – wenn sich denn herausstellen sollte, dass es sich um eine Entführung handelt –, stehen wir erst recht dumm da.«

»Ich verstehe deine Argumentation«, räumte Sophie zögernd ein, konnte die Bedenken, die Christoph äußerte, doch nicht wirklich nachvollziehen. Sie war schließlich keine Pressesprecherin, sondern Kriminalbeamtin, und ihre Aufgabe war es, Katherine Wolf zu finden, nicht, auf die Befindlichkeiten der Öffentlichkeit einzugehen. Falls das Mädchen tatsächlich in die Hände eines perfiden Serientäters geraten war, musste sie es finden, bevor er seines Opfers überdrüssig wurde und es tötete. Es ging nicht nur um Katherines Überleben. Zum jetzigen Zeitpunkt konnte niemand sagen, ob es noch weitere junge Frauen gab, die von dem Täter gefangen gehalten, vergewaltigt und gefoltert wurden. Wenn ja, so war Sophie bereit, alles dafür zu geben, die qualvolle Zeit, die sie in der Gewalt des Täters verbrachten, so kurz wie möglich zu halten. »Allerdings bin ich dafür nicht die Richtige. Wenn hier, in eurer Dienststelle, die Entscheidung getroffen wird, mit dem Fall an die Öffentlichkeit zu gehen, kann ich es nicht ändern. Aber ich möchte unbedingt, dass mein Name rausgehalten wird. Ein solcher Rummel bringt nichts als Unruhe.«

»Sophie hat recht«, unterstützte Leonhard sie. »Wir wurden nur zu den Ermittlungen hinzugezogen und unterstehen dem BKA. Was die Presse angeht, sind wir raus.«

»Wenn die Presse aber erst einmal Wind davon bekommt, wird es schwierig werden, euch da rauszuhalten«, entgegnete Lena. »Immerhin seid ihr seit diesem Sandmann-Fall ziemlich bekannt.«

»Solch eine Sache totzuschweigen, ist in der heutigen Zeit unmöglich«, meinte Christoph. »Wir müssen unser weiteres Vorgehen daher unbedingt abstimmen.«

Sophie blickte auf die ausgebreiteten Akten. Sie spürte, dass die Verbindung, die sie über die Schilderung der Fälle zu den Opfern entwickelte, bereits wieder zu bröckeln begann – wie ein Gedanke, der im einen Moment noch da und im nächsten schon wieder verschwunden war. Und das nur, weil sie sich nicht mit den Opfern und dem Täter befassten, sondern mit der Außenwirkung der Behörde und der Presse. Was für ein Unsinn!

Sophie zog die Fotos zu sich heran und legte sie in einer Reihe vor sich hin. Nachdenklich führte sie die Wasserflasche zum Mund, sah weiter auf die Aufnahmen, versuchte, wieder Zugang zu den Opfern zu finden, während sie in kleinen Schlucken trank. Alle Frauen waren zierlich, hatten lange blonde Haare und blaue Augen mit einem natürlichen, keinesfalls aufdringlichen Make-up. Ja, sie waren definitiv derselbe Typ Frau, nicht nur vom Aussehen, sondern auch von der Ausstrahlung her. Auf Sophie wirkten sie allesamt interessiert, fröhlich und …

»Sophie?«, hörte sie Leonhards Stimme. »Sophie?« Sie nahm eine kurze Berührung am Arm wahr.

»Ja?« Sie sah ihren Kollegen an.

»Christoph will wissen, ob wir für den Moment hier fertig sind.«

»Oh, entschuldige bitte«, antwortete Sophie an den Kollegen

von der Kölner Kripo gewandt. »Ja natürlich.« Sie bemühte sich um ein rasches Lächeln, weil sie wusste, dass so etwas von den meisten Menschen als positives Signal gewertet wurde. »Es tut mir leid, ich war eben ganz in Gedanken.«

»Kein Problem. Bis später!« Christoph stand auf und verließ den Raum. Lena folgte ihm.

»Was war los?«, fragte Leonhard, als sie wieder allein waren.

»Ich weiß nicht. Beim Betrachten der Fotos ist mir irgendetwas aufgefallen, doch ich weiß noch nicht, was.« Wieder versuchte sie den Gedanken, der zuvor wie ein Windhauch aufgekommen und sogleich wieder verschwunden war, zu greifen. Dann kramte sie ihr Handy hervor und rief die Aufnahmen auf, die sie am Morgen am Rhein von der einzementierten Leiche gemacht hatte. Sie zog das erste Bild so groß, dass nur noch der Schädel auf dem Display zu sehen war. Leider war vom Gesicht der Toten nichts mehr übrig geblieben, doch einige wenige Haare, eingebunden im Beton, waren zu erkennen. Lang. Betongrau, doch ehedem vermutlich blond.

Sie betrachtete die Aufnahme eine Weile, dann scrollte sie zur nächsten und vergrößerte auch diese. Anschließend legte sie die Aufnahmen der Fundortfotos von Alena Hellweg und Marie Kreutzer daneben. Sie ließ sich Zeit, versuchte, jedes Detail zu erfassen. Dann schloss sie die Augen und rief das Gesehene ab. Was war es, was sie entdecken sollte? Was versuchte ihr Unterbewusstsein ihr mitzuteilen? Nach einer ganzen Weile öffnete sie die Augen wieder und blickte Leonhard an.

»Und?«, fragte Leonhard gespannt.

Sophie zog die Autopsieberichte von Alena Hellweg und Marie Kreutzer aus den Akten und warf einen weiteren Blick darauf, bevor sie antwortete: »Alena Hellweg und Marie Kreutzer hatten bei ihrem Auffinden so gut wie keine Haare mehr. Ganze Haarbüschel waren ausgerissen, und insgesamt waren die Haare deutlich kürzer, als die Opfer sie vor ihrem Verschwinden getragen hatten. In beiden Fällen wird davon ausgegangen, dass Tiere dafür verantwortlich sein könnten.«

»Ja, und?«, fragte Leonhard.

»So kreisrund?« Sophie schüttelte den Kopf. »Das sieht mir zu systematisch für Tierbefall aus, der Kopf könnte in Teilen rasiert worden sein. Ich glaube, dass der Täter dafür verantwortlich ist.« Sophie legte die Vermisstenbilder von Alena und Marie vor Leonhard hin. Sie zeigten hübsche, lachende junge Mädchen – ein grausamer Kontrast zu den Fotos von den Leichenfundorten.

»Sieh doch: Keine der beiden trägt die Haare zum Zopf gebunden oder hat eine andere Frisur. Sie haben offene Haare, sind kaum geschminkt – kein kräftiger Lippenstift, kein übertriebenes Augen-Make-up oder so was. Sie drückten ihre Weiblichkeit durch ihre Haare aus und verzichteten darauf, sich darüber hinaus in den Vordergrund zu spielen. Und genau diese Haare wurden ihnen genommen.«

»Und weshalb?«, fragte Leonhard. »Was denkst du, warum er das macht?«

»Vielleicht will er, dass die Frauen nicht mehr hübsch sind. Er degradiert sie zum Objekt, nimmt ihnen ihre Weiblichkeit, zerstört das, was sie als Frauen ausmacht.« Sie tippte mit dem Finger auf den Autopsiebericht. »Die Gerichtsmediziner sind zwar von Tierfraß ausgegangen, aber das waren keine Tiere, das war er. Es war Teil seiner Bestrafung – sie sollten nicht länger schön sein. Denn schön sein sollten sie nur für ihn. Vermutlich trägt er einen tiefen Hass auf Frauen in sich und zerstört sie deshalb. Er hätte ja auch die Entscheidung treffen können, ihnen die Haare zu schneiden, doch er reißt sie aus. Das spricht für Wut, Hass, ungezügelte Gewalt. Und alle Opfer waren nackt, eine weitere Gemeinsamkeit.« Sophie sah Leonhard an, der nun die Fotos eines nach dem anderen betrachtete und die fraglichen Stellen im Autopsiebericht nachlas.

»Du könntest recht haben«, murmelte er dann und sah sie an.

»Wenn das übereinstimmt, wenn die Gerichtsmedizin dies auch bei der Toten aus dem Rhein feststellt, dann könnte das bedeuten«, er tippte auf Sophies Handy, »dass sie ebenfalls ein Opfer unseres Täters ist.«

Sophie nickte. Sie spürte dieses Kribbeln, das sie immer dann wahrnahm, wenn sie glaubte, einem Täter näher zu kommen, doch weshalb gab es hier das gravierende unterschiedliche Nachtatverhalten?

»Also willst du dich der Sache doch zuerst widmen?«, fragte Leonhard und deutete auf die Handyfotos mit der einbetonierten Unbekannten.

»Es wäre besser gewesen, wenn Marcus und Stephan auch schon in den beiden vorherigen Fällen mit der Spurensicherung beauftragt worden wären«, erwiderte Sophie und blieb Leonhard die Antwort schuldig, da sie selbst noch nicht genau wusste, wie sie weitermachen wollte. Sie griff nach den Berichten der Spurensicherung.

»Es gab keine verwertbaren Spuren, keine Anhaftungen, nichts. Fäulnis und Verwesung haben einfach alles zerstört, dazu noch der Tierfraß.« Sophie ordnete die Berichte und Fotos wieder den Akten zu, dann zog sie ihr Handy hervor und rief Marcus Brandner an. Es klingelte einige Male, ohne dass er dranging, also rief sie stattdessen Stephan Moritz an, der sich nach zweimaligem Klingeln meldete.

»Hallo, Sophie, was gibt's?«, wollte er wissen.

»Ja, hier spricht Sophie«, bestätigte sie. »Ich habe eben versucht, Marcus anzurufen.«

»Der steht neben mir. Soll ich dich weiterreichen?«

»Nicht nötig, du kannst mir meine Frage genauso gut beantworten. Habt ihr schon irgendetwas wegen der Leiche aus dem Rhein?«

»Sophie, ich bitte dich! Der Leichnam ist noch nicht mal aus dem Zement raus.«

»Okay. Danke. Meldet euch, wenn ihr was habt, ja?«

»Machen wir. Bis dann.«

Sophie legte ihr Handy zur Seite und stützte nachdenklich den Kopf in die Hände.

»Bist du wirklich davon ausgegangen, dass das so schnell geht?«, fragte Leonhard.

»Ich hatte wohl einfach darauf gehofft, jetzt, da ich trotz aller Abweichungen davon ausgehe, dass die Fälle zusammenhängen könnten. Das nahezu identische Aussehen, das Alter, die Nähe der Örtlichkeiten des Verschwindens, das alles kann doch kein Zufall sein.« Sie sah Leonhard an. »Wir müssen uns mit den Freundinnen der Opfer unterhalten. Und mit den Eltern. Wenn ich verstehe, wer die Mädchen waren, kann ich mich dem Täter vielleicht annähern, denn immer wieder kommt es vor, dass man in der Biografie der Opfer Hinweise auf das Motiv des Täters findet.«

Leonhard nickte und stand auf. »Ich gebe Christoph und Lena Bescheid.«

»Wir müssen außerdem mit Katherines Angehörigen sprechen.«

»Hältst du das für eine gute Idee?« Leonhard verzog das Gesicht.

»Du meinst, weil ich in einer solchen Situation nicht sensibel genug bin?«

»Das wollte ich damit nicht sagen, wenngleich da durchaus etwas dran ist«, stellte Leonhard klar. »Aber die Eltern werden in den letzten drei Tagen so viele Fragen der Polizei beantwortet haben und verrückt vor Sorge um ihr Kind sein ...« Er ließ den Satz unvollendet.

»Ich will genau wie sie, dass wir Katherine nach Hause holen.«

»Ich weiß«, räumte Leonhard ein. »Trotzdem wäre es wahrscheinlich besser, wenn du mich reden lässt.«

»Jetzt sollte ich wohl gekränkt sein, was?«, fragte Sophie lächelnd. »Bin ich aber nicht, denn ich weiß, dass du recht hast. In Ordnung, du redest.«

»Danke.« Leonhard atmete erleichtert auf, legte grinsend die Hände zusammen und verneigte sich leicht.

Sophie schüttelte den Kopf, dann raffte sie die Akten zusammen und verließ, gefolgt von Leonhard, den Konferenzraum. Auf dem Weg aus dem Gebäude und zum Parkplatz zückte Leonhard sein Handy, um Christoph Bescheid zu geben, was sie vorhatten, und sich die Adressen der Angehörigen und Freundinnen geben zu lassen. Sie würden als Erstes mit Alena Hellwegs Eltern sprechen, dann zu Kreutzers fahren und danach zu der Familie von Katherine Wolf. Die jeweiligen Freundinnen der Mädchen würden sie erst morgen aufsuchen.

Draußen ging Leonhard ganz selbstverständlich zu seinem BMW, da er sich weiterhin beharrlich weigerte, in Sophies Auto mitzufahren. Ihr war das gleich. So konnte sie sich auf der Fahrt wenigstens die Unterlagen noch einmal in Ruhe ansehen und versuchen, eine Verbindung zu den Opfern herzustellen. Oder zum Täter – bestenfalls.

5. KAPITEL
Haus der Familie Hellweg, Köln
Donnerstag, 29. Juni 2023

> *Ich weiß nicht, wovor mir mehr graut: dass Sophie mit den Angehörigen der toten Frauen spricht oder mit denen von Katherine Wolf.*
>
> LEONHARD MICHELS

»Vergiss nicht, ich werde die Fragen stellen«, mahnte Leonhard und legte den Finger auf den Klingelknopf. Darüber war ein Schildchen angebracht, auf dem stand: *Hier wohnen Claudia, Andreas, Alena und Laura.*

»Ja«, gab Sophie ein wenig genervt zurück.

»Und vergiss auch nicht, dass diese Menschen ihre Tochter verloren haben und deswegen nicht immer so logisch denken und handeln, wie wir es gerne hätten.«

»Das verspreche ich, wirklich«, versicherte Sophie ihm.

»Gut.« Leonhard drückte den Klingelknopf, und kurz darauf öffnete eine zerbrechliche kleine Frau die Tür.

»Frau Hellweg, mein Name ist Leonhard Michels, und das ist meine Kollegin Sophie Kaiser«, stellte Leonhard sie vor. »Wir sind vom BKA Wiesbaden.« Sie zeigten der Frau ihre Ausweise. »Ich hoffe, die Kollegen haben uns angekündigt?«

»Ja, Herr Greger hat mich angerufen.« Frau Hellweg gab den Eingang frei. »Bitte kommen Sie rein.«

»Vielen Dank.« Leonhard betrat als Erster das Haus, weil er

wusste, dass Sophie es eigenartig fand, wenn er ihr den Vortritt ließ. Dann kam auch Sophie herein, und beide warteten im Flur.

»Bitte. Das Wohnzimmer ist geradeaus.« Frau Hellweg wies ihnen die Richtung.

»Danke«, sagte Sophie.

Leonhard ging durch den Flur. Auf dem Fußboden waren Terrakottafliesen verlegt, die jeden ihrer Schritte nachhallen ließen, die Wände in einem warmen Gelbton gestrichen – in Leonhards Augen eine furchtbare Kombination. Eine Holztreppe, die den Achtzigerjahre-Chic perfekt machte, führte hinauf in den ersten Stock.

»Setzen Sie sich doch«, bot Frau Hellweg an, als sie das Wohnzimmer betraten. Dabei deutete sie nicht zur Sofaecke, sondern zum Esstisch, an dem vier Stühle standen. »Kann ich Ihnen etwas zu trinken anbieten?«

»Für mich nicht, vielen Dank«, lehnte Sophie ab.

»Wenn Sie ein Wasser hätten? Danke schön«, sagte Leonhard. Claudia Hellweg nickte und verließ das Wohnzimmer.

Leonhard und Sophie nahmen Platz und sahen sich um. Alle Möbel waren aus Holz, wahrscheinlich Eiche, an den Fenstern hingen weiße Gardinen mit schweren Vorhängen, die in demselben Blauton gehalten waren wie die Sofagarnitur. Der Teppichboden ähnelte dem Farbton der Terrakottafliesen im Flur. Das einzig Moderne schien der überdimensionale Fernseher zu sein, der auf dem hölzernen Sideboard stand und für diesen Raum viel zu groß war. Rechts neben dem Fernseher stand ein gerahmtes Foto von Alena Hellweg. Leonhard vermutete, dass sie ungefähr zehn gewesen war, als die Aufnahme entstand.

Frau Hellweg kam mit einer Sprudelflasche Wasser und drei Gläsern zurück. Leonhard warf Sophie einen kurzen Blick zu. Er wusste, dass Sophie, wenn es sich irgendwie vermeiden ließ, nicht aus Gläsern trank.

»Schön haben Sie es hier, Frau Hellweg«, sagte er daher eilig, um einer entsprechenden Bemerkung seiner Kollegin zuvorzukommen.

»Danke«, antwortete die Mutter des toten Mädchens, schenkte ganz selbstverständlich die drei Gläser voll und setzte sich dann, die Hände in den Schoß gelegt. Leonhard konnte ihr ansehen, wie nervös sie war.

Leonhard lächelte sie freundlich an, dann nahm er Sophies Glas, leerte es und stellte es wieder vor Sophie.

»Also, Frau Hellweg«, sagte er dann, »wir wissen natürlich, wie belastend dieses Gespräch für Sie ist, doch wir versuchen alles, um den Mörder Ihrer Tochter zu finden, und leider müssen wir Ihnen deshalb einige Fragen stellen, die Sie bestimmt schon unseren Kollegen beantwortet haben.«

»Sicher.« Claudia Hellweg sah unsicher von Leonhard zu Sophie.

»Erinnern Sie sich noch an den Tag, als Alena verschwand?«, fragte Leonhard.

Die Mutter nickte, senkte den Blick, und trotz der sommerlichen Wärme konnte Leonhard sehen, wie sie eine Gänsehaut bekam. Die kleinen Härchen an ihren Armen stellten sich auf.

»Das war ein Sonnabend«, begann sie und musste sich räuspern, weil ihre Stimme versagte. »Alena hatte bereits seit fast zwei Wochen Ferien und langweilte sich, weil die meisten ihrer Freundinnen im Urlaub waren und unsere Reise erst noch anstand.« Mit Tränen in den Augen schaute sie auf und sah zu Leonhard und Sophie. »Wir wollten im letzten Jahr nach Griechenland fahren, mein Mann, Alena, Laura und ich.«

»Wie alt ist Ihre jüngere Tochter?«, fragte Sophie.

»Laura ist vier Jahre jünger als Alena. Sie wird im September vierzehn«, antwortete Frau Hellweg. »Wir sind immer einmal im Jahr zusammen verreist. Viele von Alenas Freundinnen fahren schon länger nicht mehr mit ihren Eltern weg, doch Alena ist …«, sie schluckte, »Alena war da anders.«

»Und an dem Samstag ihres Verschwindens«, versuchte Leonhard das Gespräch auf den entsprechenden Tag zurückzubringen, »ist Ihnen da irgendetwas Besonderes aufgefallen? War etwas anders als sonst?«

»Nein, nichts.« Die Mutter schüttelte den Kopf und kramte ein Taschentuch hervor, das sie kurz vor ihren Mund drückte. Für einen Augenblick kniff sie die Augen zusammen, dann atmete sie tief durch.

»Wir haben zu dritt gefrühstückt, weil Laura noch schlief. Sie war schon immer eine Langschläferin, während Alena das genaue Gegenteil war. Sie stand auch am Wochenende oder in den Ferien meist schon um sieben Uhr auf. An diesem Samstag haben mein Mann, Alena und ich so gegen halb neun gefrühstückt. Am Wochenende lassen wir uns immer ein bisschen Zeit.«

»Und hat Alena Ihnen gegenüber erwähnt, was sie an dem Tag vorhatte?«, fragte Leonhard.

Frau Hellweg nickte und presste ihre Lippen aufeinander. »Sie wollte sich am späten Nachmittag mit ein paar Mädels in einem der umliegenden Parks treffen. Sie liebte die Natur. Andreas und ich haben nicht weiter nachgefragt, mit wem genau.« Wieder sah sie Leonhard und Sophie an. »Mir hätte auffallen müssen, dass Sarah und Daria im Urlaub waren – normalerweise traf sie sich fast ausschließlich mit den beiden. Doch ich habe überhaupt nicht weiter darüber nachgedacht.«

»Das bedeutet nur, dass Sie Ihrer Tochter vertraut haben, Frau Hellweg«, sagte Sophie, und Leonhard war froh und auch ein wenig überrascht, wie einfühlsam sie in diesem Moment war. Normalerweise stieß sie andere mit ihren Fragen und ihrer ganz speziellen Logik eher vor den Kopf. Vielleicht sollte doch lieber sie die Befragung übernehmen, überlegte er.

»Ich mache mir solche Vorwürfe! Hätte ich nur mehr auf sie achtgegeben oder noch mal nachgefragt. Vielleicht wäre dann alles nicht passiert!«

Sophie sah Leonhard fragend an, als wollte sie sichergehen, ihm nicht über den Mund zu fahren und damit gegen ihre Absprache, dass er redete, zu verstoßen. Leonhard nickte kaum merklich.

»Selbst wenn Sie nachgefragt, vielleicht sogar nachgebohrt hätten, wäre es vermutlich nicht anders gekommen«, beschwichtigte sie Alenas Mutter daraufhin. »Soweit ich es der Akte entnommen habe, war Alena mit jemandem verabredet, den sie über Instagram kennengelernt hatte, richtig?«

»Ja, so hat es sich später herausgestellt.«

»Da Alena diesen Umstand für sich behalten wollte, hätte sie Ihnen vermutlich nicht die Wahrheit gesagt, selbst wenn Sie nachgefragt hätten«, stellte Sophie fest. »Sie hätte Ihnen einfach die Namen irgendwelcher anderen Freundinnen genannt. Für das, was geschehen ist, tragen Sie nicht die geringste Verantwortung, Frau Hellweg.«

Claudia Hellweg nickte und wischte sich mit dem Handrücken die Tränen von der Wange.

»Meine Kollegin hat recht, Frau Hellweg. An dem, was geschehen ist, tragen weder Sie noch Ihr Mann und auch nicht Alena die Schuld, sondern einzig und allein der Täter«, bekräftigte Leonhard.

»Danke«, sagte sie leise.

»Sie haben also zusammen gefrühstückt«, nahm Leonhard den Gesprächsfaden wieder auf. »Und dann?«

»Mein Mann hatte die Tage zuvor den Fußboden im Gartenhaus neu gemacht, und Alena hat ihm geholfen, die alten Dielen und den Schutt, der dabei entstanden war, zur Wertstoffdeponie zu bringen. Die haben da alle zwei Wochen sonnabends zur Annahme solcher Sachen geöffnet.«

Leonhard spürte, dass Sophie etwas sagen wollte, denn sie beugte sich weiter über den Tisch. Sie klappte den Mund auf, dann hielt sie inne und sah ihn erneut fragend an. Und wieder nickte er kaum merklich. Sollte sie ruhig machen, er konnte immer noch eingreifen, wenn sie über das Ziel hinausschoss.

»Ich weiß, es muss furchtbar sein, auch nur darüber nachzudenken, aber haben Ihr Mann und Alena die Wertstoffe zu derselben Deponie gebracht, auf der man später ihre Leiche fand?«, stellte Sophie die naheliegende Frage, doch Claudia Hellweg schüttelte den Kopf.

»Nein. Sie sind zu der zentralen Annahmestelle gefahren«, antwortete sie. »Die ist hier ganz in der Nähe und hat mit der Deponie wohl nichts zu tun.«

»Danke«, erwiderte Sophie. »Ich wollte mich bloß vergewissern, weil darüber nichts in der Akte stand. Wir möchten nichts übersehen.«

»Ich weiß, dass Sie lediglich Ihre Arbeit machen«, sagte Claudia Hellweg, »und dafür bin ich Ihnen dankbar. Glauben Sie mir, Sie können kaum etwas fragen, was ich mir nicht selbst schon in den schlimmsten Details vorgestellt habe.«

»Wir können nur erahnen, was Sie und Ihre Familie durchmachen«, sagte Leonhard mitfühlend.

Claudia Hellweg schniefte und kämpfte gegen die Tränen an, die erneut zu fließen drohten.

»Was geschah, nachdem Ihr Mann und Alena wiederkamen?«, fragte Sophie.

»Na ja, Alena hat noch ein bisschen mitgeholfen und sich dann in ihr Zimmer zurückgezogen. Sie war eine Leseratte. Wir haben zusammen zu Mittag gegessen, da war Laura dann auch mit dabei«, fuhr sie fort und stockte kurz, als würde sie überlegen.

»Ist Ihnen etwas eingefallen?«, fragte Leonhard.

»Ja, tatsächlich.« Sie nickte nachdenklich. »Etwas war anders als sonst.«

»Und was?«, fragte Leonhard.

»Na ja, ich wärme am Samstagmittag oft nur Reste vom Vortag auf, weil wir am Wochenende oft abends etwas Besonderes machen oder auch mal Pizza bestellen. Genau das war für den Abend geplant, und so hatte ich mittags nur die Nudeln vom Vortag verlängert.«

Leonhard und Sophie sagten nichts, warteten nur ab.

»Die Nudeln gehörten zu Alenas Lieblingsgerichten, mit einer Parmesansoße und Salat dazu«, fuhr Frau Hellweg fort. »Und mit Knoblauch, viel Knoblauch.« Sie sah von Leonhard zu Sophie. »An dem Tag wollte Alena wegen des Knoblauchs partout nicht mitessen. Angeblich wollte sie auf keinen Fall eine Knoblauchfahne haben, wenn sie sich später mit den Mädels traf, und deshalb hat sie sich nur Obst mit Haferflocken und Joghurt gemacht. Andreas sagte noch, wie albern er ihr Verhalten fände.«

Leonhard und Sophie tauschten einen Blick.

»Warum habe ich nicht weiter darüber nachgedacht?«, fragte Claudia Hellweg nun und sah erneut zwischen ihnen hin und her. »Es ist doch offensichtlich, dass sie nicht nach Knoblauch riechen wollte, weil sie mit einem jungen Mann verabredet war und wohl davon ausging, ihm näherzukommen.«

»Selbst wenn Sie es damals schon geahnt hätten, wäre es dennoch so gekommen«, versuchte Leonhard sie zu trösten. »Wie meine Kollegin vorhin schon sagte: Es ist weder Ihre Schuld noch die Schuld von Alena, sondern einzig die des Täters.«

»Es hätte nichts geändert«, bekräftigte Sophie ebenfalls.

»Wann ist Alena aus dem Haus gegangen?«, wollte Leonhard wissen.

»So gegen halb fünf.«

»Ist sie zu Fuß gegangen, mit dem Fahrrad gefahren oder haben Sie sie gebracht?«

»Sie hat ihr Fahrrad genommen.«

»War sie irgendwie anders gekleidet als sonst, geschminkt, anders frisiert?«, fragte Sophie.

Claudia Hellweg schüttelte den Kopf. »Nein, da war wirklich nichts anders als sonst. Sie trug ein hellblaues T-Shirt, eine Jeans und Sportschuhe.«

»Und Schmuck?«

»Ja, eine Kette. Das war so eine Schwesternkette, Laura hat das Gegenstück dazu.« Claudia Hellweg stand auf und ging zu einem halbhohen Schrank. Sie zog die oberste Schublade auf und nahm eine Pappschachtel heraus. Als sie sie öffnete, kam eine Kette mit einer halben, aufschiebbaren Sonne zum Vorschein, in die der Name Laura eingraviert war.

»Die haben mir Ihre Kollegen zurückgegeben. Alena trug sie noch, als man sie fand.« Sie presste das Taschentuch vors Gesicht und fing an zu schluchzen. »Ich durfte Alena nicht einmal mehr sehen, nachdem man sie gefunden hatte! Man sagte mir, ich solle sie so in Erinnerung behalten, wie sie war. Natürlich weiß ich, dass es schlimm gewesen sein muss. Sie hat Monate auf der Deponie gelegen, weggeworfen wie Müll.« Sie fuhr mit dem Finger über den Anhänger der Kette. »Doch diese hier trug sie immer noch um ihren Hals. Die Kette hat all das überstanden und ist nicht zerrissen. Ist das nicht unglaublich?«

Leonhard bekam eine Gänsehaut, und er konnte Sophie ansehen, dass auch sie die Trauer und Verzweiflung von Claudia Hellweg nicht kaltließ. Doch da war noch etwas anderes in ihrem Blick.

»Sie trug die Kette noch um den Hals?« Sophie zog die Stirn in Falten.

»Ja.« Die Mutter räusperte sich und strich über die feinen Glieder. »Ich weiß, es ist absurd. Doch für mich war es, als stellte dies über den Tod hinaus eine Verbindung zu Laura dar. Fast wie ein Symbol, dass die Liebe zwischen ihnen nicht einmal durch den Tod zerrissen werden konnte.«

Sophie sah auf die Kette. »Ich weiß, es ist viel verlangt«, wandte sie sich dann wieder an Alenas Mutter, »aber dürfte ich Alenas Zimmer sehen? Oder haben Sie es inzwischen ausgeräumt?«

Claudia Hellweg schüttelte den Kopf. »Es ist alles noch so, wie sie es verlassen hat.« Sie blickte auf. »Wir überlegen, das Haus zu verkaufen. Ich denke, nur dann werden wir in der Lage sein, uns von ihr zu verabschieden und wieder so etwas wie ein normales Leben zu führen, auch wenn es nie mehr das gleiche sein wird.« Sie stand auf. »Kommen Sie, ich zeige Ihnen ihr Zimmer.«

»Vielen Dank.« Sophie und Leonhard erhoben sich ebenfalls und folgten dann Claudia Hellweg nach oben. Dort angekommen öffnete diese die zweite Zimmertür auf der rechten Seite und trat zurück auf den Flur.

»Das ist Alenas Zimmer.«

Sophie und Leonhard betraten das Zimmer des ermordeten Mädchens.

Claudia Hellweg drehte sich um. »Ich warte unten auf Sie«, sagte sie über die Schulter, doch Sophie hielt sie zurück.

»Frau Hellweg, noch eine Frage: Haben Sie hier aufgeräumt, nachdem Alena verschwunden war?«

»Ja, ein bisschen.« Zögernd machte sie kehrt, trat ebenfalls ein und öffnete den Schrank. »Alena hatte einige Kleidungsstücke aus dem Schrank genommen und achtlos aufs Bett geworfen.«

»Was für Kleidungsstücke?«

»Dieses Kleid hier.« Die Mutter berührte den Stoff eines weißen Sommerkleides, »und dann noch diese Bluse und vier T-Shirts.«

»Sie war also unschlüssig, was sie anziehen sollte«, stellte Sophie fest.

»Ja, so wirkte es auf mich.«

»War Alena ein Mensch, der viel auf Kleidung gab?«

»Nein.« Claudia Hellweg schüttelte den Kopf. »Wie Sie sehen, hatte sie zwar hübsche Sachen in freundlichen Farben, doch meist zog sie einfach nur T-Shirt, Jeans und Sportschuhe an. Die Kleider hat sie höchstens mal im Urlaub getragen, doch auch das eher selten und meist nur, wenn wir in Hotels waren, wo es Abendveranstaltungen gab.«

»Ich verstehe«, sagte Sophie und sah sich um. »Und sie hatte auch keinen Schminktisch wie andere Mädchen in ihrem Alter?«

»Nein, das war nicht so ihr Ding. Sie trug meist Mascara, weil ihre Wimpern von Natur aus hellblond waren, und dazu höchstens mal einen Lipgloss. Mehr nicht.«

»Danke.« Sophie betrachtete die Kleidung der toten Schülerin. »Wenn es Ihnen nichts ausmacht, bleiben wir einen Moment hier oben.«

Claudia Hellweg nickte, atmete tief durch und verließ das Zimmer.

»Entschuldige bitte«, sagte Leonhard, als sie hörten, dass Frau Hellweg über die Treppe nach unten ging und sie somit nicht mehr hören konnte.

Sophie sah ihn an. »Was soll ich entschuldigen?«

»Dass ich dir unterstellt habe, bei deinen Befragungen nicht besonders feinfühlig zu sein. Das war dumm von mir.«

»Nein, deine Annahme war durchaus berechtigt«, gab Sophie zurück. »Ich weiß, dass ich manches nicht nachvollziehen kann und daher oft alles andere als einfühlsam bin.«

»Hier und heute warst du es, und es war falsch von mir, dir einen Maulkorb verpassen zu wollen.«

»Ich bin kein Hund, und ich bin nicht gekränkt, also lass uns einfach unsere Arbeit machen«, meinte Sophie. »Aber es ist nett, dass du dich entschuldigt hast. Danke.«

Leonhard nickte und sah zu, wie sie zum Bett ging, die Augen schloss, wieder öffnete und sich anschließend auf die Matratze legte. Die Hände hinter dem Kopf verschränkt, sah sie an die Decke. Nein, dachte er, es war nicht von der Hand zu weisen, dass seine Partnerin auf Menschen, die sie nicht kannten, ganz schön eigenartig wirkte.

***

Ihr tat einfach alles weh, vor allem aber die rechte Hand, die über ihrem Kopf mit einer Handschelle an einem in der Wand einbetonierten Ring befestigt und schon länger nicht mehr durchblutet war.

Sonst schloss er die Handschellen immer auf, wenn er mit ihr fertig war und wieder ging. Doch dieses Mal hatte er nur die linke gelöst, die rechte aber nicht. Hatte das etwas zu bedeuten?

Zitternd versuchte sie, sich weit genug auf dem Bett hochzudrücken, um sich in eine sitzende Position zu bringen, womöglich sogar aufzustehen, damit wieder Blut durch ihre Hand fließen konnte. Ihr entfuhr ein gequälter Schmerzenslaut, als sie die Beine anzog und sich nach oben stemmte, damit ihre Schultern höher waren als der Ring. Als sie es geschafft hatte, fasste sie mit der linken Hand den rechten Ellenbogen und hob diesen hoch. Das Blut schoss zurück in ihre Finger. Erst war der Schmerz kaum zu ertragen, doch dann stellte sich ein Gefühl der Erleichterung ein, eine Art Glücksgefühl, da sie für einen kurzen Moment die Kontrolle über ihren Körper zurückgewann.

Eine Weile verharrte sie so, dann ging sie am Kopfende des Bettes auf die Knie und presste die rechte Schulter gegen die Wand. Zwar bereitete ihr auch diese Position Schmerzen, da sie so eine gewisse Spannung auf den Unterleib bringen musste, doch alles war besser, als regungslos in der immer gleichen Pose zu verharren. Sie hatte sich fast schon an diese Schmerzen gewöhnt, hatte sie doch den Eindruck, dass der gesamte Bereich abwärts ihres Bauchnabels ein einziges, ständig schmerzendes Hämatom war. Wie lange war sie nun hier? Wochen, ja vielleicht Monate. Oder waren es am Ende sogar schon Jahre, weil sie vollkommen die zeitliche Orientierung verloren hatte? Möglich war es durchaus. Anfangs hatte sie gefürchtet, er würde sie umbringen, wenn er mit ihr fertig war. Dann, etliche Vergewaltigungen später, war diese Befürchtung dem Wunsch gewichen, er möge es tun. Inzwischen jedoch hatte sie keine Hoffnung mehr, jemals wieder Tageslicht zu sehen und etwas anderes zu erfahren als Erniedrigung und Gewalt.

Anfangs hatte sie sich noch gewehrt, wenn sie das weiße Nachthemd hatte überziehen sollen. Doch irgendwann hatte sie ihren Widerstand aufgegeben. Tragen müssen würde sie es so oder so. Nur dass es mit weit weniger Schlägen verbunden war, wenn sie selbst hineinschlüpfte, statt es unter Prügeln übergestreift zu bekommen. Doch eines, was sie anfänglich noch mitgemacht hatte in der Hoffnung, womöglich freizukommen, wenn sie sich fügte, tat sie nicht mehr: Sie nannte ihn nicht, wie er befohlen hatte, ihren »Herrn«. Und auch wenn er sie schlug und quälte – dieses Wort kam ihr nicht mehr über die Lippen. Das hier war zu einem Krieg geworden, einem Krieg, in dem sie nur eine einzige Waffe besaß – ihre Würde. Und sie war nicht gewillt, diese Waffe aus der Hand zu geben. Sie hatte mitgespielt, und dennoch war sie noch immer hier unten. Von nun an würde er nicht mehr als das bekommen, was er sich mit Gewalt nahm. Von nun an würde sie sich nicht mehr unterwürfig zeigen.

Sie hörte Schritte, und unwillkürlich ballte sie ihre linke Hand zur Faust. Es ging also schon wieder los. Die Tür wurde aufgeschlossen. Er trat ein.

»Tu, was von dir verlangt wird. Nenn ihn deinen Herrn.«

Sie schüttelte den Kopf.

»Ich nenne ihn Scheißkerl und Vergewaltiger!«, spie sie aus, worauf er auf sie zusprang und ihr mit der Faust ins Gesicht schlug.

Greller Schmerz schoss durch ihren Kiefer, und im nächsten

Moment spürte sie etwas Hartes im Mund. Sie bäumte sich auf und spuckte ihm den Zahn ins Gesicht.

Er fing an zu keuchen und schlug dann wie von Sinnen auf sie ein. Irgendwann ließen die Schläge nach. Dumpf nahm sie wahr, dass sich etwas um ihren Hals legte. Waren es seine Hände? Oder spürte sie dort ein Seil, mit dem sie an dem Ring im Beton fixiert werden sollte?

Ihr Schmerz ließ nach, und fast glaubte sie zu lächeln, als sie ins tiefe Schwarz der Unendlichkeit fiel ...

6. KAPITEL
Sophies Hotelzimmer, Köln
Donnerstag, 29. Juni 2023

> *Ich bin ganz und gar bei den Entscheidungen des Mörders, ich bin ganz und gar bei den Frauen. Nur so bekomme ich Zugang zum Täter.*
>
> SOPHIE KAISER

Sophie nahm sich einen Proteinriegel, eine kleine Wasserflasche und machte es sich auf dem Bett bequem. Anschließend reihte sie die Fotos der fünf Frauen, von denen zwei tot und die anderen drei verschwunden waren, vor sich auf. In die Reihe darunter kamen die Fotos von Alena Hellweg und Marie Kreutzer, die an den Fundorten aufgenommen worden waren. Sie betrachtete sie, dann drehte sie die untere Reihe um.

Nun legte sie vier weitere Fotos vermisster junger Frauen aus, deren Verschwinden jedoch bereits länger zurücklag. Als Leonhard und sie nach den Gesprächen mit Claudia Hellweg, Alena Hellwegs Mutter und der Mutter von Marie Kreutzer im Präsidium vorbeigeschaut hatten, waren die Akten, die Christoph bei der Vermisstenstelle angefordert hatte, bereits eingetroffen.

Sophies Gedanken schweiften zurück zu Doris Kreutzer, Maries Mutter, die mittlerweile nicht mehr mit ihrem Mann zusammenlebte. Es war erschreckend, wie viele Ehen an außergewöhnlichen Belastungen zerbrachen, wie sich die Partner mit gegenseitigen Vorwürfen überschütteten, weil sie nur so mit ihrer eigenen Hilflosigkeit klarkommen konnten. Gerade wenn ein junger Mensch gewaltsam aus dem Leben gerissen wurde, gewann Sophie immer wieder den Eindruck, dass nicht nur dieser Mensch, sondern mit ihm ein Teil seines sozialen Umfelds starb.

Marie stammte aus guten Verhältnissen, genau wie Alena. Doris Kreutzer hatte ihnen das Zimmer ihrer Tochter gezeigt, und Sophie war nicht entgangen, wie groß die Ähnlichkeit zwischen den beiden Opfern war, nicht nur äußerlich – blond, zierlich –, sondern auch hinsichtlich ihrer Kleidungsvorlieben. Sprechen können hatte sie kaum mit der Mutter, die so aufgewühlt war, dass sie immer wieder heftig schluchzte und für längere Zeit im Bad verschwand, weshalb sie, so schnell es ging, wieder gefahren waren. Wirklich Neues in Erfahrung gebracht hatten sie nicht. Es war ihnen nichts anderes übrig geblieben, als zu hoffen, dass ihnen bei den Akten ein Detail ins Auge stach, das sie vorwärtsbringen würde.

Sophie hatte noch vor Ort einen Blick hineingeworfen und die Ordner anschließend Leonhard überlassen, damit dieser sie in Ruhe durchlesen konnte. Einzig die Fotos hatte sie sich kopieren lassen, denn die wollte sie mit nach Hause nehmen.

Nun biss Sophie ein Stück von dem Proteinriegel ab und trank einen Schluck Wasser, dann dehnte sie ihren Hals, der kurz knackte. Sie nahm die Fotos einzeln zur Hand, betrachtete sie und legte sie nach einer ganzen Weile zur Seite. Anschließend konzentrierte sie sich wieder auf das Foto von Alena Hellweg.

Alena Hellweg, tot aufgefunden am 21. März 2023, siebzehn Jahre, gute Schülerin, vertrauensvolles Verhältnis zu den Eltern. Eher ruhig, hatte gern gelesen. Bei ihren Freundinnen war Alena beliebt, sie hatten übereinstimmend zu Protokoll gegeben, dass sie als zuverlässig und immer pünktlich galt. Alena war auf Social Media nur mäßig aktiv gewesen, hatte zwar einen Instagram- und einen TikTok-Account, diese jedoch kaum genutzt.

Lediglich sechs Fotos und Videos von dem Pflegepferd, um das sie sich gemeinsam mit zwei weiteren Mädchen ihres Alters gekümmert hatte, waren dort zu sehen. Auf insgesamt vieren davon war auch sie mit abgebildet.

Angeblich hatte Alena über Instagram Kontakt zu einem Gleichaltrigen, den die Freundinnen nicht kannten und von dem sie lediglich sagen konnten, dass er »süß« ausgesehen hätte. Der Account war inzwischen gelöscht, und auch die Anfrage der Polizei an den Betreiber der Plattform hatte nichts gebracht. Alena hatte ihren Freundinnen von dem bevorstehenden Treffen erzählt. Dass es ein klassischer Fake-Account gewesen war, der zu einer ebenfalls falschen E-Mail-Adresse gehörte und auch nicht rekonstruiert werden konnte, hatte Sophie nicht überrascht.

»Du warst ein intelligentes Mädchen«, flüsterte Sophie Alenas Foto zu. »Warum hast du deinen Eltern nichts von ihm erzählt? Wollte er das so? Hast du deshalb auch deinen Freundinnen gegenüber so geheimnisvoll getan?« Sie biss erneut von ihrem Riegel ab, kaute nachdenklich und schluckte. »Er hatte irgendetwas Besonderes an sich, nicht wahr? Doch was?«

Sophie schloss die Augen, öffnete sie wieder und griff nach ihrem Handy. Darauf waren Fotos von den Screenshots von Alenas Instagram-Account. Es handelte sich um ein privates Profil, dessen Inhalte man nur dann sehen konnte, wenn man dem Benutzer eine Anfrage schickte und von diesem angenommen wurde. Warum hatte Alena die Anfrage angenommen? Was hatte dazu geführt?

Sophie tippte auf das Profilbild, das daraufhin das ganze Display einnahm. Es zeigte Alena, die in die Kamera lächelte. Mehr nicht. Er war darauf aufmerksam geworden, irgendwie. War mit ihr in Kontakt getreten. Irgendetwas an diesem Foto hatte ihn angesprochen.

Sophie schloss die Augen und versuchte, sich in den Täter hineinzuversetzen. »Mir ist langweilig, ich scrolle auf Instagram die Profile durch. Und da sehe ich dich. Du wirkst nett, sympathisch, lächelst.« Sie schüttelte den Kopf. »Nein, so war es nicht. Ich mache das hier nicht zum ersten Mal. Ich gucke ganz gezielt nach jungen Frauen, nach Mädchen. Sie müssen blond sein, müssen etwas …« Sophie stockte. Sie spürte, dass ein Gedanke sich den Weg an die Oberfläche bahnte, doch noch war er für sie nicht greifbar.

Sie nahm ihr Handy und drückte auf Leonhards Kontakt.

»Hallo, Sophie«, meldete er sich nach nur einem Klingeln.

»Hallo. Sag mal, was für einen Frauentyp hast du?«, erkundigte sie sich unverblümt.

»Was?«

»Die Frauen, auf die du stehst. Ist das immer ein und derselbe Typ?«

»Ich vermute mal, es geht um die Opfer, oder?« Leonhard senkte die Stimme, als fürchte er, jemand könnte mithören.

»Störe ich dich bei irgendwas?«

»Stören ist zu viel gesagt. Ich esse.« Er senkte die Stimme noch mehr. »In einem Restaurant.«

»Willst du lieber rausgehen?«, fragte Sophie. »Kein Problem, ich bleibe dran.«

»Eigentlich will ich essen …«

»Mach das jetzt nicht«, bat Sophie eilig, die bei dem bloßen Gedanken an die Geräusche eine Gänsehaut bekam. »Ich kann es nicht leiden, wenn jemand beim Telefonieren kaut.«

»Keine Sorge, mir ist der Appetit vergangen.«

»Aber du sagtest doch eben, du willst etwas essen.«

Leonhard seufzte. »Jetzt nicht mehr. Essen wird sowieso total überbewertet. Möchtest du über den Fall reden? Soll ich noch zu dir kommen?«

»Ja, mach das. Bis gleich.« Sophie drückte die rote Taste. In ihren Augen reagierte Leonhard mitunter etwas seltsam, aber er war ein ausgezeichneter Ermittler. Und ein ausgezeichneter Kollege noch dazu. Zum Glück war sein Hotel nicht weit von ihrem entfernt, er würde bald hier sein.

Sie hätten eigentlich beide im selben Hotel untergebracht werden sollen, doch Sophie hatte in dem vom BKA gebuchten kein passendes Zimmer gefunden. Man hatte ihr nur ein Zimmer anbieten können, bei dem das Bad rechts neben der Eingangstür lag, während sie nur in Zimmern mit Bad auf der linken Seite schlief. Also hatte Sophie ihren Koffer genommen und war zum nächsten Hotel gefahren, das um einige Klassen besser und entsprechend teurer war – vor allem aber befand sich das Bad auf der linken Seite vom Eingang, und Sophie hatte von der ersten Nacht an ganz wunderbar geschlafen. Sie würde der Staatskasse einfach den Differenzbetrag erstatten.

Als Leonhard gestern das erste Mal hier gewesen war, hatte er angemerkt, dass es wirklich schön sein musste, reich zu sein. Sophie hatte nichts darauf erwidert, da sie nicht wusste, wie sie angemessen reagieren sollte. Leonhard wirkte nicht neidisch, und sie hatte stets den Eindruck gehabt, dass ihm Geld nicht sonderlich viel bedeutete. Diesbezüglich waren sie einander sehr ähnlich. Dennoch hatte sie den Gesprächen mit ihm entnommen, dass er nicht verstehen konnte, weshalb sie so gar keinen Wert darauf legte, aber so war es nun mal. Ja, auf ihren Namen liefen diverse Konten und Fonds. Ja, sie besaß ein erhebliches Aktienpaket an dem Unternehmen ihrer Familie, und ja, ihr Vermögen bewegte sich alles in allem in einem hohen siebenstelligen Bereich, doch letztendlich hatte sie weder Zeit noch Lust, sich darum zu kümmern oder diesen Dingen Platz in ihrem Leben einzuräumen. Sie hatte alles, was sie brauchte, und das, was ihr wichtig war, konnte sie sich mit Geld nicht kaufen: nämlich Serientäter zu überführen und so daran zu hindern, noch mehr Menschen etwas anzutun. Insoweit war der Nutzen von Reichtum für Sophie sehr überschaubar.

Es klopfte, und Sophie ging zur Tür.

»Wer ist da?«

»Leonhard.«

»Komm rein«, forderte sie ihn auf und trat zur Seite, um ihn einzulassen.

»Danke.«

Leonhard ging an ihr vorbei ins Zimmer und blickte zum Bett hinüber, auf dem Sophie die Bilder verteilt hatte.

»Hast du die Kopien der Akten auch hier?«, fragte er und deutete zum Bett.

»Ja, dort hinten. Bis auf die neuen, die Christoph uns vorhin gegeben hat. Die hast du doch, oder?«

Leonhard schüttelte den Kopf. »Die habe ich selbstverständlich im Präsidium gelassen. Dir ist schon klar, dass das verboten ist?«

»Ja, das ist mir bewusst. Möchtest du dich setzen?«

»Gut. Schön, darüber gesprochen zu haben«, gab Leonhard zurück und nahm auf einem Zweisitzer am Fenster Platz, der Teil einer kleinen Sitzgruppe war.

»Bist du sauer auf mich?«, fragte Sophie, setzte sich in den gegenüberstehenden Sessel und legte die Stirn in Falten.

Leonhard sah sie an, dann schüttelte er den Kopf. »Nein, Sophie, ich bin nicht sauer auf dich. Es ist nur manchmal etwas anstrengend, dass es für dich nichts als die Arbeit gibt.« Er machte eine wegwerfende Handbewegung. »Ach, vergiss es. Also, was ist dir aufgefallen?«

Sophie sah Leonhard an, weil ihr nicht ganz klar war, was er ihr mit seiner Bemerkung hatte sagen wollen, dann schob sie den Gedanken beiseite. Sie überlegte kurz, ob sie ihm etwas zu trinken aus der Minibar anbieten sollte, entschied sich dagegen und stand auf, um zum Bett zu gehen.

»Also, ich habe mich gefragt, nach welchen Kriterien der Täter seine Opfer ausgesucht hat. Natürlich ist offensichtlich, dass alle lange blonde Haare haben und der gleiche Typ sind. Doch sieh mal hier.« Sie zog ihr Handy hervor und ging auf das Foto mit dem Screenshot des Instagram-Profils von Alena Hellweg.

Sie streckte ihm das Smartphone entgegen und setzte sich im Schneidersitz aufs Bett, diesmal so weit rechts, dass Leonhard neben ihr Platz nehmen konnte.

Der stand nun ebenfalls auf und kam zu ihr. Vor dem Bett blieb er stehen und zögerte kurz, doch dann zog er seine Schuhe aus und setzte sich zu ihr auf die Überdecke.

»Natürlich sieht man, dass sie blond und hübsch ist«, fuhr Sophie fort, als er das Foto betrachtete, »aber was würdest du als Erstes denken, wenn du das Profil siehst?«

»Hm, gute Frage. Im ersten Moment das Gleiche wie du – dass sie blond und hübsch ist und ein sympathisches Lächeln hat.«

»Aber was ist das Besondere? Warum ist er auf sie aufmerksam geworden?«, beharrte Sophie. »Ich habe mir vorhin vorgestellt, wie er sein Handy zur Hand nimmt und Profile durchscrollt, bis er an ihrem hängen bleibt. Es ist natürlich auch möglich, dass er wahllos irgendwelche blonden jungen Frauen angeschrieben hat und Alena das Pech hatte, ihm zu antworten.«

»Moment«, sagte Leonhard. »Das kann nicht stimmen.«

»Was kann nicht stimmen?«, fragte Sophie.

»Wenn du auf Instagram jemanden suchst, weil du beispielsweise mit ihm zur Schule gegangen bist und somit zumindest seinen Namen oder Teile dessen kennst, hast du einen Anhaltspunkt für die Suche. Doch einfach so auf ein privates Profil zu stoßen, weil man, wie du sagst, durchscrollt, funktioniert, soweit ich weiß, gar nicht. Es gibt Vorschläge, die über deine Kontakte und Freunde automatisch ausgespielt werden, aber diese richten sich meines Wissens nicht nach Präferenzen im Aussehen.« Leonhard zog sein Handy hervor und klickte auf den Instagram-Button.

»Du hast Instagram?«

»Ja, schon eine Weile. Ich nutze es nur nicht. Meine Schwester schickt mir manchmal Sachen. Das war es aber auch schon.« Leonhard hielt das Handy so, dass Sophie ebenfalls darauf blicken konnte.

»Sieh mal, hier ist mein Account.«

»LeoM?«

»Jepp. Wahnsinnig einfallsreich, ich weiß. Aber guck mal. Wenn ich jetzt auf dieses Suchsymbol gehe ...«

»... dann erscheinen Bilder und Videos von Hunden«, stellte Sophie fest.

»Das wird mir vorgeschlagen, weil ich mir eine Zeit lang genau das auf Instagram angesehen habe. Ich hatte überlegt, mir einen Hund zuzulegen.«

»Einen Hund? Findest du es nicht schwierig, das mit deiner Arbeit zu vereinbaren? Du bist schließlich viel unterwegs, und man schafft sich ja keinen Hund an, um ihn letzten Endes allein zu lassen.«

»Genau deshalb habe ich mich ja dagegen entschieden.« Leonhard klickte auf das Lupensymbol. »Worauf ich hinauswill, ist Folgendes ... Hier kann ich zwar Namen eintippen, die ich suche, aber den Namen kannte unser Täter nicht. Du kannst natürlich auch ›blond‹ oder einen anderen Suchbegriff eingeben, doch dann kommst du auf öffentliche Profile mit einer eindeutigen Ausrichtung. So hat er Alena Hellweg mit Sicherheit nicht gefunden.«

»Hm«, machte Sophie. »Und wie dann?«

Beide überlegten einen Moment.

»Soweit wir wissen, ist Alena das erste Opfer, das er auf diesem Weg gefunden hat, oder?«

Sophie nickte. »Ja. Allerdings können wir das bei Mirja Schmieder noch nicht sagen. Darf ich mal?« Sie deutete auf Leonhards Handy, der es ihr, ohne zu zögern, gab.

Sophie ging auf Leonhards Profil und gab oben den Suchbegriff »Alena« ein. Dann scrollte sie etwas runter und klickte auf ein Profil.

»Das ist aber nicht Alena Hellweg«, stellte Leonhard fest.

»Nein, das ist sie nicht. Was passiert, wenn ich auf ›Folgen‹ klicke?«

»Das ist ein privates Konto. Dann kann die Person entweder bestätigen, also dich annehmen, oder eben nicht.«

»Und wenn sie es nicht tut, kann ich ihr dann trotzdem eine Nachricht schicken?«

»Sobald du die Anfrage abgeschickt hast, ja.«

»Ich verstehe«, sagte Sophie.

»Aber das erklärt noch immer nicht, wie genau er auf Alena Hellweg gestoßen ist«, meinte Leonhard.

»Ich fürchte, ich ahne, wie.«

»Und wie?«

»Er hat einfach mit A angefangen und einen modernen Frauennamen eingegeben – Alena, Alessa, Alicia … Und dann hat er sich durchgeklickt.«

Leonhard nahm ihr das Handy ab, tippte ein paar Namen ein und sah sich die Profile an, die ihm vorgeschlagen wurden.

»Du könntest recht haben. Oder er hat ihren Namen, wie auch immer, herausgefunden und sie direkt kontaktiert.« Er sah Sophie an.

»Laut Akte haben Alenas Freundinnen ausgesagt, dass er in ihrem Alter war und wirklich gut aussah«, fasste Sophie zusammen. »Ein Fake-Profil – auf diese Weise wollte er an sie herankommen. Ich glaube, das ist um einiges leichter, als man ahnt.«

»Ja, das fürchte ich auch.«

Einen Moment schwiegen sie, dann sah Leonhard Sophie an und grinste leicht verlegen. »Warum hast du mich eigentlich vorhin gefragt, auf welchen Frauentyp ich stehe?«

»Ach, richtig, deshalb habe ich dich ja angerufen.« Sophie stopfte sich ein Kissen in den Rücken. »Ich habe mich gefragt, was eine Frau haben muss, damit du auf sie aufmerksam wirst.«

»Darüber habe ich mir ehrlich gesagt noch nie Gedanken gemacht«, antwortete Leonhard, nun ganz offensichtlich noch verlegener. Sophie verstand nicht recht, warum, war dies doch eine ganz normale Frage, die ihre Ermittlungen möglicherweise voranbringen würde, trotzdem schien ihr Partner sich mit einer Antwort schwerzutun.

»Also gut«, versuchte sie es daher auf anderem Wege, »wie sah Manuela aus?«

Leonhard sah sie überrascht an. »Du hast dir ihren Namen gemerkt? Ich habe sie doch nur ein einziges Mal erwähnt, und das ist über eineinhalb Jahre her.«

Sophie legte den Kopf schräg.

»Natürlich hast du das, entschuldige«, fuhr Leonhard fort. »Also: Manuela hat dunkle Haare. Als wir uns kennenlernten, waren sie noch lang, doch irgendwann hat sie sie abschneiden lassen. Braune Augen, schlank, etwa eins siebzig groß, sportliche Figur.«

Sophie schmunzelte. Das klang ja wie eine Personenbeschreibung aus einer ihrer Akten! »Okay, und deine Freundin davor?«

»Anja«, gab Leonhard Auskunft. »Die war mittelblond, auch sportlich und schlank. Etwas kleiner als Manuela, würde ich sagen.«

»Und davor?«

»Zählen One-Night-Stands?«

»Sicher.«

»Natascha. Ich kannte sie vom Sehen, weil sie mit ihrer Clique öfter in der Kneipe war, in der mein Kumpel Olli und ich nach dem Tennis immer noch ein Bier tranken. Natascha war mit einigen Freundinnen unterwegs. Sie und ihr Freund hatten an dem Tag Schluss gemacht, und sie war ziemlich aufgedreht.« Er hob den Zeigefinger. »Ich betone: Sie war diejenige, die unbedingt Sex wollte. Sie wollte wohl mit der Sache abschließen.«

»Und wie sah sie aus?«

»Etwa ein Meter siebzig, Haare bis hierher«, er deutete unter sein Kinn, »irgendwas zwischen dunkelblond und braun, schlank. Der Witz war, dass wir uns ein paar Wochen danach in derselben Kneipe getroffen haben. Da war sie wieder mit ihrem Ex-Freund zusammen und hat mich bekniet, ihm bloß nichts von der gemeinsamen Nacht zu erzählen.« Er tippte sich an die Schläfe. »Als ob ich zu ihrem Kerl gehe und dem das auf die Nase binde.«

Sophie verkniff sich eine Bemerkung darüber, dass sie auf überflüssige, nicht sachdienliche Details getrost verzichten konnte.

»Wenn wir also diese drei Frauen nehmen«, sagte sie stattdessen, »können wir festhalten, dass deine Aufmerksamkeit sich auf schlanke Frauen konzentriert, die im Durchschnitt eher groß und sportlich sind.«

»Jetzt, da du es sagst ... Mir war gar nicht klar, dass ich offenbar auf einen bestimmten Frauentyp stehe, da meine Freundinnen unterschiedliche Haarfarben und -längen hatten. Obwohl ... so unterschiedlich nun auch wieder nicht.« Leonhard schien zu überlegen. »Auch meine anderen Freundinnen waren schlank, alle um die eins siebzig oder größer und sportlich. Aber eine Blondine, nein, zwei Blondinen waren auch dabei«, überlegte er laut. »Mit kurzen Haaren.«

»Hm. Und charakterlich? Gab es auch da Übereinstimmungen?« Sophie legte die Fotos wieder in einer Reihe auf der Tagesdecke aus.

»Ich mag selbstbewusste Frauen.« Leonhard deutete auf die Fotos. »Für mich sehen die Opfer alle aus, als wären sie nett. Aber sie wirken eben nicht wie Frauen auf mich, sondern wie Mädchen, was ja in dem Alter auch die Regel ist.«

»Mirja Schmieder ist Ende zwanzig und sieht auch eher aus wie ein Mädchen«, widersprach Sophie.

»Da hast du recht. Trotzdem hat sie eine andere Ausstrahlung als die anderen. Findest du nicht?«

Sophie nahm sich das entsprechende Foto und betrachtete es.

»Stimmt. Sie wirkt mehr, als wüsste sie, was sie will.«

»Ja, genau.« Leonhard nickte.

»Vielleicht haben wir es in ihrem Fall doch nicht mit unserem Täter zu tun«, sprach Sophie ihren Gedanken laut aus. »Er will junge Frauen, Mädchen, vorzugsweise Teenagerinnen.«

»Damit sie nicht so viel Widerstand leisten?«, überlegte Leonhard.

»Möglich, ja. Ich denke, sie sollen unerfahren sein, damit sie ihn nicht bloßstellen können. Möglicherweise ist er nicht in der Lage, mit sexualadäquaten Partnerinnen zu verkehren.«

»Oder damit er den großen Beschützer geben kann – ganz im Stil der Fünfziger. Der Mann als Alleinverdiener hat das Sagen, die Frau soll hübsch sein, lächeln und sich um den Haushalt kümmern. Mir ist durchaus bewusst, dass wir von einem noch jungen Mann als Täter ausgehen, sollten die Angaben der Freundinnen stimmen, aber so ein Frauenbild wird in der Regel schon sehr früh vermittelt.«

Sophie blickte weiter auf die Fotos, dann legte sie das Bild von Mirja Schmieder umgedreht an die Seite. Irgendetwas war in den Gesichtern der anderen, das ihr etwas zu sagen versuchte. Er hatte etwas in ihnen gesehen, etwas ganz Bestimmtes, doch hier ging es nicht um das soeben von Leonhard beschriebene Frauenbild. Es ging um ... Sie schüttelte den Kopf.

»Was ist?«, fragte Leonhard.

»Ich weiß es nicht. Ich habe das Gefühl, ich muss das sehen, was er in ihnen gesehen hat, um zu verstehen, nach welchen Kriterien er seine Opfer auswählt. Um ein Motiv zu erkennen.«

»Du glaubst also, dass es mehr gibt als die äußerlichen Übereinstimmungen?«

»Es ist nur so ein Gefühl.« Sie sah Leonhard an. »Die Gewalt, die an Alena Hellweg und Marie Kreutzer ausgeübt wurde, war massiv. Die Verletzungen, Stich- und Schnittwunden und dazu Knochenbrüche, waren trotz der Verwesung noch immer nachweisbar. Der Täter ist offenbar einem wahren Gewaltrausch verfallen. Es deutet also einiges darauf hin, dass es hier um mehr geht als um die Vergewaltigungen und die Folter.«

Leonhard stopfte sich ebenfalls ein Kissen in den Rücken und legte die Stirn in Falten. »Und an was denkst du?«

»Ich weiß es nicht, aber ich könnte mir Wut und Hass vorstellen – Hass auf Frauen. Nicht konkret gegen die einzelnen Opfer, denn die sind ihm fremd. Vermutlich sind sie lediglich Stellvertreterinnen für eine andere Frau, die ihm wichtig war oder ist und an der er sich auf diese Weise rächen will. Wenn wir ihn fassen wollen, bevor er auch Katherine Wolf tötet, müssen wir unbedingt herausfinden, was ihn getriggert hat. Solche Taten kommen nicht aus dem Nichts. Es muss ein Vorspiel gegeben haben. Beleidigungen von Frauen, Körperverletzungen oder Vergewaltigungen. Er kann sich nicht kontrollieren und wird aller Wahrscheinlichkeit nach immer wieder ausrasten.«

Sophie sah, wie sich Leonhard mit der Zunge über die Lippen strich. Sie hätte ihm wohl doch etwas zu trinken anbieten sollen.

»Hast du Durst?«, fragte sie ihn und stand, ohne eine Antwort abzuwarten, auf, um die Minibar zu öffnen. »O-Saft, Wasser, diverse Softdrinks oder ...«, sie beäugte die ordentlich aufgereihten Minifläschchen, »... Gin, Wodka, Rum ...«

»Ein Wasser wäre schön«, erwiderte Leonhard, und Sophie nahm zwei Flaschen aus dem kleinen Kühlschrank und brachte sie zusammen mit einem Glas zum Bett. Auch sie spürte einen gewissen Durst, als könnte das Wasser den Ekel, die Abscheu wegspülen, die ihr einen schalen Geschmack im Mund verursachten.

»Sag mal, vorhin …«, Leonhard stellte das leere Glas auf den Nachttisch, »als Claudia Hellweg uns die Halskette gezeigt hat, da ging dir etwas durch den Kopf, oder?«

Sophie nickte. »Ich werde dazu morgen bei dem Gerichtsmediziner nachfragen, der die Leichenschau bei Alena Hellweg vorgenommen hat.« Leonhard sah sie interessiert an, also fuhr Sophie fort: »Neben den multiplen Verletzungen, die ja bereits ausgereicht hätten, um jemanden zu töten, wurde sie außerdem noch gewürgt. Ich möchte gern wissen, ob sie zu diesem Zeitpunkt die Halskette trug oder nicht.«

»Hm. Das wird dir der Rechtsmediziner nicht sagen können, denn die Zersetzung des Körpers ist so weit vorangeschritten, dass eventuelle Eindruckspuren der Kettenglieder längst verloren gegangen sind.«

»Du magst recht haben, doch vielleicht hatte der Täter ihr den Schmuck abgenommen und aus einem ganz bestimmten Grund wieder umgelegt. Wenn das der Fall ist, muss es ihm wichtig gewesen sein und dürfte eine Botschaft beinhalten.«

»Aber welche?«, fragte Leonhard.

»Ich weiß es nicht. Noch nicht. Vielleicht wollte er Reue bekunden oder etwas wiedergutmachen. Reue, Scham und Formen der Wiedergutmachung können auch bei Serienmördern als Personifizierung vorkommen, obwohl es ja eher Elemente im Nachtatverhalten bei persönlich motivierten Taten sind. Doch das passt wiederum nicht dazu, dass er die Leiche auf der Mülldeponie entsorgt hat.«

»Ich bin kein Profiler. Hilf mir ein bisschen«, bat Leonhard.

»Die Handlungen, die ein Täter nach der Tat vornimmt, verraten ebenso viel wie die, die er davor oder auch währenddessen vollzieht. Die Frage ist, was ihn personifiziert, was ihn ausmacht, was ihm wichtig ist und wie er dies in seinen Taten ausdrückt. Offenbar sind Gewalt und Unterdrückung wichtig für das Lustempfinden unseres Täters. Es wäre unwahrscheinlich, dass er sein Opfer schlägt und vergewaltigt und dabei darauf achtet, dass der Schmuck unversehrt bleibt. Er *wollte*, dass Alena die Kette trägt, wenn sie gefunden wird. Aber konnte er darauf vertrauen, dass ihre sterblichen Überreste überhaupt jemals entdeckt werden?« Sophie drehte die Wasserflasche in den Händen, den Blick auf die Fotos geheftet. »Wir müssen herausfinden, was er damit sagen will, und dafür bleibt uns nicht mehr viel Zeit.«

***

Er stand mit geschlossenen Augen unter der Dusche und ließ das Wasser über sein Gesicht laufen. Dann nahm er Seife und Bürste zur Hand und schrubbte seine Finger, um so das Blut unter seinen Nägeln wegzubekommen. Dabei war ihm klar, dass er später vermutlich erneut schmutzig würde, wenn er die Leiche im Schutz der Dunkelheit wegschaffte, und sich anschließend erneut penibel reinigen musste. Schließlich konnte er sich so nicht im Büro blicken lassen.

Er hörte ein Klopfen.

»Das Essen ist gleich fertig. Kommst du?«

»Ja, ich komme!«, rief er zurück, stellte die Dusche ab und trat auf den Badteppich. Er hatte zwar keinen großen Hunger, doch er wusste, dass sie sich Mühe gegeben hatte, um ihm etwas Gutes zu zaubern. Sie hatte sich wirklich gemausert in der Küche, das musste er zugeben.

Er blickte in den Spiegel, und für einen kurzen Moment meinte er, Ähnlichkeit mit seinem Vater zu entdecken. Aber das konnte nicht sein. Er hatte ihn nur aufgezogen, doch gezeugt hatte er ihn nicht. Und doch war da das Gefühl, alles von ihm gelernt zu haben. Und wenn er sich im Job durchsetzte und es ihm eines Tages gelang, viel Geld zu verdienen und Anerkennung für seine Leistung zu bekommen, wäre der Mann, den er Vater nannte, vielleicht sogar stolz auf ihn. Vielleicht könnte er ihm auch einfach sagen, was er tat und wie viele Frauen er haben konnte, die ihn bewunderten und wollten, dass er es ihnen so richtig besorgte.

Ja, sie alle wollten es von ihm haben, genau wie seine Schwester es gewollt hatte, als der Mann, den er Vater nannte, es ihr damals besorgt hatte. Noch immer sah er die Bilder vor sich, wie sie sich gewunden hatte, und auch jetzt, Jahrzehnte später, spürte er, wie sein Glied steif wurde bei der Erinnerung an das, was sich damals auf ihrem alten, wackligen Küchentisch abgespielt hatte.

»Liebling, das Essen«, hörte er erneut ihre Stimme und beeilte sich, seine Kleidung überzuziehen und zu ihr in die Küche zu gehen.

»Das riecht köstlich«, sagte er, als er hinter sie trat, sie mit den Armen umfasste und sein noch immer steifes Glied gegen sie presste. Eigentlich hätten sie heute Abend essen gehen wollen, zur Feier des Tages. Er rechnete es seiner Frau hoch an, dass sie sich nicht beschwert hatte, obwohl doch alles anders gelaufen war als geplant.

Nun lachte sie auf, drehte sich zu ihm um, umarmte ihn und gab ihm einen Kuss.

»Setz dich und lass dich bedienen. Den Rest bekommst du später«, frohlockte sie, worauf er ihren Hals küsste und kurz zubiss. Sie gab einen lustvollen Laut von sich, dann stieß sie ihn weg.

»Erst essen wir«, stellte sie klar. »Und nun setz dich.«

Sein Glied war so steif, dass es ihm schwerfiel, auf dem harten Stuhl Platz zu nehmen. Und doch tat er es. Denn ein bisschen Qual war schließlich nichts anderes als die Vorstufe zur Lust.

7. KAPITEL
Sophies Hotelzimmer, Köln
Freitag, 30. Juni 2023

> *Es ist nicht immer ganz einfach mit Sophie.*
> *Doch weder beruflich noch menschlich möchte*
> *ich sie auch nur einen einzigen Tag missen.*
>
> LEONHARD MICHELS

»Leonhard.« Er spürte eine sanfte Berührung an seiner Schulter. »Leonhard, es wird Zeit.«

Er kam nur langsam zu sich, blinzelte, streckte sich und gähnte herzhaft. Dann erst nahm er Sophie wahr, die neben ihm im Bett saß und ihn anlächelte.

Erschrocken setzte er sich auf. »Was ist passiert?«

»Nichts weiter, du bist eingeschlafen.«

»Wie spät ist es?«

»Schon fast sechs. Wenn wir heute alles schaffen wollen, sollten wir uns langsam fertig machen.«

Leonhard gähnte erneut. »Du siehst aus, als wärst du bereits fertig.«

Sophie nickte bekräftigend. »Ja, ich war schon unter der Dusche.«

Er riss überrascht die Augen auf. Diese Frau war einfach nicht von dieser Welt.

»Wann bist du aufgestanden?«, wollte er wissen. »Und wann hast du geschlafen?«

»Geschlafen habe ich ab 3.24 Uhr, aufgestanden bin ich um 5.31 Uhr«, antwortete Sophie, sachlich-präzise wie immer.

Leonhard schüttelte den Kopf. »Dann hattest du zwei Stunden Schlaf und bist trotzdem so fit?«

»Nein, das ist so nicht korrekt. Ich sagte doch eben, dass ich von 3.24 Uhr bis 5.31 Uhr geschlafen habe. Das sind zwei Stunden und sieben Minuten.«

»Na, das verändert natürlich alles.« Leonhard rieb sich die müden Augen.

»Im Hotel gibt es ab 6.30 Uhr Frühstück. Willst du dich etwas frisch machen, und wir essen zusammen?«

»Am liebsten würde ich mich vorher umziehen.« Er deutete auf seine Kleidung, in der er gestern Nacht eingeschlafen und die nun zerknittert war.

»Das verstehe ich.« Sophie stand auf und setzte sich in den Sessel, in dem sie schon gestern Abend Platz genommen hatte. »Willst du in dein Hotel und wieder herkommen, oder sehen wir uns nachher auf dem Präsidium?«

Er rückte höher und lehnte sich gegen das Kopfende. »Ach, weißt du was, ich springe kurz unter die Dusche, wir frühstücken und fahren anschließend auf dem Weg zum Präsidium bei meinem Hotel vorbei, damit ich mich umziehen kann. In Ordnung?«

»Klar. Gern«, gab Sophie zurück.

»Es wäre alles viel einfacher, wenn du in dem anderen Hotel geblieben wärst.« Müde und ein wenig missmutig schwang Leonhard die Beine aus dem Bett.

»Du kannst ja in dieses Hotel ziehen. Damit wäre das Problem gelöst«, schlug Sophie vor.

»Dann würde ich aber jeden Tag, den wir in Köln verbringen, draufzahlen.«

»Das ist richtig«, bestätigte Sophie und nickte.

»Jemand, der nicht von Haus aus reich ist, merkt das ziemlich schnell im Portemonnaie«, schickte er hinterher und stand auf.

»Ich kann für dich bezahlen«, bot Sophie an.

»So weit kommt es noch«, empörte er sich. »Es ist ja nicht so, dass ich am Hungertuch nage.«

»Würde ja auch keinen Sinn ergeben«, gab Sophie zurück.

»Hm?« Leonhard sah sie fragend an.

»Der Begriff ›am Hungertuch nagen‹ hieß ursprünglich ›am Hungertuch nähen‹ und bezog sich auf das Tuch, das zur Fastenzeit über den Altar gehängt wurde. Und du bist weder katholisch, noch fastest oder nähst du.«

»Sophie, es ist nur eine Redewendung.«

»Ja, ich weiß. Dennoch ergibt sie auf dich bezogen keinen Sinn.«

Leonhard überlegte, ob er etwas erwidern sollte, doch dann musste er lachen. »Weißt du was, ich mache es.«

»Was? In dieses Hotel umziehen?«

»Genau. Denn ob du es glaubst oder nicht, es macht mir Spaß, schon morgens mit dir zusammen zu sein.«

»Wirklich?« Sophie schmunzelte. »Ich hatte eher das Gefühl, du wärst nicht gerade begeistert darüber.«

»Ich war noch müde, das ist alles«, gab er in versöhnlichem Tonfall zurück. »Aber im Ernst, Sophie, ich bin froh, dass du mich gefragt hast, ob ich mit dir zusammen zum BKA wechseln will. Ich bin gern in deiner Gesellschaft.«

Sie lächelte ihn herzlich an, und in Leonhard kam ein Gefühl hoch, das er schon öfter verspürt hatte, wenn er in Sophies Nähe war. Sie war für ihn weit mehr als nur eine Kollegin. Sophie war ihm zur Freundin geworden, auf die er sich zu einhundert Prozent verlassen konnte. Und das, was die meisten anderen vermutlich als Marotten oder Ticks bezeichnen würden, wusste Leonhard an Sophie zu schätzen. Sie war eigenartig, das stimmte. Doch eben im wahrsten Sinne so eigen in ihrer Art, dass sie für ihn ein ganz besonderer Mensch war. Ihre Fähigkeit, sich in andere Menschen hineinzudenken und in den Kopf eines Täters vorzudringen, machte sie zu einer außergewöhnlichen Ermittlerin, die erfolgreich ihre Methoden umzusetzen wusste.

»Ich arbeite auch gern mit dir. Sonst hätte ich dich ja nicht gefragt, ob du mit mir zum BKA kommst«, gab Sophie zurück.

Leonhard sparte sich die Erwiderung, dass es ihm eben nicht nur rein um das Berufliche und die Zusammenarbeit ging. Stattdessen lächelte er und verschwand im Bad. Aus dem Augenwinkel sah er, wie Sophie nach den Unterlagen griff, die auf einem ordentlichen Stapel auf dem niedrigen Tisch in der Mitte der kleinen Sitzgruppe lagen. Dass sie sich jetzt schon wieder konzentrieren konnte …

Leonhard hätte nicht mal sagen können, worüber sie beide letzte Nacht gesprochen und ob sie zu einem Ergebnis gekommen waren. Lediglich daran, dass sie heute bei Katherine Wolfs Eltern vorstellig werden wollten, erinnerte er sich noch, doch das hatten sie schon tagsüber beschlossen. Auch mit den Freundinnen mussten sie dringend sprechen.

Er ging unter die Dusche und war froh, dass in dem vom Hotel bereitgestellten Hygieneset eine Zahnbürste, Zahnpasta und sogar ein Kamm waren, sodass er sich später wirklich nur noch schnell umziehen musste. Sie hatten viel vor, und sie durften keine Zeit verschwenden, wenn sie Katherine rechtzeitig aus den Fängen des Serienmörders befreien wollten. Wie Sophie ging er fest davon aus, dass es sich um ein und denselben Täter handelte.

Als er aus dem Bad kam, stand Sophie auf und griff nach dem kleinen Päckchen mit Reinigungstüchern, das Leonhard schon oft bei ihr gesehen hatte. Er wusste, dass sie es strikt ablehnte, aus einer Tasse oder einem Glas zu trinken, die sie nicht persönlich gesäubert hatte.

Leonhard nahm sein Handy und seine Autoschlüssel, dann verließen sie zusammen das Zimmer.

Auf dem Gang war noch niemand zu sehen. Wahrscheinlich wären sie mit die Ersten im Frühstücksraum.

Sie gingen die Treppen hinunter und blieben vor dem Schild stehen, mit dem die Gäste darum gebeten wurden, auf ihre Platzierung zu warten.

Es vergingen nur wenige Sekunden, bis eine junge Frau zu ihnen trat.

»Guten Morgen. Darf ich um Ihre Zimmernummer bitten?«

»Zimmer 203«, gab Sophie Auskunft. Leonhard klappte gerade den Mund auf, um etwas zu sagen, als sie auch schon hinzufügte: »Mein Kollege ist mein Gast. Bitte setzen Sie den Betrag auf meine Rechnung.«

Er klappte den Mund zu und beschloss, auch diese Einladung anzunehmen. Auch wenn er weder am Hungertuch nagte noch nähte.

Die Bedienung setzte sich in Bewegung. »Sehr gern. Wenn Sie mir folgen wollen?« Sie ging ihnen voran zu einem Tisch in der Nähe des Büfetts, der für zwei Personen eingedeckt war.

»Wir möchten gern dort hinten sitzen, an dem Vierertisch.« Sophie streckte die Hand aus und deutete in die entsprechende Richtung.

»Selbstverständlich«, stimmte die Bedienung zu. »Bitte.«

Leonhard schmunzelte. Sophie wusste wirklich ganz genau, was sie wollte. Er rückte ihr den Stuhl zurecht, dann nahm er selbst Platz.

»Darf ich Ihnen Tee oder Kaffee bringen?«, fragte die Bedienung freundlich.

Leonhard wusste genau, was jetzt kam.

»Für mich bitte eine Tasse kochendes Wasser und eine leere Tasse«, bat Sophie dann auch prompt.

»Ich nehme Kaffee, danke«, sagte Leonhard.

»Und möchten Sie vielleicht ein Rührei oder ein Omelett?«

»Für mich gern das Rührei«, bat Leonhard, doch Sophie schüttelte den Kopf.

»Ich bediene mich am Büfett, danke schön.«

Die Bedienung bedankte sich und eilte davon, um ihnen die Bestellung zu bringen.

Sophie stand auf. »Wollen wir? Das Büfett ist noch unberührt.«

»Sicher.« Auch das Prozedere, das nun folgen würde, kannte er: Sophie nahm sich zwei Teller. Auf den ersten legte sie eine Scheibe Käse, eine Scheibe Tomate und eine Gurkenscheibe, auf den anderen ein verschlossenes Päckchen Frischkäse. Sophie aß keine Lebensmittel, die in ihren Augen nicht »hygienisch einwandfrei« waren. Dass sie inzwischen unter bestimmten Umständen überhaupt etwas Unverpacktes zu sich nahm, war ein großes Zugeständnis.

»Mehr willst du nicht?«, fragte Leonhard. »Bei der Auswahl?«

»Ich kann mir ja noch nachnehmen«, meinte sie und ging mit ihren Tellern zurück zum Tisch.

Während Leonhard sich großzügig bediente, sah er, dass Sophie zwei weitere Teller nahm, auf einen davon ein Brötchen legte und ebenfalls beide an den Tisch brachte. Das war neu für ihn. Mit vollbeladenem Teller setzte er sich zu ihr.

»Ist der für mich oder brauchst du alle vier?«, fragte er und deutete auf einen der leeren Teller.

»Nein«, widersprach sie und zog den Teller zu sich. »Von dem will ich essen.«

»Aber warum isst du nicht von dem, auf dem dein Brötchen liegt?«

»Na, eben weil mein Brötchen darauf liegt.«

»Und wenn du nun deinen Minipack Frischkäse dazulegst? Dann wäre ein Teller frei«, schlug Leonhard vor, worauf Sophie ihn kopfschüttelnd ansah, aufstand und ihm wortlos einen eigenen Teller holte.

»Hier, bitte.« Sie nahm wieder Platz.

»Kein Wunder, dass du einen Tisch für vier Personen wolltest. Du brauchst den Platz wirklich«, stellte er grinsend fest.

»Ja«, bestätigte Sophie und sah ihn an, als verstünde sie nicht, was daran so außergewöhnlich sein sollte.

Die Bedienung kam mit einem Tablett zu ihnen, auf dem zwei leere Tassen, eine Tasse mit kochendem Wasser und ein Kännchen Kaffee standen, und stellte alles auf dem Tisch ab.

»Bitte sehr. Das Rührei kommt sofort.«

»Vielen Dank«, sagte Leonhard. Als die Bedienung gegangen war, sah er amüsiert zu, wie Sophie das Päckchen mit den Reinigungstüchern hervorzog, ein einzelnes Papiertuch herausnahm und es vorsichtig in die Tasse mit dem kochenden Wasser tauchte. Anschließend rieb sie damit gründlich die leere Tasse aus.

»Möchtest du auch?«, fragte sie, als sie fertig war, und hielt ihm die Packung hin.

»Lass nur. Mich bringen ein paar Keime nicht um.«

Allein die Erwähnung von Keimen ließ Sophie zusammenzucken.

»Das war ein Scherz, Sophie. Ich gehe nicht davon aus, dass in diesen Tassen, die noch warm von der Spülmaschine sind, auch nur ein einziger kleiner Keim ist«, erklärte er immer noch schmunzelnd und schmierte sein Brötchen, das er großzügig belegte. Anschließend schenkte er sich eine Tasse Kaffee ein. Er wollte gerade einen Schluck nehmen, als ihm auffiel, dass Sophie noch immer mit einem zweifelnden, fast schon entmutigten Blick in ihre Tasse blickte. »Sophie«, sagte er daher, »ich glaube wirklich, dass du hier ohne Bedenken einen Kaffee trinken kannst, und ich wollte mich nicht über dich lustig machen.«

»Okay«, erwiderte sie, »dann werde ich deinem Urteil vertrauen.« Sie stand auf und ging mit der ausgewischten Tasse zum Kaffeeautomaten, dem sie wohl noch mehr vertraute als ihm und dem nicht persönlich gereinigten Kännchen.

Die Bedienung brachte das Rührei, und kurz darauf kehrte

Sophie ebenfalls zurück. Nachdem sie auch das Messer abgewischt hatte, schnitt sie das Brötchen in mehrere kleine Teile und öffnete den Frischkäse. Dann nahm sie das erste Brötchenstück, strich Frischkäse darauf und aß es. Danach schnitt sie ein Stück von der Tomatenscheibe ab und steckte diese ebenfalls in den Mund. Es folgten ein Stück Gurke und zu guter Letzt ein Stück von dem Käse.

»Dir beim Essen zuzusehen, ist wirklich unterhaltsam«, witzelte Leonhard, schob sich etwas Rührei in den Mund und biss von seinem Brötchen ab. »Im Magen kommt doch sowieso alles zusammen.«

»Ich habe dir das früher schon erklärt, und ich weiß, dass du mich nur aufziehen möchtest, was sicherlich nett gemeint ist«, erwiderte Sophie. »Allerdings interessiert mich unser unterschiedliches Essverhalten gerade eher peripher. Viel wichtiger ist doch die Frage, ab wie viel Uhr wir bei den Wolfs vorstellig werden können.«

»Nicht vor neun«, befand Leonhard. »Wir müssen ohnehin noch Christoph fragen, ob er die Familie über unseren anstehenden Besuch informiert hat.«

Bevor sich Sophie dazu äußern konnte, klingelte ihr Handy.

»Sophie Kaiser, BKA«, meldete sie sich, dann hörte sie aufmerksam zu. Leonhard konnte sehen, dass sie ihre Stirn in Falten zog. »Verstehe. Und wo ist das?«

»Wer ist dran?«, flüsterte er, doch sie beachtete ihn nicht.

»Hm. Schick mir den Standort aufs Handy, ja? Wir fahren gleich los.« Wieder hörte sie kurz zu, dann: »Nein, brauchst du nicht. Er sitzt mir gegenüber. Wir treffen uns vor Ort.« Sophie drückte die rote Taste und sah Leonhard an. »Sie haben eine Frauenleiche gefunden.« Sie trank einen Schluck Kaffee, dann stand sie auf. »Komm, wir müssen los.«

»Verdammt.« Leonhard belegte sein aufgeschnittenes Brötchen mit allem, was er unterbringen konnte, und klappte es zusammen. Sophies Gesichtsausdruck entnahm er, dass allein der Anblick des Brötchens, wie es jetzt aussah, sie ekelte.

»Du magst ja ohne Essen, Trinken und ohne Schlaf auskommen, doch die meisten anderen nicht.«

»Tatsächlich kommt ein gesunder Durchschnittsmensch mindestens zwei Tage ohne etwas zu trinken aus, eher sogar drei, was jedoch von den äußeren Umständen abhängt. Auf Essen kann sogar für etwa dreißig Tage verzichtet werden, ohne dass von bleibenden Schäden auszugehen ist. Und was den Schlaf angeht ...«

»Schon klar, Sophie.«

»Und was den Schlaf angeht«, fuhr sie fort, »ist sogar belegt, dass man rund elf Tage ohne auskommt.« Sie sah ihn von der Seite an. »Hast du je drei Tage nichts getrunken, dreißig Tage nichts gegessen und elf Tage nicht geschlafen?«

»Nein, Sophie, stell dir vor, das habe ich nicht.«

»Das dachte ich mir. Ich übrigens auch nicht. Ich denke, wir können davon ausgehen, dass wir dem Durchschnitt entsprechen und uns diesbezüglich nicht unterscheiden.«

Leonhard schüttelte den Kopf, biss herzhaft in sein dick belegtes Brötchen und stellte fest, dass Sophie ebenfalls den Kopf schüttelte. Gemeinsam verließen sie das Hotel und saßen keine zwei Minuten später in Leonhards Wagen. Ihm war klar, dass sie nun nicht mehr bei seinem Hotel vorbeifahren würden, aber das war ihm gleich. Hier ging es aller Wahrscheinlichkeit nach um ein weiteres totes Mädchen, und sie mussten sich beeilen, mussten endlich einen Durchbruch erzielen, um weitere Leben zu schützen.

»Christoph hat mir die Adresse geschickt«, riss Sophie ihn aus seinen Gedanken. »Wildgehege Brück, Brücker Mauspfad 203«, las sie ab und tippte auf die vorgeschlagene Route. »Fahr los. Ich sage dir, wo es langgeht.«

8. KAPITEL
Wildgehege Brück, Köln
Freitag, 30. Juni 2023

> *Ich kann dieser toten Frau nicht mehr helfen. Doch ich hoffe, dass es mir hilft, andere retten zu können.*
>
> SOPHIE KAISER

Sophie stieg aus dem BMW, den Leonhard in der Nähe der abgestellten Polizeifahrzeuge geparkt hatte, und zog ihren Dienstausweis hervor, als ein uniformierter Beamter auf sie und Leonhard zutrat, um sie am Weitergehen zu hindern.

»Guten Morgen«, sagte der Uniformierte, nachdem er einen Blick auf die Ausweise geworfen hatte.

»Guten Morgen. Wo müssen wir hin?«, fragte Leonhard.

Der Beamte hob den Arm und zeigte nach rechts. »Ein Stück den Weg dort entlang. Dann sehen Sie es schon.«

»Danke«, sagte Leonhard und setzte sich bereits in Bewegung, doch Sophie blieb noch stehen und sah sich um. Ihr Blick fiel auf ein Schild, das besagten Schotterweg als Fuß- und Radweg auswies.

»Was ist?«, fragte er, als er merkte, dass sie ihm nicht folgte.

»Sagen Sie bitte«, wandte sie sich an den Uniformierten und deutete auf das Schild. »Auch wenn es nicht erlaubt ist, ist der Weg ja breit genug, um mit dem Auto hineinzufahren. Endet er in einer Sackgasse, oder besteht die Möglichkeit, weiter hinten zu wenden?«

»Mit einem normalen Pkw findet man da genug Wendemöglichkeiten«, gab der Polizeibeamte Auskunft.

»Vielen Dank«, antwortete Sophie und ging zusammen mit Leonhard in die ihnen gewiesene Richtung. Ein Schild mit einem Pfeil und der Aufschrift »Wildgehege Brück« zeigte ihnen, dass sie hier richtig waren. Rechts und links vom Weg begann direkt der Wald, und bis auf ihre eigenen Schritte war nur das melodische Zwitschern der Vögel zu hören. Nichts deutete darauf hin, dass sie sich auf dem Weg zum Fundort einer Leiche befanden.

Kurz darauf hörten sie in einiger Entfernung Stimmen, und nicht lange danach konnten sie bereits das rot-weiße Band mit der Aufschrift »Polizeiabsperrung« erkennen.

»Ah, da seid ihr ja!«, rief Christoph Greger, hob das Absperrband und wartete, bis Sophie und Leonhard darunter hindurchgeschlüpft waren. »Wir haben eine weibliche Leiche«, wiederholte er, was er Sophie vorhin schon am Telefon gesagt hatte, und ließ das Band wieder los. »Kommt.«

Sophie und Leonhard folgten ihm, grüßten die am Fundort stehenden Kolleginnen und Kollegen und gingen dann weiter.

»Ich denke, euer Aufenthalt in Köln wird kürzer, als ihr dachtet.«

»Wieso das?«, fragte Leonhard.

»Weil wir den Täter haben. Er wurde auf frischer Tat ertappt, als er die Leiche wegschaffen wollte.«

»Wirklich?« Sophie sah ihn an.

»Ja, wirklich. Die Kollegen haben ihn bereits aufs Revier geschafft. Ich dachte trotzdem, dass ihr euch die Sache hier noch ansehen solltet, damit ihr ebenfalls euren Bericht abschließen könnt.« Greger blieb stehen und deutete auf einen Mann mit einem Labrador, der etwas abseits neben einem uniformierten Beamten stand. »Er hat den Täter gestellt.«

Sophie sah sich um. »Wo sind Marcus Brandner und Stephan Moritz?«, fragte sie. »Unsere Kollegen von der Spurensicherung.«

»Wir haben ihnen nicht mehr Bescheid gesagt. Jetzt, da wir den Täter haben, endet eure Zuständigkeit in dieser Sache. Unsere Leute hier sind durchaus in der Lage, eine vernünftige Spurensicherung vorzunehmen.«

Sophie atmete tief durch, dann ging sie raschen Schrittes näher an den Fundort heran.

»Halt!«, rief sie laut. »Alle treten jetzt bitte zurück! Niemand berührt mehr etwas!« Sie zog ihr Handy hervor und rief Brandner an.

»He, was soll das?«, beschwerte sich Greger, der ihr gefolgt war, doch Sophie hob nur die Hand und lauschte dem Klingelzeichen. Nach dem dritten Mal ging Brandner dran.

»Marcus, es gibt einen Leichenfund«, teilte sie ihm unvermittelt mit. »Komm bitte sofort her und bring Stephan mit. Leonhard schickt dir die Koordinaten.«

»Wir kommen«, gab Marcus knapp zur Antwort.

Sophie drückte die rote Taste und warf Leonhard einen Blick zu, der nickte, das Handy bereits in der Hand.

»Kannst du mir mal erklären, was das soll, Sophie?«, beschwerte sich Christoph Greger. »Ihr wurdet hinzugezogen, weil wir eure Unterstützung benötigten, um das Verschwinden eines jungen Mädchens aufzuklären. Das hat sich nun erledigt – wir haben den Täter und kommen allein zurecht.« Er beugte sich weiter vor und senkte die Stimme. »Ja, ihr seid die Star-Ermittler, die den Sandmann-Fall gelöst haben, aber deswegen müssen wir doch nicht so tun, als wäre euch hier der große Durchbruch gelungen.«

»Ich bestreite nicht, dass ihr auch ohne uns zurechtkommt«, pflichtete Sophie ihm bei, darauf bedacht, sich an das zu halten, was sie in diversen Büchern über Kommunikation und soziales Miteinander gelesen hatte. Es fiel ihr nicht leicht, da sie das Verhalten ihres Kollegen extrem ärgerte. Woher wollte er wissen, dass der Täter tatsächlich gefunden und der Fall damit abgeschlossen war? Sie wussten doch noch nicht einmal, ob die Frauenleiche tatsächlich als die vermisste Katherine Wolf identifiziert werden konnte! »Ich frage mich nur, aus welchem Grund ihr davon ausgeht, dass es sich wirklich um unseren Mann handelt«, fügte sie daher hinzu. »Und selbst wenn er es sein sollte – was ich sehr hoffe –, benötigen wir eine akribische Dokumentation und Auswertung sämtlicher Spuren für den Prozess.«

»Und die traust du unseren Leuten von der Spurensicherung nicht zu?«

»Ich weiß nicht, wie gut eure Leute von der Spurensicherung sind, denn ich bin mit ihrer Arbeit nicht vertraut. Vielleicht sind sie so gut wie Marcus und Stephan, doch bei meinen Kollegen weiß ich genau, woran ich bin, und deshalb möchte ich, dass sie das hier übernehmen. Meine Entscheidung steht fest.« Sie wollte an Greger vorbeigehen, doch der verstellte ihr den Weg.

»Unsere Leute sind gut, das kann ich dir versichern.«

»He, Kollege«, schaltete Leonhard sich ein und stellte sich neben Sophie. »Wir sind alle auf der gleichen Seite.«

Sophie sah Christoph fest in die Augen. »Ich habe dir gegenüber in korrekter Form meine Beweggründe kommuniziert«, sagte sie sachlich. »Mehr kann nicht von mir erwartet werden. Ich bin die Ranghöhere und damit weisungsbefugt. Es gibt nichts mehr zu diskutieren.« Damit ging sie an Christoph vorbei und wandte sich an die Kollegen der Kölner Spurensicherung.

»Guten Morgen. Sophie Kaiser, BKA Wiesbaden. Was haben wir bis jetzt?«

»Bernhard Sichel«, stellte sich ein etwa vierzigjähriger Mann vor. »Wir haben gerade erst angefangen«, erklärte er dann. »Eine junge Frau, der Todeszeitpunkt dürfte nach rektaler Temperaturmessung und Bewertung der Umgebungstemperatur zwischen acht und zehn Stunden zurückliegen. Massive Gewalteinwirkung gegen den Schädel, Würge- und Strangmarken am Hals, petechiale Einblutungen, Zyanose. Der Körper ist übersät mit Hämatomen, die rechte Hand ist bei bloßer Inaugenscheinnahme gebrochen. Vermutlich liegen weitere Knochenbrüche vor«, erstattete Sichel Bericht.

»Wurde die Tote bereits identifiziert?«, fragte Leonhard, der an Sophies Seite getreten war.

»Christoph nannte vorhin einen Namen«, gab der andere Mann im weißen Overall Auskunft, der sich als Titus Grams vorstellte.

Sophie drehte sich zu Christoph um, der etwa zwei Meter von ihr entfernt stand und mürrisch zu ihr herüberblickte. Es war ihm deutlich anzusehen, dass ihm ihr Verhalten gar nicht gefiel. Sie wartete darauf, dass er ihr den Namen nannte, doch das tat er nicht.

»Wir brauchen Overalls«, wandte sie sich an ihn.

»Wollt ihr nicht erst mal mit dem Mann sprechen, der den Täter gestellt hat?«, fragte er und deutete auf den ein Stück entfernt Wartenden mit dem Labrador, der ungeduldig zu ihnen herübersah.

»Ich würde mir gern erst den Leichnam ansehen«, lehnte Sophie ab. »Bernhard Sichel sagte, du hättest die Tote bereits identifiziert?«

Greger nickte. »Auch wenn ihr Gesicht durch die Schläge ziemlich entstellt ist, denke ich, dass es sich um Mirja Schmieder handelt.«

Mirja Schmieder. Nicht Katherine Wolf, dachte Sophie. Dann bestand also immer noch die Chance, das Mädchen lebend zu finden.

»Wir sollten möglichst bald mit der Vernehmung des Täters beginnen, damit wir von ihm erfahren, wo er Katherine Wolf gefangen hält«, sagte Greger in ihre Gedanken hinein.

»Ich nehme an, dass er gerade erkennungsdienstlich erfasst

wird?«, ließ Leonhard sich vernehmen. »Habt ihr schon eine Speichelprobe von ihm für die Vergleichsuntersuchungen in den anderen Mordfällen?«

»Wir sind gerade dabei, ihn zu durchleuchten«, erwiderte der Kölner Kollege. »Komplettprogramm.«

»Chef!«, hörte Sophie jemanden rufen und drehte sich um. Der Beamte, der ihnen vorhin beim Parkplatz den Weg gewiesen hatte, kam auf sie zu und blieb vor Christoph Greger stehen. »Die Presse ist da.«

»Was? Wie haben die so schnell Wind davon bekommen?«

Der Uniformierte zuckte mit den Achseln. »Keine Ahnung. Bisher sind es nur zwei Reporter, doch meist werden es ja schlagartig mehr. Sie haben mich gefragt, ob wir Katherine Wolf gefunden haben.«

»Sie kannten den Namen?« Christoph ballte die Hand zur Faust. »Verdammt noch mal! Dann haben entweder die Eltern oder irgendwelche Bekannten der Vermissten geplaudert.« Er wandte sich Sophie zu. »Nun haben wir den Salat. Wir hätten die Öffentlichkeit informieren müssen, solange wir es noch in der Hand hatten. Jetzt wird sich das Ganze verselbstständigen.«

Zwar wusste Sophie, dass seine Worte als Vorhaltung gemeint waren, dennoch hatte sie nicht vor, darauf einzugehen. Sie traf ihre Entscheidungen aufgrund ihrer eigenen Überlegungen und nicht, weil von außen Druck auf sie ausgeübt wurde.

»Wo bleiben die Overalls?«, fragte Leonhard, ebenfalls ohne auf Christophs Bemerkung zu reagieren.

Greger zögerte, dann nickte er einem Polizisten zu, der zu einem der Polizeifahrzeuge ging und Sophie und Leonhard das Gewünschte brachte.

Sie waren gerade in die weißen Ganzkörperanzüge hineingeschlüpft, als Marcus Brandner und Stephan Moritz am Fundort eintrafen.

Sie begrüßten sich, und Stephan ging zu Bernhard Sichel hinüber, der ihm kurz berichtete, inwieweit die Spurensicherung bereits tätig geworden war.

»Am besten treten alle mal weitere fünf Meter zurück«, schlug Brandner grimmig vor. Sophie konnte ihm deutlich ansehen, wie gereizt er war. Sie wusste, wie sehr er es hasste, nicht als Erster Zugriff auf einen Fundort zu bekommen.

»Können wir euch irgendwie unterstützen?«, fragte Bernhard Sichel, dem es nichts auszumachen schien, dass Brandner und Moritz für sie übernahmen.

»Nicht nötig«, gab Brandner knapp zurück.

»Vielen Dank, Kollege«, fügte Moritz freundlich hinzu. »Im Moment nicht. Doch ihr könnt natürlich hierbleiben und euch das Ganze mit uns anschauen. Acht Augen sehen bekanntlich mehr als vier.«

»Unsinn«, widersprach Brandner schroff. »Weitere vier Füße trampeln alles kaputt und vernichten Spuren. Wenn es nicht schon zu spät ist.«

Sophie entging nicht der Blick, den Stephan und Leonhard einander zuwarfen. Unweigerlich musste sie schmunzeln, hatten die beiden es doch nicht einfach mit Marcus und ihr und fühlten sich gewiss so manches Mal aufgefordert, die Wogen wieder zu glätten, während Sophie und Marcus sich ganz und gar auf ihre Arbeit konzentrierten und dabei wohl manch verbrannte Erde hinter sich zurückließen.

»Wollen wir?«, fragte Sophie, die nicht länger warten wollte, bis alle Befindlichkeiten geklärt waren.

Marcus zog den Overall über und setzte die Kapuze auf, dann nahm er seinen Koffer und setzte sich ohne ein Wort in Bewegung.

Stephan, Leonhard und Sophie folgten ihm, und mit jedem Schritt, den sie dem Opfer näher kamen, versuchte Sophie, alles um sich herum auszublenden und einzig und allein in die Atmosphäre des Waldes einzutauchen, sich voll und ganz auf den

Fundort zu konzentrieren. Etwa zwei Meter vor dem Frauenkörper, der nackt und auf die Seite gedreht auf der Erde lag, blieb sie stehen. Direkt neben der Leiche war das trockene Laub, das den gesamten Waldboden bedeckte, zur Seite geschoben. Offenbar hatte jemand – der Täter? – versucht, mit den Händen ein Loch zu graben. Alles wirkte unbeholfen. Sie blickte sich weiter um und folgte mit den Augen der Spur aus niedergetretenen Zweigen, ähnlich einem schmalen Trampelpfad. Sie führte weiter in den Wald hinein zu einem Maschendrahtzaun.

Marcus und Stephan waren bereits damit beschäftigt, die ersten Tatortmarkierungen aufzustellen und fotografisch zu dokumentieren.

»Sieht so aus, als wäre er mit der Leiche aus der Richtung gekommen«, sagte Marcus und deutete auf den schmalen Trampelpfad.

»Dahinten ist ein Zaun«, sagte Sophie zu Leonhard und entfernte sich ein Stück von der Leiche. »Lass uns mal nachsehen.«

»Aber nicht dass ihr mir die Spuren zertrampelt«, mahnte Brandner und deutete auf den Bereich, in dem er nun die Markierungsschilder aufstellte.

»Natürlich nicht«, versicherte Sophie und ging Leonhard voran zum Zaun, der ein kaum zu überblickendes Areal abgrenzte. Der schmale Trampelpfad endete vor einer Art Gatter, durch das man das Gehege betreten konnte.

»Sobald Marcus und Stephan fertig sind, sollten sie sich hier mal umsehen«, sagte Sophie zu Leonhard. »Für mich ergibt das keinen Sinn. Weshalb sollte der Täter die Leiche zum Wildgehege bringen und sie dann wieder zurücktragen, um sie auf halbem Weg im Wald abzulegen, offenbar in der Absicht, sie zu vergraben? Wohlgemerkt mit den Händen, ohne Schaufel.«

»Keine Ahnung.« Leonhard schüttelte den Kopf.

»Das passt nicht zu unserem Mann«, fuhr Sophie fort, schloss die Augen und atmete tief ein. Hier am Wildgehege mischte sich der Geruch nach Tierkot mit den typischen Gerüchen des Waldes: trockenes Laub, Moos, dunkle Erde. Gestank konnte man es nicht nennen, doch die verschiedenen Wildtierausdünstungen waren deutlich auszumachen. Sophie erinnerte der Geruch an den Streichelzoo, den ihre Eltern mit ihr und Stella früher besucht hatten, als sie noch klein und vermutlich nicht älter als vier oder fünf Jahre gewesen waren. Kurz tauchte das Gesicht ihrer Zwillingsschwester vor ihr auf, doch Sophie verdrängte es. Sie durfte sich jetzt nicht ablenken lassen. Hier ging es um den Täter, wie er gehandelt hatte und was er dabei dachte, fühlte, wahrnahm. Er war hier gewesen, hatte gerochen, was sie jetzt roch, gehört, was sie hörte, und zwar erst vor wenigen Stunden, näher würde sie ihm nie wieder kommen, außer bei seiner Verhaftung. Er kannte diesen Ort, wusste, dass hier ein Gatter war, durch das man ins Gehege kam, ein Gatter, das man vom Weg aus nicht sehen konnte. Es handelte sich um keinen der offiziellen Zugänge, und womöglich hatte ein Schloss davorgehangen, das er durchtrennt und weggeworfen oder mitgenommen hatte. Eine entsprechende Vorrichtung war jedenfalls vorhanden. Hatte er tatsächlich einen Bolzenschneider bei sich gehabt? Wäre das nicht sehr beschwerlich gewesen, wenn er dazu noch die Tote transportieren musste? Marcus und Stephan sollten nachher auf alle Fälle nach einem Vorhängeschloss Ausschau halten.

Wieder atmete sie tief durch, versuchte, sich in die richtige Stimmung zu versetzen.

»Er ist fertig mit ihr, sie ist nicht mehr wichtig für ihn«, sagte sie leise, die Augen noch immer geschlossen. »Sie ist ihm lästig geworden, ist für ihn nur noch Ballast, den er loswerden will. Die Mülldeponie, der Abwasserkanal entsprechen seinem Frauenbild. Frauen sind für ihn Abschaum.« Fast hatte sie das Gefühl, ihn vor sich zu sehen, wie er die Leichen »wegwarf«, entsorgte. Sämtliche Opfer waren klein und zierlich, keine von ihnen dürfte mehr als fünfundfünfzig Kilo gewogen haben, eher weniger. »Er ist kräftig genug, sie einfach über die Schulter zu legen.« Sophie öffnete die Augen und sah sich erneut um. Nicht weit entfernt konnte sie den Fußgänger- und Fahrradweg sehen. »Er kennt sich hier aus«, murmelte sie. »Er weiß, dass er von dem Weg aus nah an das Gehege herankommt. Dort will er sie hinlegen, nein, er will sie hin*werfen*. Das passt zu ihm. Hier gibt es viele Tiere. Vor allem die Wildschweine würden sich schnell über den Körper hermachen. Ja, das ist seine Handschrift, vielmehr: Das *wäre* seine Handschrift.« Sie blickte Leonhard an. »Doch das da«, sie drehte sich um und deutete auf den Fundort, »nicht. Weshalb hat er es sich anders überlegt und versucht, sie dort zu vergraben, noch dazu mit bloßen Händen?«

»Vielleicht wurde er gestört«, schlug Leonhard vor.

»Ja, das war auch mein Gedanke. Aber dann wäre es doch weit logischer, wenn er sie einfach fallen gelassen und die Flucht ergriffen hätte. Nein«, sie schüttelte den Kopf, »das beiseitegeschobene Laub und der Versuch, ein Loch zu graben, passen definitiv nicht.«

»Was denkst du?«, fragte Leonhard.

Unwillkürlich bewegte Sophie mehrere Male ruckartig den Kopf. Es war, als würden die Gedanken, die in ihr Bewusstsein drangen, gegen eine Wand prallen. Jedes der Szenarien, die sie umriss, passte ab einem gewissen Punkt nicht mehr.

»Sophie?«, fragte Leonhard. »Alles in Ordnung?«

Sophie schüttelte den Kopf. »Ich spüre ihn«, sagte sie. »Es ist, als ob ich ihn dort vorn sehe, wie er die Leiche über seine Schulter wirft, um sie an die Wildschweine zu verfüttern.« Wieder schloss sie die Augen und atmete tief durch. »Er trägt sie, und er empfindet nichts dabei. Sie ist ihm gleichgültig, er will sie nur fortschaffen. Das, was er in ihr gesehen hat, als er sie sich holte, ist erloschen. Es ist vorbei. Die Frau auf seiner Schulter ist nur noch ein lebloser Körper, nichts weiter.« Langsam öffnete sie die Augen, sah wieder und wieder die Szene vor sich, doch stets kam sie mit ihren Überlegungen nur bis zum Gehege. Hatte er sie dort ursprünglich ablegen wollen? Wenn ja, weshalb hatte er sie dann wieder mitgenommen? Warum?

»Stell dir vor, du hast deinen Müllbeutel in die Tonne geworfen und bist schon wieder im Haus«, wandte sie sich an Leonhard. »Aus welchem Grund würdest du noch mal zurückgehen und ihn wieder herausnehmen, um ihn auf halber Strecke zum Haus abzulegen?«

»Was?« Leonhard sah sie verwirrt an.

»Antworte einfach. Denk nicht drüber nach. Rein intuitiv.«

»Hm.« Leonhard zögerte. »Na ja, das würde ich höchstens dann tun, wenn ich dächte, ich hätte versehentlich etwas Wichtiges weggeworfen. Vielleicht ist mir ja ein Ring vom Finger gerutscht und im Abfall gelandet«, schlug er vor.

»Das könnte sein«, stimmte Sophie zu. »Aber würdest du den ganzen Beutel dann nicht direkt bei der Tonne durchsuchen?«

»Ja.« Er nickte. »Wahrscheinlich schon. Es sei denn, die Nachbarn würden mir zusehen. Dann würde ich ihn vermutlich wieder mit ins Haus nehmen.«

»Ja, das klingt logisch«, bestätigte Sophie und versuchte sich nun den Ablauf anhand des Gehörten vorzustellen.

»Er hat sie dorthin gebracht, um sie loszuwerden, doch dann hat er bemerkt, dass ihm etwas fehlt, dass er etwas verloren hat.«

»Vielleicht den Autoschlüssel«, überlegte Leonhard. »Ohne den wäre er nicht wieder weggekommen.«

»Ja, das könnte sein«, stimmte Sophie zu. »Den Autoschlüssel. Er muss also zurück, sucht die Umgebung der Leiche ab, schaut unter der nackten Leiche nach, findet aber nicht, wonach er sucht, weil er gestört wird ...«

»Die Wildschweine«, warf Leonhard ein. »Sie sind angelockt, und er hat Mühe, sie auf Abstand zu halten.«

»Also nimmt er die Leiche wieder hoch und trägt sie in den Bereich außerhalb des Geheges«, führte Sophie den Gedanken weiter und blickte erst zum Gatter und anschließend zurück zum Leichenfundort. »Aber warum hat er sie so weit getragen? Er hätte einfach das Gatter hinter sich schließen können, um die Tiere fernzuhalten. Warum hat er sich die Mühe gemacht, sie so weit zu tragen? Und warum hat er versucht, sie zu verscharren? Und noch eine Sache ist mir schleierhaft: Wenn er sie beseitigen wollte, damit sie erst Monate später oder am besten gar nicht gefunden wird, hätte er doch ein möglichst abgeschiedenes Waldgebiet ausgewählt. Nein, das ergibt einfach keinen Sinn.« Sie seufzte.

»Du hast recht, irgendetwas passt da nicht zusammen«, pflichtete Leonhard ihr bei.

»Komm«, sagte Sophie, drehte sich um und ging den schmalen Trampelpfad zurück, den sie gekommen waren, wobei sie sorgfältig darauf achtete, den von Marcus abgegrenzten Bereich zu meiden.

Die beiden Spurensicherer waren in die Arbeit vertieft, unterstützt von ihren Kölner Kollegen Sichel und Grams. Letzterer war zusammen mit Stephan damit beschäftigt, den Boden Zentimeter für Zentimeter auf biologische Spuren abzusuchen und Proben zu nehmen. Als Bernhard Sichel Sophie und Leonhard erblickte, lächelte er freundlich, während Marcus den Kopf hob und ihnen seinen üblichen mürrisch-aufgebrachten Blick entgegenschleuderte. Es war eindeutig, dass er sich in seiner Arbeit gestört fühlte – wie immer.

»Wurden dem Opfer Haare ausgerissen?«, fragte Sophie, ohne sich davon abschrecken zu lassen.

»Ja«, antwortete er prompt. »Hier, an der Seite.« Er deutete auf eine Stelle am Kopf der Toten. »Doch das dürfte schon ein bisschen her sein.« Sophie und Leonhard machten einen Schritt nach vorn, um besser sehen zu können. »Die Haarpapillen haben sich bereits regeneriert und neue Haarwurzeln gebildet. Es ist schon ein bisschen was nachgewachsen.«

»Also wurden ihr nicht vor Kurzem noch einmal ähnliche Wunden zugefügt?«, hakte Sophie nach.

»Nein. Aber dafür wurde sie mit hemmungsloser Gewalt malträtiert. Sie hat nicht einmal Abwehrverletzungen, weil sie recht schnell ohnmächtig geworden sein dürfte.«

»Wenigstens das, aber bei ihr war also irgendetwas anders«, murmelte sie.

»Ihr wurde ein Zahn ausgeschlagen, und das ist noch nicht lange her.« Er hob ein wenig die geschwollene Oberlippe der Toten an.

Sophie betrachtete die Leiche, die der Frau auf den Bildern, die David Specker ihnen gezeigt hatte, nur entfernt ähnelte, auch wenn Sophie davon ausging, dass es sich um Mirja Schmieder handelte. Sie schauderte innerlich und stellte fest, wie sehr sie sich insgeheim gewünscht hatte, dem verzweifelten Mann bessere Nachrichten überbringen zu können. Sie spürte deutlich, dass ihr Unterbewusstsein ihr etwas zu sagen versuchte, aber sie bekam einfach nicht zu greifen, was. Was genau war anders als bei Alena Hellweg und Marie Kreutzer?

»Es ist Mirja Schmieder, nicht wahr?«, fragte sie Leonhard, der beklommen nickte.

»Wenn man bedenkt, dass sie gestern, als wir mit ihrem Verlobten gesprochen haben, noch am Leben war …«

Eine Gänsehaut lief über Sophies Körper. Der Gedanke, den Leonhard soeben ausgesprochen hatte, machte etwas mit ihr.

»Vielleicht hat es etwas damit zu tun«, sagte sie nachdenklich.

»Womit?«, fragte Leonhard.

»Mit dem Gespräch, das wir mit David Specker geführt haben.«

Leonhard sah sie ratlos an.

»Es ist nur so ein Gedanke …« Sophie schwieg einen Moment, dann fuhr sie fort: »Denkst du nicht, es könnte ein Zusammenhang bestehen? Es kommt mir mehr als seltsam vor, dass wir erst gestern auf Mirja Schmieder aufmerksam wurden und sie heute hier finden, zumal sie zum Zeitpunkt unseres Gesprächs mit ihrem Verlobten aller Wahrscheinlichkeit nach noch am Leben war.«

»Du meinst, der Täter hat sie umgebracht, weil wir ihm möglicherweise näher gekommen sind?«, schlussfolgerte Leonhard.

Sophie zuckte mit den Achseln. »Was hältst du von dem Freund des Verlobten, diesem Niklas Harms?«

»Was soll ich von ihm halten?«

Sophie überlegte. »Ich mochte ihn nicht.«

»Du mochtest ihn nicht? Und?«

»Es ist mehr als das. Er hat etwas an sich, mit dem ich nicht gut umgehen kann.«

»Was genau meinst du?«

Wieder zuckte sie die Achseln. »Ist es nicht merkwürdig, dass er Mirjas Verlobten anruft, weil er es für möglich hält, dass man ihre Leiche einbetoniert im Rhein gefunden hat? Wie kommt er darauf?« Sie wandte sich wieder an Brandner. »Kannst du schon sagen, woran sie gestorben ist, Marcus?«

Der Spurensicherer richtete sich auf. »Wie du siehst, ist ihr Körper grün und blau geprügelt. Es würde mich nicht wundern, wenn bei der Autopsie schwere innere Blutungen festgestellt würden – eine mögliche Todesursache.« Er deutete an die Blutstauung im Kopfbereich mit der Zyanose und auf ihren Hals, an dem deutliche Würgemale und halbmondartige Eindruckspuren von den Fingernägeln des Mörders zu erkennen waren. »Ich gehe allerdings eher davon aus, dass sie erwürgt wurde.«

»Genau wie Alena Hellweg und Marie Kreutzer«, sagte Leonhard.

»Und bei der Unbekannten aus dem Rhein«, ergänzte Brandner. »Wir haben bis in die Nacht hinein mit dem Team der Gerichtsmedizin gearbeitet. Als sie erst mal aus dem Zement raus war, konnte man trotz der Autolyse, der Verätzungen und der Fäulnis am Leichnam deutliche Würgemale erkennen. Außerdem war sie von Messerstichen übersät, als hätte jemand voller Hass immer wieder auf sie eingestochen. Ein klassischer Fall von Übertötung.«

»Die Tote ist verätzt worden?«, fragte Leonhard.

»Durch den Zement«, schaltete sich Stephan Moritz ein, der seine Arbeit unterbrochen und sich zu Brandner gestellt hatte. »Zement enthält Kalziumoxid. Bei Kontakt mit Wasser entsteht die Lauge Kalziumhydroxid, die zu Verätzungen führen kann.«

»Das Kalziumhydroxid hat mit der Haut reagiert«, schloss Marcus Brandner die Erklärung ab.

Die Bilder der Leiche im Zement tauchten vor Sophies geistigem Auge auf, doch sie schob sie beiseite. Sie lenkten sie in diesem Augenblick nur ab und rückten die Verbindung, die sie zum Täter aufzubauen versuchte, in den Hintergrund.

Sie ging in die Hocke, um die Tote aus der Nähe zu betrachten. Mirja Schmieders Augen waren geschlossen. So, wie ihr Körper aussah, musste sie die Hölle durchlebt haben. Bei den bisherigen Opfern hatte man zwar deutliche Anzeichen von Vergewaltigungen, jedoch keinerlei Spermaspuren des Täters feststellen können, was möglicherweise dem Verwesungszustand geschuldet war, vielleicht hatte der Täter aber auch andere sexuelle Handlungen vorgenommen, zum Beispiel sadistische, hatte neben der Leiche masturbiert oder ein Kondom benutzt. Bei Mirja Schmieder sprachen die Verletzungen im Intim- und Analbereich jedoch eine deutliche Sprache.

»Was denkst du?« Leonhard ging neben Sophie in die Hocke.

»Ihr Intimbereich ist vollkommen glatt rasiert«, sagte Sophie und sah zu Stephan hinüber. »Könntest du kurz ihren Arm heben?«

Stephan bückte sich und hob den Arm der Toten ein Stück weit an.

»Danke«, sagte Sophie. »Du kannst ihn wieder runterlassen.«

Sie wandte sich an Leonhard. »Intimrasur, Rasur unter den Achseln, ebenso an den Beinen.«

»Und was sagt uns das?«, fragte Leonhard.

»Er zieht kindliche Opfer vor. Die anderen Frauen waren um einiges jünger, mädchenhafter, ihre fraulichen Merkmale noch nicht so ausgeprägt.« Sophie beugte sich vor und schnupperte. »Riechst du das?«

Nun reckte sich auch Leonhard dem Leichnam entgegen und atmete mehrere Male tief ein.

»Ja, allerdings.« Leonhard sah sie an. »Riecht sie nach Orangen?«

Sophie nickte. »Ja, das dachte ich eben auch.« Sie roch am Bein der Toten, dann richtete sie sich auf, ging zum Kopf und schnupperte an den Haaren. »Sie wurde von Kopf bis Fuß mit einer Orangenseife oder Orangenshampoo oder beidem gewaschen«, stellte sie fest. »Würdet ihr bitte aus allen Körperhöhlen Abstriche machen, an ihrem Hals DNA-Proben nehmen und die Haare sichern?«, bat sie die Männer von der Spusi.

»Willst du uns unseren Job erklären?« Marcus zog die rechte Augenbraue in die Höhe.

Sophie ging nicht auf seine Bemerkung ein. »Ich brauche die Ergebnisse so schnell wie möglich.« Damit drehte sie sich um und bedeutete Leonhard, ihr zu folgen. »Ich glaube, im Moment können wir hier nichts weiter tun. Wir sollten mit dem Zeugen sprechen.«

»Und?«, fragte Christoph, als sie an ihm vorbeikamen, und verstellte ihnen erneut den Weg. Wenn Sophie es richtig deutete, war sein Ärger inzwischen wieder verraucht.

»Wir müssen die Ergebnisse der Obduktion abwarten«, gab sie spärlich Auskunft. »Wie es aussieht, ist der Täter gestört worden.«

»Aber das habe ich euch doch vorhin schon gesagt«, stellte Christoph kopfschüttelnd fest. »Was habt ihr jetzt vor?«

»Erst einmal mit dem Zeugen sprechen«, antwortete Leonhard an Sophies Stelle. »Wie heißt der Mann?«

»Maximilian Heidrich«, erwiderte Christoph. »Ich habe bereits mit ihm geredet.«

»Er wird sicher nichts dagegen haben, wenn wir uns ein zweites Mal an ihn wenden«, sagte Sophie und strebte auf den Mann mit dem Labrador zu.

Greger setzte sich ebenfalls in Bewegung und überholte sie mit großen Schritten.

»Herr Heidrich, das sind meine Kollegen Sophie Kaiser und Leonhard Michels«, stellte er vor. »Wären Sie so nett zu wiederholen, was sich zugetragen hat?«

»Sicher.« Maximilian Heidrich nickte.

»Also, ich bin mit Elsa«, er deutete auf die Labradorhündin, »schon zeitig raus, weil es im Moment so heiß ist und ich meist sehr früh wach bin.«

»Gehen Sie immer hier entlang?«, fragte Leonhard.

»Manchmal, sogar oft, aber nicht immer. In letzter Zeit bin ich mit Elsa auch öfter mal am Teich gewesen. Aber ich hatte sie natürlich die ganze Zeit unter Aufsicht«, versicherte er.

Leonhard sah ihn verständnislos an und blickte dann zu Sophie.

»Herr Heidrich hat gegen die Leinenpflicht verstoßen, die noch bis zum 15. Juli vorgeschrieben ist, und möchte das nicht zugeben«, erklärte Sophie ihm das nervöse Verhalten des Hundebesitzers. »So was interessiert uns nicht«, stellte sie dann fest. »Fahren Sie fort.«

»Na ja, also, wie Sie schon sagten, war Elsa nicht an der Leine. Um diese Zeit ist hier so gut wie niemand unterwegs, es stört also keinen.«

Sophie trat ungeduldig von einem Fuß auf den anderen. Warum konnte dieser Maximilian Heidrich nicht endlich zum Punkt kommen?

Als hätte er ihren Unmut gespürt, fuhr er fort: »Elsa begann auf einmal zu bellen, worauf ich sie zu mir rief. Aber sie kam nicht, obwohl sie sonst aufs Wort hört. Ich fürchtete schon, sie hätte ein Wildtier ausgemacht. Elsa ist kein ausgebildeter Jagdhund, da kann es schon mal vorkommen, dass die Natur mit ihr durchgeht.«

»Wo war Ihre Hündin, als sie gebellt hat?«

»Dort vorn.« Er zeigte zum Weg hinüber. »Ich war noch ein Stück weiter zurück, doch ich konnte sehen, dass sie den Kopf gesenkt hielt und eine ganz starre Haltung annahm. Ich habe sie noch mal gerufen. Sie war richtig aufgeregt, aber sie ist gekommen.«

»Und dann?«, fragte Leonhard.

»Na ja, dann sind wir zusammen in diese Richtung gegangen. Ich habe Elsa an die Leine genommen, weil ich dachte, sie hätte womöglich Bodenbrüter gewittert.«

»Und dann?«, fragte Leonhard erneut. Sophie konnte ihm deutlich anmerken, dass ihm jeden Moment der Geduldsfaden reißen würde. Dabei war doch sonst immer sie diejenige, der alles nicht schnell genug gehen konnte und die es nicht ertrug, wenn jemand umständlich und mit viel zu vielen unnötigen Details erzählte.

»Ja, dann ...« Der Zeuge schüttelte den Kopf. »Dann ist alles so schnell gegangen, dass ich vollkommen überrumpelt war. Ich wollte nachgucken, was da war, und da sah ich plötzlich diesen Kerl, der sich vor uns versteckt hielt. Ganz klein hat er sich gemacht und in die Büsche gehockt, aber die sind dort ja nicht besonders dicht, und ich habe ihn natürlich trotzdem gesehen. Hinter ihm lag etwas, und als ich genauer hinguckte, entdeckte ich die Leiche. Ich habe ihn angesprochen, na ja, wohl eher angeschnauzt, was er da täte, und da wollte er abhauen.«

Er hielt kurz inne, dann schüttelte er erneut den Kopf. »Vielleicht wollte er auch auf mich losgehen, keine Ahnung. Zumindest sprang er auf und lief in Richtung Weg. Da habe ich Elsas Leine losgelassen. Als er wegrennen wollte, hat sie einen langen Satz gemacht, und *zack!* lag er auf dem Gesicht.« Er tätschelte die Hündin. »Ja, du bist ein braves Mädchen.«

»Hat der Mann etwas zu Ihnen gesagt?«

»Nein. Er hat doch tatsächlich angefangen zu weinen, als er da so lag und Elsa knurrte. Der hatte viel zu große Angst, sich zu rühren, geschweige denn, den Kopf zu heben. Ich habe die Polizei angerufen, und die war auch ganz schnell hier. Das waren keine zehn Minuten.«

»Herr Heidrich hat den Kollegen von der Streife berichtet, was geschehen war, und ihnen die Leiche gezeigt. Die Kollegen haben den Verdächtigen sofort in Gewahrsam genommen und uns informiert«, ergänzte Christoph.

»Hatte er Ausweispapiere bei sich?«, fragte Leonhard.

Christoph schüttelte den Kopf. »Nein.«

»Wie alt schätzen Sie den Mann, Herr Heidrich?«, fragte Sophie.

»Schwer zu sagen. Ende zwanzig, Anfang dreißig, würde ich sagen. Vielleicht aber auch jünger. Irgendwie hatte ich das Gefühl, als würde mit dem was nicht stimmen.«

»Inwiefern?«, fragte Leonhard.

»Weil er ...«, Heidrich suchte nach den richtigen Worten. »Ach, ich weiß auch nicht. Ich habe ihn ja kaum gesehen, da lag er auch schon am Boden.«

»Wie war sein Körperbau? Groß, klein, dick, dünn?«

»Das war so ein schlaksiger Kerl. Vielleicht schätze ich ihn deshalb auch jünger, als er eigentlich ist.«

Sophie musterte den Zeugen und versuchte, sich aufgrund seiner vagen Angaben ein Bild zu machen.

Maximilian Heidrich wischte sich mit der Hand über die Stirn. »Sagen Sie, wie lange muss ich denn noch hier stehen? Ich brauche dringend was zu trinken.«

»Seid ihr erst mal fertig?«, fragte Christoph. Sophie und Leonhard nickten. »Sie müssten bitte noch auf dem Revier Ihre Aussage zu Protokoll geben«, sagte Christoph, an den Zeugen gewandt. »Ich werde Sie von einem Kollegen fahren lassen.«

»Kann Elsa mit auf die Polizeiwache? Oder können wir sie vielleicht zu Hause vorbeibringen? Meine Frau ist da. Ich habe sie vorhin angerufen und ihr gesagt, was hier los ist. Die hätte sich sonst Sorgen gemacht, wo ich bleibe.«

Sophie und Leonhard wechselten einen Blick. Natürlich wäre es besser gewesen, die Kollegen vor Ort hätten dafür gesorgt, dass der Zeuge nicht direkt weitergegeben hätte, was geschehen war. Doch jetzt war es zu spät, und letztendlich war es immer nur eine Frage der Zeit, bis etwas nach außen sickerte. So etwas ließ sich nun mal nicht verhindern.

»Nur eine Frage noch«, bat Sophie. »Sie sagten vorhin, der Mann, den Sie gestellt haben, habe am Boden gelegen und geweint. Hat er sonst wirklich gar nichts gesagt oder etwa versucht, sich zu wehren? Ist er aggressiv geworden, wollte er fliehen?«

»Nein.« Heidrich schüttelte den Kopf. »Er hat einfach nur stocksteif dagelegen und gewimmert.«

»Und als die Polizei kam?«, fragte sie weiter. »Hat er sich der Festnahme widersetzt?«

Heidrich schüttelte den Kopf. »Nein. Die haben ihm Handschellen angelegt und ihn anschließend vom Boden hochgezogen. Dann haben sie ihn abgeführt, und er ist mitgegangen, ohne aufzumucken.«

»Vielen Dank«, sagte Sophie und trat ein Stück beiseite, um Christoph und Maximilian Heidrich vorbeizulassen.

Christoph wandte sich an einen der uniformierten Polizisten und bat ihn, den Zeugen aufs Revier zu bringen. Dann kam er zu Sophie und Leonhard zurück.

»Habt ihr kontrolliert, ob irgendwo in der Nähe ein Auto abgestellt wurde?«, fragte Sophie.

Der Kölner Kollege nickte. »Nichts.«

»Das dachte ich mir.«

»Wieso?«, fragte Christoph überrascht und sah von Sophie zu Leonhard.

»Er war es nicht«, antwortete Sophie schlicht. »Der Mann, den ihr verhaftet habt, ist nicht der Vergewaltiger und Mörder, den wir suchen.«

»Unsinn! Natürlich ist er das! Der Zeuge hat ihn doch auf frischer Tat ertappt!«, hielt Christoph dagegen.

»Wir suchen einen kräftigen Mann, wahrscheinlich eher groß. Vor allem aber jemanden, der sich bei der Situation mit der Hündin und vor allem auch danach anders verhalten hätte. Er wäre aggressiv geworden, hätte aufbegehrt und alles unternommen, um zu entkommen. Ganz bestimmt hätte er nicht geweint oder gewimmert wie der Mann, den eure Leute verhaftet haben. So würde sich unser Täter niemals verhalten, denn er fühlt sich omnipotent und uns überlegen.«

»Und das weißt du bitte woher?« Greger sah sie herausfordernd an.

»Weil genau das mein … weil es *unser* Job ist«, korrigierte sie sich mit einem Blick zu Leonhard.

Ihr Partner nickte ihr zu. »Lass uns aufs Revier fahren und mit dem Mann sprechen, damit wir uns einen unmittelbaren Eindruck verschaffen können.«

»Einverstanden. Doch wir sollten uns nicht zu lange mit ihm aufhalten. Noch hat Katherine Wolf eine Chance. Wer weiß, wie lange noch.«

***

Sie hatte den Geruch noch immer an den Händen, und sobald er ihr in die Nase stieg, kamen die Bilder wieder hoch. Und mit den Bildern die Übelkeit, die sie so dringend zu unterdrücken versuchte, um sich nur nicht übergeben zu müssen.

Nie zuvor hatte sie einen toten Menschen gesehen. Nicht einmal vor vier Jahren, als ihr Opa gestorben war, hatte sie ihre Eltern zum Beerdigungsinstitut begleitet, weil sie sich dem Anblick nicht gewachsen fühlte. Sie war jung und hatte mit dem Tod nichts zu tun. Für sie war das Sterben immer unendlich weit weg gewesen. Bis jetzt, denn seit drei Tagen erlebte sie jeden Augenblick, den sie wach und nicht durch das, was sie ihr gegeben hatten, betäubt war, nichts anderes als blanke Todesangst. Doch gestern, da war es am schlimmsten gewesen, als sie den mit blauen und grünen Flecken übersäten Körper der toten Frau von oben bis unten mit Orangenshampoo und einer kleinen Bürste hatte abschrubben müssen. Seitdem hatte sie die Augen nicht mehr schließen können, ohne es wieder und wieder vor sich zu sehen. Irgendwann hatte sie sich nackt unter der Decke zusammengekauert und war eingeschlafen, bis sie nach kurzer Zeit wieder hochschreckte, weil sie im Traum ihr eigenes Gesicht gesehen hatte, das zu dem geschundenen Körper gehörte.

Bei der bloßen Erinnerung liefen ihr die Tränen übers Gesicht. Erst gestern, als er gekommen war und die Tote, die die ganze Zeit über auf dem Boden gelegen hatte, wegtrug, war sie in diesen Raum gebracht worden. Zuvor hatte sie weiter hinten in einer kleinen, dunklen Kammer ausharren müssen, in der sie kaum die Beine hatte ausstrecken können. Dort hatte sie jeden Tag die Schreie der Frau gehört, die Qualen, die sie zu erleiden gehabt hatte, und wieder und wieder sein ekelhaftes Stöhnen. Das Geräusch dumpfer Schläge und gestern dann plötzlich Stille. Sie hatte gewusst, was es bedeutet hatte, wenn die Frau schrie, und sie hatte gewusst, was es bedeutete, als sie plötzlich verstummte. Doch als sie dann aus ihrer kleinen Kammer geholt wurde und den leblosen, geschundenen Körper am Boden liegen sah, glaubte sie für einen kurzen Moment, das Bewusstsein zu verlieren. Beim Anblick der Toten wurde ihr schlagartig klar, dass sie die Nächste war. Sie war die Nächste, die Qualen erleiden und sterben würde, und das mit gerade mal achtzehn Jahren.

Ihr Blick fiel auf den Eisenring in der Wand. Sie hatte ihn reinigen müssen, genau wie alles andere in diesem Raum, bis kein einziger Blutspritzer mehr zu sehen gewesen war. Sie hätte versuchen sollen zu fliehen, als er kurz hinausgegangen war und die Tür offen ließ, doch sie hatte unter Schock gestanden und deshalb wie auf Autopilot das getan, was von ihr verlangt wurde, hatte das blutige Bettzeug abgezogen und den ganzen Raum geschrubbt. Es kam ihr vor wie eine Ewigkeit, bis das mit Blut vermengte Wasser endlich durch den kleinen Abfluss versickert war. Gut möglich, dass sie ihre einzige Chance vertan hatte, lebend hier rauszukommen.

Sie hörte Schritte. Sofort bekam sie Gänsehaut und zog die Decke höher. Sie kamen. Die Schritte näherten sich, doch sie waren eher leise. Also war sie allein. Er war nicht dabei. Womöglich gelang es ihr nun zu fliehen. Sie war sportlich und längst nicht so schwach, wie sie vielleicht durch ihren schlanken Körper wirkte. Gegen den Typen hatte sie keine Chance, gegen die Frau vielleicht. Zwar hatte diese immer eine Art Schlagstock aus Metall bei sich, der mit einer Schlaufe an ihrem Handgelenk befestigt war, aber vielleicht konnte sie sie irgendwie austricksen.

Sie umklammerte die Decke und blickte der Frau ins Gesicht, die nun an die Gitterstäbe trat. Der kahle Raum war kalt, nur durch ein kleines, schmutziges Fenster gelangte Licht herein. Die einzige andere Lichtquelle war eine von der Decke hängende Glühlampe. Der Boden bestand aus grauen Kacheln, die Wände waren grau gestrichen. Im Raum befand sich eine Art Gitterzelle, mit einem Bett darin, nicht mehr als eine einfache Pritsche mit *einer schmutzigen Matratze darauf. An der Wand waren mehrere Halterungen eingelassen, an denen sie angekettet wurde.*

»Du musst dich waschen.« Sie schloss auf und stellte einen zur Hälfte gefüllten Wassereimer mit einem Schwamm darin vor der Pritsche ab. Sofort stieg ihr der Orangenduft in die Nase.

»Bitte lass mich gehen«, flehte sie die Frau an. »Ich werde niemandem erzählen, was ich gesehen habe. Das schwöre ich.«

Die Frau sah sie nur an. »Ich hole Handtücher. Und dein Nachthemd. Und dann machen wir dich zurecht.«

»Ich will nicht zurechtgemacht werden«, schrie sie, schlug die Decke beiseite und sprang auf die Frau zu. Sofort durchfuhr ein fürchterlicher Schmerz ihren Körper, und sie ging zuckend zu Boden. Ein Elektroschocker.

»So was solltest du besser lassen.« Die Frau ließ den Stab sinken, während sie das Gefühl hatte, ihr Herz würde jeden Moment in ihrer Brust explodieren.

»Das Ding ist eigentlich für Rinder gedacht und kann hässliche Narben hinterlassen. Und mit Narben wärst du nicht mehr so hübsch.« Damit machte sie kehrt, verließ die Zelle, schloss wieder ab und ging. Und nahm den kurzen Moment der Hoffnung, der in ihr aufgeflackert war, mit sich aus dem Keller hinaus.

9. KAPITEL
Polizeipräsidium Köln
Freitag, 30. Juni 2023

> *Zu gern würde ich glauben, dass wir den Kerl geschnappt haben. Doch ich vertraue Sophies Instinkt.*
>
> LEONHARD MICHELS

Sie standen alle zusammen in dem kleinen Beobachtungsraum vor dem Vernehmungszimmer, Sophie, Christoph und Lena. Sophie reichte ihm die Akte, die nur aus drei DIN-A4-Seiten bestand. »Hier.«

»Danke.« Leonhard blickte durch den Venezianischen Spiegel auf den Mann, der mithilfe von Maximilian Heidrich und seiner Hündin Elsa am Fundort der Leiche gestellt worden war.

»Emil Borgerding«, las er laut vor. »Geboren am 12. Juli 1992 in Köln. Verheiratet. Arbeitet in einer Lebenshilfeeinrichtung der Stadt Köln, genau wie seine Frau.« Leonhard hob den Blick. »Er hat eine Behinderung?«, fragte er.

»Ja. Er ist geistig zurückgeblieben. Zumindest hätte man das früher so gesagt«, antwortete Christoph. »Ich habe zwei Beamte in die Lebenshilfeeinrichtung geschickt, die sich mit seinem Betreuer unterhalten sollen. Um seine Gesundheitsakte einsehen zu können, brauchen wir einen Gerichtsbeschluss, doch auch darum wird sich schon gekümmert.«

»Können wir ihn trotzdem verhören?«, fragte Leonhard.

»Wir können mit ihm sprechen. Bisher hat er nichts gesagt

und auch nicht auf die Fragen reagiert, die die Kollegen ihm gestellt haben. Doch die Frage ist ohnehin, wie verwertbar das ist, was wir schlussendlich aus ihm rausholen.«

Leonhard ging die weiteren Informationen zu Emil Borgerding durch.

»Ich würde gern mit ihm sprechen«, meldete sich Sophie zu Wort. »Einverstanden?«

»Du fragst um Erlaubnis?«, entgegnete Christoph. Der schnippische Unterton entging Leonhard nicht, doch wie nicht anders zu erwarten, nahm Sophie seine Frage ernst.

»Ich war um kollegiale Abstimmung bemüht«, stellte sie fest. »Aber du hast recht, die Frage war überflüssig.« Sie sah Leonhard an. »Komm. Wir sprechen mit ihm.«

Leonhard zuckte mit den Achseln. »Sie hat's versucht«, sagte er, bemüht, sich das Grinsen zu verkneifen, dann folgte er Sophie auf den Korridor. Zusammen betraten sie das Vernehmungszimmer.

»Guten Morgen, Herr Borgerding«, grüßte Sophie freundlich und nahm ihm gegenüber Platz.

»Guten Morgen«, sagte auch Leonhard und setzte sich neben seine Kollegin.

»Hat man Ihnen etwas zu trinken angeboten?«, erkundigte sich Sophie, doch Emil Borgerding antwortete nicht, blickte nicht einmal auf. Er kauerte zusammengesunken auf dem Stuhl und hielt seinen Blick starr auf den Tisch gerichtet.

Leonhard beugte sich vor und berührte ihn kurz am Arm. »Mögen Sie Kaffee oder lieber Tee? Wir haben auch andere Getränke da.«

Borgerding reagierte nicht.

»Was trinken Sie immer auf der Arbeit?«, versuchte Leonhard es erneut.

Wieder keine Reaktion.

»Und Ihre Frau? Was mag sie gern?«

Bei der Erwähnung seiner Frau hob Borgerding den Kopf. »Früchtetee«, antwortete er zögernd. »Aber er darf nicht mehr heiß sein. Sie hat sich schon mal die Lippe verbrannt.«

»Ist mir auch schon passiert.« Leonhard tippte gegen seine Unterlippe. »Hier. Aber man sieht nichts mehr. Ist schon lange her.«

Borgerding blickte auf seine Lippe, dann sagte er: »Ich mag keinen Früchtetee. Der schmeckt mir nicht. Habt ihr Cola?«

»Klar.« Leonhard nickte.

Ein kurzes Lächeln huschte über Borgerdings Lippen. »Meine Mama hat früher gesagt, davon kriegt man Läuse in den Bauch. Aber das stimmt gar nicht.«

»Das hat meine auch immer gesagt«, gab Leonhard freundlich zurück.

»Ich hole die Cola«, bot Sophie an und stand auf. »Dann könnt ihr euch weiter unterhalten.«

»Danke.« Leonhard zwinkerte.

»Deine Freundin ist nett«, sagte Borgerding, als Sophie die Tür hinter sich geschlossen hatte.

»Ja, das ist sie. Ihr Name ist Sophie. Und wie heißt deine Frau?«, fragte Leonhard und ging damit ebenfalls zum vertrauten Du über.

»Jessica.«

»Ein schöner Name. Ist sie auch nett?«, fragte Leonhard.

Borgerding nickte. »Ja.« Er deutete zur Tür. »Seid ihr verheiratet?«

»Nein.«

»Und warum nicht? Wollen deine Eltern nicht, dass du Sophie heiratest?«

»Ich habe sie noch nicht danach gefragt. Wollten denn deine Eltern nicht, dass du Jessica heiratest?«

Borgerding schüttelte den Kopf. »Nein. Sie haben gesagt, dass wir nicht allein zusammenleben können, weil wir nicht so schlau sind wie andere. Aber wir haben trotzdem eine eigene Wohnung und halten immer alles in Ordnung. Die Sabine kommt oft vorbei und guckt, ob wir alles richtig machen. Und sie hat gesagt, dass es bei uns viel aufgeräumter ist und wir das besser machen als ganz viele andere, die keinen Betreuer haben.«

»Kann ich mir vorstellen. Ist Sabine deine Betreuerin?«

Borgerding schüttelte den Kopf. »Nein, mein Betreuer heißt Michael. Er ist immer in der Werkstatt und sagt, wo ich mit den anderen arbeiten soll. Und da fahren wir dann mit dem Bus hin.«

»Und wo arbeitest du am liebsten?«

»Bei den Tieren.«

»Bei den Tieren im Wildgehege, wo du auch heute Morgen warst?«

Borgerding nickte, und Leonhard konnte sehen, dass seine Körperhaltung sich veränderte.

»Du hast bestimmt einen ganz schönen Schrecken bekommen, was?«

Der Beschuldigte wurde zusehends nervös.

»Hattest du Angst vor dem Hund, der dich zu Boden geworfen hat?«

Borgerding zögerte, dann schüttelte er den Kopf. »Nein, nicht vor dem Hund. Vor dem Mann. Er hat mit mir geschimpft und gesagt, dass ich liegen bleiben soll.«

»Hast du deshalb geweint?«

Borgerding senkte den Blick und nickte.

Die Tür wurde geöffnet, und Sophie kam mit drei Flaschen Cola herein.

»Ist es okay, wenn meine Freundin hierbleibt, oder wollen wir lieber allein miteinander reden?«, fragte Leonhard.

Borgerding sah Sophie an. »Ja, ist okay.«

Sophie setzte sich, öffnete eine Cola und gab sie dem Mann. »Hier, für dich. Darf ich Emil zu dir sagen?«

Borgerding nickte. »Klar, so heiße ich ja.« Er nahm die Cola und trank einen Schluck.

»Ich hoffe, du hast dir vorhin nicht wehgetan?« Leonhard trank ebenfalls einen Schluck Cola, obwohl ihm zu dieser Zeit noch so gar nicht danach war.

»Meine Hose ist am Knie abgeschürft«, antwortete der Festgenommene. »Die habe ich noch gar nicht lange.«

»Das ist echt ärgerlich. Aber das lässt sich bestimmt mit Michael oder Sabine klären«, antwortete Leonhard und trank einen weiteren Schluck.

»Warum warst du eigentlich schon so früh beim Gehege, Emil?«, wollte er wissen.

»Weil heute Freitag ist.«

»Und freitags arbeitest du immer dort?«, hakte Leonhard nach.

»Nein. Freitags werden wir immer erst um elf abgeholt, weil wir da in der Küche für die Werkstatt mit Tanja und Elke das Essen vorbereiten.«

»Und warum warst du dann beim Gehege?«

»Weil ich jeden Tag da bin. Aber ich muss wieder zu Hause sein, wenn der Bus kommt. Und wenn ich später zum Gehege gehe, schaffe ich es nicht rechtzeitig.«

»Als du heute Morgen dorthin gekommen bist«, schaltete sich Sophie ein, »war da alles wie sonst auch?«

»Ja.«

»Aber da war doch die Frau, weißt du noch?«, fragte Leonhard nun nach und beobachtete die Reaktion des Beschuldigten genau.

»Ja.«

»Hast du sie dorthin gebracht?«, fragte Sophie.

»Wen?«

»Die Frau.«

Borgerding schüttelte den Kopf. »Nein, das war ich nicht.«

»Und weißt du, wer das war?«
»Nein.«

Leonhard sah zu Sophie hinüber, schüttelte kurz den Kopf und bedeutete ihr, ihn sprechen zu lassen.

»Erzähl mal, Emil, was ist eigentlich die wichtigste Aufgabe bei euch? Ich meine, wenn Michael die Aufgaben verteilt, wem gibt er die, die unbedingt ganz sorgfältig erledigt werden müssen?«

Borgerding schien zu überlegen.

»Die wichtigste Aufgabe vergibt Tanja, nicht Michael.«
»Und welche ist das?«

»Wenn der Salat gewaschen werden muss, dann muss das ganz gründlich sein. Sonst ist da noch Sand dran, und das schmeckt nicht.«

»Stimmt«, gab Leonhard ihm recht. »Das mag ich auch nicht. Und das kannst du gut?«

Borgerding lächelte schüchtern. »Wenn das gemacht werden muss, gehe ich oft auf Toilette und bleib ein bisschen da.«

Leonhard lachte. »Du drückst dich also, ich verstehe. Keine Sorge, ich sage es nicht weiter.«

Der Beschuldigte grinste noch immer.

»Und bei den Tieren im Gehege. Was ist da die wichtigste Aufgabe?«

»Zu gucken, ob die Besucher nichts ins Gehege geworfen haben, an dem sich die Tiere verschlucken könnten«, antwortete Borgerding wie aus der Pistole geschossen. »Und das Gatter immer wieder zuzumachen.«

»Als du heute Morgen zum Gehege gegangen bist, war das Gatter da zu?«

»Ja.« Er nickte bekräftigend.

»Und die Frau, die heute Morgen im Wald war … Ist die mit dir zusammen dorthin gekommen, oder hast du sie dort erst gesehen?«

»Die war schon da, als ich kam. Aber ...« Er verstummte.

»Aber was?«, fragte Leonhard und suchte seinen Blick. »Du kannst es uns ruhig erzählen.«

»Man darf nicht einfach ins Gehege. Mario und ich, wir dürfen rein, weil wir uns um alles kümmern. Wir machen das gut. Aber die Frau war einfach da drin und hat da gelegen. Und das geht doch nicht.«

»Verstehe.« Leonhard nickte. »Erzählst du uns, was du gemacht hast, nachdem du sie da hast liegen sehen?«

»Ich bin reingegangen und habe versucht, sie zu wecken. Doch ...«, er suchte nach den richtigen Worten und sah dabei von Leonhard zu Sophie. »Sie hat aber gar nicht geschlafen, wie ich zuerst dachte. Sie war tot. Ich weiß, wie es ist, wenn jemand tot ist. Als Gustav tot war, da musste er auch aus dem Gehege raus.«

»Wer ist Gustav?«

»Gustav ist ein Keiler. Und irgendwann war er tot. Und da mussten Mario und ich ihn rausholen, und dann hat der Wagen ihn weggefahren.«

Leonhard sah Sophie an, die offensichtlich das Gleiche dachte wie er, doch weil er wusste, dass Christoph und Lena noch immer hinter dem Venezianischen Spiegel standen und außerdem die Kamera lief und alles aufzeichnete, hielt Leonhard es für das Beste, Emil Borgerdings Aussage vollständig zu haben, damit man dem geistig behinderten Mann später keine Dinge in den Mund legen konnte, die er so nie gesagt hatte. Borgerding hatte mit ihren Fällen nichts zu tun, das stand für Leonhard fest.

»Zurück zu der Frau, die du gefunden hast«, fuhr er daher fort. »Die Tote. Was hast du gemacht, als du gemerkt hast, dass sie nicht mehr lebt?«

»Also ... ich habe das nicht gleich gemerkt«, sagte Borgerding. »Ich dachte, sie würde schlafen. Deshalb habe ich sie ja gerüttelt. Ich wollte, dass sie aufwacht.«

»Wo hast du sie angefasst, weißt du das noch?«, fragte nun Sophie, die offenbar die gleiche Intention hatte wie Leonhard.

»Hier.« Borgerding deutete auf seine rechte Schulter.

»Die oder die andere Schulter?«, fragte Leonhard nach, worauf Borgerding angestrengt überlegte.

»Die«, bekräftigte er schließlich und tippte energisch auf seine rechte Schulter.

»Okay. Und als sie nicht reagiert hat?«

»Da wusste ich, dass sie tot ist.«

»Was hast du dann gemacht?«

»Ich habe mich zu ihr runtergebückt und sie hochgehoben, denn sie durfte da nicht einfach so liegen, auch nicht, wenn sie nicht mehr lebt. Deshalb habe ich sie aus dem Gehege rausgetragen, wie damals Gustav, aber ihr Körper war schon so steif wie ein Brett.« Borgerding überlegte. »Es war schwer, sie zu halten, weil ich ja das Gatter wieder schließen musste und sie nicht fallen lassen wollte. Das Gatter muss immer zu sein, da ist eigentlich sogar ein Schloss davor, aber das war weg. Sonst können die Tiere raus und laufen auf die Straße. Und da werden sie überfahren.«

»Gut, dass du aufgepasst hast«, lobte Leonhard, worauf ein kurzes Lächeln über Borgerdings Gesicht huschte.

»Was hast du gemacht, nachdem du das Gatter geschlossen hattest?«, fragte Sophie.

»Ich habe sie noch ein Stück getragen. Und dann wollte ich sie vergraben, weil man Tote vergräbt. Das macht man so, aber ich hatte keine Schaufel bei mir. Also hab ich's mit den Händen versucht.« Er verstummte und betrachtete unglücklich seine Hände. »Ich hatte gerade angefangen, das Loch zu scharren, da kam auch schon der Mann mit dem Hund und hat mich ausgeschimpft. Ich habe Angst bekommen und wollte lieber nach Hause laufen.«

Wieder tauschten Leonhard und Sophie einen Blick, dann

drehte Leonhard sich zu dem Venezianischen Spiegel um, hinter dem er Christoph und Lena vermutete.

»Es tut mir leid«, sagte Borgerding nun.

»Was tut dir leid, Emil?«, fragte Sophie.

»Dass ich weggerannt bin und sie da habe liegen lassen. Jemand muss sie doch begraben.«

»Keine Sorge«, beruhigte Leonhard ihm. »Wir kümmern uns darum.«

»Wirklich?«, fragte Emil. »Danke. Ich hatte schon überlegt, Michael zu fragen, ob er mir eine Schaufel leiht. Ohne Schaufel ist es schwer, ein so großes Loch zu graben.«

»Ja, da hast du recht«, pflichtete Sophie ihm bei. »Emil, du sagtest vorhin, dass du zusammen mit Mario in dem Gehege arbeitest.«

»Ja.«

»Wie heißt Mario mit Nachnamen, weißt du das?«

»Ja. Er heißt Mario Fischer.«

»Und ihr kennt euch aus der Lebenshilfe?«

»Ja.«

Sophie überlegte kurz, dann fragte sie: »Sag mal, Emil, könntest du mit uns noch mal zu dem Tiergehege fahren und uns zeigen, wo genau du die Frau gefunden hast?«

Borgerding überlegte. »Ja, das kann ich«, antwortete er dann, stand auf und drehte sich zur Tür.

»Moment, ich habe noch eine letzte Frage«, sagte Leonhard eilig und wartete, bis Emil sich wieder gesetzt hatte. »Als du heute Morgen zum Gehege gekommen bist, hast du da vielleicht jemanden gesehen?«

Wieder nahm sich der Angesprochene Zeit mit seiner Antwort, dann schüttelte er vehement den Kopf. »Nein.«

»Na ja«, sagte Leonhard, »das wäre ja auch zu schön gewesen.«

»Ich habe nur das Auto gesehen, das über den Weg gefahren ist, wo eigentlich nur Fußgänger und Fahrräder sein dürfen.«

»Das Auto?« Sophie beugte sich weiter vor. Leonhard merkte ihr an, wie sehr sie sich bemühte, sich ihre Aufregung nicht anmerken zu lassen. »Weißt du, was für ein Auto das war? Würdest du es wiedererkennen, wenn wir dir Autos zeigen, Emil?«

»Keine Ahnung. Es war blau.«

»Und war es groß oder klein?«, bohrte Leonhard, der seine Aufregung selbst kaum verbergen konnte.

»Groß. Nicht so groß wie der Bus, der uns immer fährt. Aber fast so groß.«

»Verstehe«, sagte Leonhard und drehte sich erneut zum Spiegel um, in der Hoffnung, dass Christoph und Lena dies als Aufforderung verstehen würden, bei der Lebenshilfe anzurufen und sich nach entsprechenden Fahrzeugen zu erkundigen.

»Danke, Emil. Du hast uns wirklich sehr weitergeholfen«, sagte Sophie.

»Das hab ich gern gemacht. Ich war so froh, dass das Auto umsonst da war.«

»Was meinst du damit?«, fragte Leonhard überrascht.

»Das Zeichen auf dem Auto«, erklärte Borgerding. »Das kenne ich.«

»Das Kennzeichen meinst du?«, fragte Leonhard.

Emil schüttelte den Kopf.

Sophie blickte Leonhard an, dann stand sie eilig auf und kam nur einen Augenblick später mit einem weißen Blatt Papier und einem Bleistift zurück.

»Kannst du uns das Zeichen aufmalen, Emil?«, bat sie.

Borgerding nahm den Stift und drehte das Papier hin und her, als wüsste er nicht recht, wie er anfangen sollte.

»Ist überhaupt nicht schlimm, wenn du es nicht ganz genau hinbekommst«, beruhigte Leonhard ihn.

Borgerding kaute auf seiner Unterlippe, dann setzte er den Bleistift an. Leonhard spürte, wie seine Aufregung mit jedem

Strich wuchs. Er sah zu Sophie hinüber, der die Anspannung ebenso ins Gesicht geschrieben stand.

»Ich glaube, besser kann ich es nicht«, entschuldigte sich Emil, als er fertig war und ihnen das Blatt zuschob.

Zu sehen war ein V mit einem Stock in der Mitte und einer Schlange, die sich darum schlängelte, umrandet von einem Kreis.

»Und das da«, Emil tippte auf das V, »ist rot.«

»Ein Veterinär«, stellte Leonhard fest und nickte kaum merklich in Richtung Spiegel.

Sophie stand auf, und Borgerding erhob sich ebenfalls. So eilig, dass er beinahe seinen Stuhl umstieß. »Fahren wir jetzt ins Gehege?«

»Später, Emil, wir müssen erst noch etwas erledigen. Wir sind gleich zurück, es dauert nicht lange. Ist das okay für dich?«, fragte sie ihn.

Der geistig behinderte Mann nickte. »Ist gut. Ach ja, Sophie?«, rief er ihr nach, als sie schon zur Tür strebte.

»Kann ich deine Cola auch noch trinken?« Er deutete auf die noch immer volle Flasche.

»Ja, Emil, das kannst du.« Sophie nickte ihm zu und lächelte ihn herzlich an. »Trink alles aus.«

Von wegen nicht einfühlsam genug, dachte Leonhard wieder einmal und folgte ihr.

***

Er blieb noch in seinem Auto sitzen, als er seine Firma erreichte. Gleich würde er diesem verdammten Arschloch von einem Chef einen guten Morgen wünschen müssen, obwohl er ihm am liebsten die Faust in die Fresse geschlagen hätte. Diesem dämlichen Affen, der einfach zu dumm war zu begreifen, welches Potenzial in ihm steckte. Oder wollte dieser Mistkerl einfach nur verhindern, dass er vorankam, weil er ihm den Erfolg nicht gönnte?

Doch er würde es noch schaffen und es allen zeigen. Er würde vorankommen und reich werden. Reich, berühmt und mächtig. Und dann würde er endlich die Bewunderung erfahren, die er verdiente. Wie sehr er es doch hasste, wieder und wieder dafür kämpfen zu müssen, endlich als der wahrgenommen und bewundert zu werden, der er war.

Er atmete noch einmal tief durch, dann nahm er sein Handy zur Hand und klickte auf das Video, das er in der Früh aufgenommen hatte. Es war noch dämmrig gewesen, sodass seine Follower sehen konnten, dass er wirklich in aller Herrgottsfrühe unterwegs gewesen war. Er klickte es an und spielte die Aufnahme ab, um noch einmal zu kontrollieren, ob es so geworden war, wie er wollte.

»Guten Morgen, euch allen da draußen. So viele von euch haben mir Nachrichten geschickt und mich gefragt, wie ich das alles schaffe, und ich kann euch nur sagen: Wenn ihr genau wie ich das perfekte Leben führen wollt, dann bleibt nicht wie die anderen bis sieben oder acht Uhr im Bett liegen, sondern steht um fünf Uhr auf und startet voll durch. Nur Loser gehen langsam in den Tag. Wenn ihr so erfolgreich werden wollt wie ich, dann zieht eure Joggingschuhe an und lauft entspannte zehn Kilometer, um so richtig wach zu werden. Dabei könnt ihr euch optimal auf den Tag vorbereiten und euer Mindset checken. Die Welt da draußen braucht Macher wie uns, die ihren Platz an der Spitze ausfüllen. Also«, er zwinkerte in die Kamera, »verschwendet keinen weiteren Tag. Ich glaube an euch!«

Das Video war zu Ende, doch er klickte es nicht weg, sondern betrachtete noch eine ganze Weile das Schlussbild – eine Großaufnahme seines Gesichts. Ja, er sah gut aus und brachte die richtige Message rüber. Perfekt!

Er lud das Video auf seinem Kanal hoch und prüfte seinen Status. Einhunderttausendsiebenundzwanzig Follower. So ein verdammter Mist! Warum kamen keine neuen hinzu? Schon vor mehr als einem halben Jahr hatte er Geld investiert und einhunderttausend Konten gekauft. Aber seine täglichen Videos bekamen meist nur vier oder fünf Likes, sodass es selbst den unaufmerksamsten Nutzern auffallen musste, dass etwas mit seiner Follower-Zahl nicht stimmen konnte. Doch warum funktionierte es nicht? Warum gingen seine Videos nicht viral? Er konnte es sich einfach nicht erklären.

Noch während er aufs Display starrte, bekam er einen ersten Like für seinen Beitrag. Wie immer von Greg_102808, der einfach alles likte, was er postete. Meist folgten in den nächsten Stunden ein paar weitere Likes, doch das war es dann auch. Er kam einfach nicht voran. Ob er noch einmal investieren und weitere Fake-Follower kaufen sollte? Vielleicht könnte das seinen Kanal auf ein neues Level heben.

Er scrollte seine Videos und Fotos durch. Die meisten zeigten ihn und waren seiner Meinung nach gut gemacht. Natürlich waren die Bilder mit dem Lamborghini im Hintergrund nicht echt, doch wer sich nicht auskannte, würde das bestimmt nicht erkennen. Das Bild mit den Rolex-Uhren in dem Schmuckkasten sah wirklich so aus, als hätte er es selbst aufgenommen und würde überlegen, welche davon er an dem entsprechenden Tag tragen sollte.

Er scrollte noch weiter runter. Alles wirkte echt, und er war der festen Überzeugung, dass jemand, der auf seinen Account klickte, all das glaubte, was er dort darzustellen versuchte. Ja, er hatte sogar Werbung für Bücher dazwischengeschoben, allesamt von Männern geschrieben. Angeblich hatten ihn diese Werke maßgeblich in seiner Entwicklung vorangebracht und damit zu seinem Erfolg beigetragen. Er hatte sie tatsächlich gelesen, sogar mehrfach, das war echt. Da konnte ihm niemand etwas nachsagen. Und hatte er es nicht genauso gemacht wie diese ehemaligen Navy Seals, Coaches, Manager und CEOs, die in ihren Büchern den Weg an die Spitze beschrieben und suggerierten, dass jeder genau dort hinkommen könnte, der nur bereit war, an sich zu arbeiten und es mehr als alles andere zu wollen? Er hatte die Autoren markiert und als Collab-Partner angefragt, doch nicht einer von diesen arroganten Lackaffen hatte es für nötig befunden, darauf zu reagieren, geschweige denn die Anfrage anzunehmen. Was bildeten die Typen sich eigentlich ein?

Wieder stieg diese Wut in ihm auf, die er schon vorhin verspürt hatte, als er auf dem Waldweg gestört worden war. Was hatte dieser verdammte Kerl schon so früh beim Wildgehege verloren? Er war selbst gerade erst wieder in den Wagen gestiegen, nachdem er zuvor Mais bei der Leiche ausgestreut hatte, um die Wildschweine anzulocken. Als er den Mann hatte kommen sehen, hatte er das Gaspedal durchgedrückt und war an ihm vorbeigefahren, den Kopf zur Seite gedreht, damit der ihn nicht identifizieren konnte. Aber er würde den Van erkennen. Vermutlich musste er ihn entsorgen, was wirklich ärgerlich wäre. Noch ärgerlicher aber war, dass die Wildschweine sich in der kurzen Zeit mit Sicherheit nicht über die Leiche hergemacht hatten. Es sei denn, der Typ war gar nicht zum Gehege gegangen und hatte die Leiche somit nicht entdeckt. Ob und wann sie tatsächlich gefunden wurde, würde er vermutlich im Laufe des Tages aus den Nachrichten erfahren.

Was er jedoch besonders ärgerlich fand, war, dass der Tag gestern ganz und gar nicht so verlaufen war, wie er es geplant hatte. Dabei hatte er freigehabt und sich auf das gefreut, was seine Frau und er erleben würden. Vielleicht hätte er zur Feier des Tages sogar die Neue dazuholen können, auch wenn die eiserne Regel seiner Frau war, dass er sich immer nur eine gönnen durfte. An diesem besonderen Tag jedoch hatte er auf eine Ausnahme gehofft. Aber dann war ausgerechnet gestern die Leiche im Rhein entdeckt worden, und am Abend hatte ihm das Miststück, das nun bei den Schweinen lag, den Rest gegeben.

Er konzentrierte sich wieder auf sein Handy und klickte

einige Accounts durch, denen er selbst folgte. Viele der Männer machten es genau wie er. Sie zeigten ihre Muskeln, schnelle Autos, ihre Uhren und manchmal sogar Jachten, und unter ihren Beiträgen waren Tausende Likes. Warum nicht unter seinen?

Er schloss die App, zog den Schlüssel ab und steckte das Handy ein. Dann stieg er aus dem Auto. Er musste die Erlebnisse der frühen Morgenstunden abstreifen, das Negative hinter sich lassen. Menschen, die sich mit negativen Dingen beschäftigten, zogen negative Dinge an. Das stand in all den Ratgebern, die er gelesen hatte. Und genau das wollte er natürlich nicht riskieren. Ihm war klar, wo das eigentliche Problem lag: Die Menschen, deren Bücher er gelesen hatte, waren Alphas. Tief im Innern wusste er, dass er besser war als die anderen. Er war kein Alpha wie einige wenige Leader, aber er war auch kein Beta, der sich dem Alpha unterordnete und diesen als Anführer akzeptierte, ihm nacheiferte. Er war weder ein einfacher Rudelführer noch ein dämliches Schaf. Nein! Er war ein Sigma, der am seltensten vorkommende Männertyp. Er wusste, dass er ein Alpha sein könnte, wenn er nur wollte. Spielend leicht könnte er ein Anführer sein, zu dem alle aufsahen. Doch das interessierte ihn nicht. Er könnte ganz oben in der Männlichkeitspyramide stehen, doch er hatte sich entschieden, außen vor zu bleiben und seinen eigenen Weg zu verfolgen, denn er strebte nach Höherem. Die Bestätigung anderer war etwas für Schwache. Er war ein einsamer Wolf, der sich auf sich selbst konzentrierte. Mysteriös, schweigsam und intellektuell überlegen, dabei trotzdem charmant, immer das Ziel des Erfolgs vor Augen. Ja, das war er! Er wusste, dass er weit klüger war als die meisten Menschen und dass diese Überlegenheit andere einschüchtern konnte, besonders andere Männer. Frauen hingegen fühlten sich von ihm angezogen, sie konnten gar nicht anders, als um seine Aufmerksamkeit zu buhlen. Trotzdem oder gerade deswegen schenkte er sie ihnen nur selten, und das machte sie besonders an. Frauen waren nicht schwer zu durchschauen. Sie alle wünschten sich nur eines: den Reichtum und die Macht eines Mannes. Sie wollten dominiert werden, auch wenn sich das einige von ihnen nicht eingestehen mochten. Sobald sie jedoch einmal gespürt hatten, wie es war, von einem echten Mann geführt zu werden, sich seinen Ansagen zu beugen, wollten sie nie wieder etwas anderes. Das lag nun mal in ihrer Natur.

Er dachte an den heutigen Abend und spürte Vorfreude in sich aufsteigen. Heute war es endlich so weit, er konnte sie nehmen. Der Streit, den er ihretwegen mit seiner Frau gehabt hatte, war inzwischen beigelegt. Seine letzte Gespielin war fort, und jetzt durfte er sich einer neuen zuwenden.

Er hatte sie zufällig gesehen, und er hatte einfach nicht widerstehen können. Ihm war klar gewesen, dass die Zeit mit ihrer Vorgängerin bald enden würde, der es genau wie den anderen nicht gelungen war, seine Bedürfnisse zu befriedigen. Seine Träume zu erfüllen. Vielleicht würde es mit dieser anders sein. Vielleicht war sie die Erste, die ihn verstand und sich danach sehnte, ihm ihr Leben zu widmen, nur ihm und seinem Verlangen, seinem Wunsch, aus einer Gesellschaft auszubrechen, die ihn Tag für Tag erniedrigte und unterdrückte. Seiner Suche nach der ultimativen Freiheit.

Als er heute in der Früh zurückgekommen war, hatte seine Frau ihm versprochen, alles für den Abend vorzubereiten. Bestimmt erwartete sie ihn nachher schon voller Sehnsucht. Und dann könnte er sich mächtig fühlen auf eine Weise, die ihm die Menschen in seinem Umfeld sonst verweigerten.

Ein Lächeln huschte über sein Gesicht, als er die Tür aufdrückte und die Firma betrat. Ganz gleich, was heute geschehen würde, er würde sich nicht davon unterkriegen lassen. Dafür war die Vorfreude auf das, was ihn später erwartete, einfach zu groß.

10. KAPITEL
Polizeipräsidium Köln
Freitag, 30. Juni 2023

> *Einem Angehörigen die Todesnachricht in einem Fall, an dem ich arbeite, überbringen zu müssen, fühlt sich für mich wie ein persönliches Versagen an.*
>
> SOPHIE KAISER

Sie zog die Visitenkarte hervor, die David Specker ihr gegeben hatte, und wählte die darauf gedruckte Nummer. Leonhard, Christoph, Lena und sie waren gerade erst von der Fahrt mit Emil Borgerding zum Wildgehege zurückgekommen. Er hatte ihnen gezeigt, wo genau die Leiche abgelegt gewesen war, als er sie heute früh gefunden hatte. Marcus Brandner und Stephan Moritz waren noch mit der Spurensicherung beschäftigt gewesen, sodass Sophie und Leonhard direkt mit ihnen Rücksprache hatten halten können. Marcus hatte widerstrebend eingewilligt, dass Bernhard Sichel und sein Kollege Titus Grams von der Kölner Spusi schon einmal den ursprünglichen Ablageort im Gehege sicherten und mit der Arbeit begannen, bis Marcus und Stephan an der Leichenfundstelle fertig waren und zu ihnen stoßen konnten. Marcus hatte sie kurz ins Gehege begleitet, um sich einen ersten Eindruck zu verschaffen. Er hatte einen Blick auf die Maisreste geworfen, über die sich die Wildschweine hergemacht hatten, und trocken bemerkt, dass die meisten Spuren ohnehin längst zerstört waren – zertrampelt und zerfressen.

Die Identität der Toten war mittlerweile eindeutig geklärt. Stephan hatte ihr Fundortfotos aufs Handy geschickt, und es bestand kein Zweifel. Bei dem Opfer handelte es sich tatsächlich um Mirja Schmieder. Nun saß Sophie zusammen mit Leonhard im Konferenzraum der Polizeiwache und hatte die ungnädige Aufgabe, David Specker vom Tod seiner Verlobten zu berichten. Zwar hatte Leonhard ihr angeboten, das für sie zu übernehmen, doch Sophie fand, dass es ihre Aufgabe war, vor der sie sich nicht drücken wollte. Sie hatte schon versucht, David Specker bei der Arbeit in der Computerfirma zu erreichen, doch seine Kollegin teilte ihr mit, dass er bei Kunden war, wo genau er sich gerade befand, wusste sie nicht.

Jetzt blickte sie erneut auf die Visitenkarte und wählte die Handynummer. Es klingelte mehrmals, dann meldete er sich.
»Specker?«
»Herr Specker, hier spricht Kriminalhauptkommissarin Sophie Kaiser. Wir haben uns gestern kennengelernt.«
Eine kurze Pause entstand.
»Ja, ich weiß, wer Sie sind.«
»Herr Specker, ich würde Sie bitten, auf das Polizeirevier am Walter-Pauli-Ring zu kommen. Ginge das?«
»Haben Sie etwas Neues? Konnten Sie die Frau aus dem Rhein identifizieren? Ist es Mirja?«, fragte er schwer atmend und mit brüchiger Stimme.
»Wir haben etwas Neues«, gab sie knapp Auskunft. »Ich möchte das jedoch nicht am Telefon mit Ihnen besprechen. Wir können auch zu Ihnen kommen«, bot sie an.
»Ich bin bei einem Kunden.«
»Ja, das hat Ihre Kollegin uns bereits mitgeteilt. Könnten Sie Ihre Arbeit dort beenden? Dann würden wir uns bei Ihnen zu Hause treffen.«
»Sie ist es, nicht wahr?«
Sophie sah förmlich vor sich, wie er sich Halt suchend an

der Wand abstützte und schwer schluckte. »Wann können Sie zu Hause sein, Herr Specker?«

»In etwa einer halben Stunde. Bitte, sagen Sie es mir!«

»In einer halben Stunde, Herr Specker. Bis gleich.« Sophie drückte die rote Taste und sah Leonhard an.

»Ich hasse so was.«

»Ja, ich auch«, bestätigte er. »Wir müssen dringend mit den Eltern von Katherine Wolf sprechen«, erinnerte er sie dann. »Irgendwie passiert gerade so viel auf einmal, dass wir einfach nicht dazu kommen.«

Sophie nickte. »Wir fahren gleich zu Specker und direkt danach zu den Wolfs.« Sie sah, wie Leonhard auf sein Handy blickte und die App eines Kurznachrichtenkanals anklickte. »Noch ist nichts von dem Leichenfund aus dem Tiergehege in den Medien«, stellte er fest. »Christoph scheint die Meute noch einmal beruhigt zu haben.«

Sophie öffnete gerade den Mund, um etwas zu erwidern, als die Tür zum Konferenzraum geöffnet wurde. Christoph und Lena traten ein.

»So«, sagte Christoph, »ich habe noch ein wenig Zeit rausschlagen können. Heute Abend um 18.00 Uhr findet die Pressekonferenz statt. Dann müssen wir das Ganze bekannt machen. Doch bis dahin wird keiner über den Fund von heute Morgen berichten. Derzeit heizen sie sich noch mit der Leiche aus dem Rhein auf.« Seine Stimme klang verächtlich.

»Danke«, sagte Sophie. »Ich habe eben den Verlobten von Mirja Schmieder angerufen, David Specker. Wir treffen uns in einer halben Stunde bei ihm zu Hause.« Sie blickte erneut auf die Visitenkarte. »Orrer Weg 29.«

»Dann fahrt mal lieber gleich los«, riet Lena. »Im Stadtverkehr braucht ihr da gute zwanzig Minuten. Doch um diese Zeit kann es auch länger dauern.«

»Danke für den Tipp.« Leonhard stand sofort auf.

»Wir fahren direkt danach zu den Eltern von Katherine Wolf. Würdet ihr uns ankündigen?«, bat Sophie.

»Klar, machen wir.« Lena nickte.

»Und bitte beauftragt die Kollegen damit, sämtliche Vergewaltigungsfälle der letzten fünf Jahre herauszusuchen, die angezeigt wurden. Ich möchte mit jeder Frau sprechen, die Anzeige erstattet hat. Vielleicht ist einer von ihnen etwas aufgefallen. Ich gehe davon aus, dass der Täter sich gesteigert hat.«

»Du meinst, er hat früher vergewaltigt, die Opfer aber laufen lassen?«, hakte Christoph nach.

»Davon bin ich überzeugt. Wir müssen uns auch die Vergewaltigungen mit Todesfolge ansehen, bei denen die Opfer noch nicht auf Müllkippen und ähnlichen Orten gelandet sind.« Sophie atmete tief durch. »Für unseren Täter sind die Frauen im Laufe der Zeit immer wertloser geworden. Ich weiß noch nicht, ob die Leiche aus dem Rhein auch ihm zuzuordnen ist, doch wenn ja, hat er früher weit mehr Sorgfalt bei der Beseitigung seiner Opfer an den Tag gelegt.«

»Du meinst, weil er sie zerstückelt hat?« Lena legte die Stirn in Falten.

»Das Zerstückeln und Einbetonieren der Leiche hatte vermutlich eine bestimmte Bedeutung. Es sieht mir sehr nach defensiver Mutilation aus. Dafür kommen pragmatische Gründe des Täters infrage – er weiß, dass er unter sozialer Kontrolle steht, und kann die komplette Leiche nicht ohne Risiko vom Ort der Tötung abtransportieren. Das Einbetonieren sollte sicherlich verhindern, dass die Tote jemals gefunden wird. Das jetzige Verhalten, das Wegwerfen, trägt eine andere Handschrift. Doch vielleicht haben wir Glück und stoßen auf frühere Vergewaltigungsopfer, die sich an etwas erinnern können. Es ist unwahrscheinlich, dass ein Täter, der sexuelle Gewaltfantasien auslebt, mit einem Mord beginnt. Vermutlich wird er bereits früher auffällig gewesen sein, ist möglicherweise in der Schule Mädchen zu nahe gekommen oder wurde bereits wegen Übergriffen oder sogar Vergewaltigungen angezeigt. Leider ist die Dunkelziffer hier sehr hoch, doch es ist ein Anfang. Jede Übereinstimmung in den Geschichten der Opfer kann wichtig sein.«

»Ich kümmere mich darum«, bot Lena an und übernahm damit auch diese Aufgabe. »Denkst du, dass Katherine Wolf noch am Leben ist?«, fragte sie.

Sophie nickte.

»Ja, das denke ich. Doch Leonhard und ich werden bei den Eltern keine Hoffnungen schüren, denn die Verletzungen, die Mirja Schmieder erlitten hat, sprechen eine eindeutige Sprache.«

»Und welche?«, fragte Christoph.

»Dass die Impulskontrolle bei diesem Mann so gut wie nicht mehr vorhanden ist. Er hasst Frauen und will sie zerstören. Sobald wir mit Mirja Schmieders Verlobtem und Katherine Wolfs Eltern gesprochen haben, werde ich ein Täterprofil erstellen, das dann an alle in der Soko rausgeht.« Sie verkniff sich hinzuzufügen, wie viel Leid den Opfern und ihren Angehörigen erspart geblieben wäre, hätten die Kölner Behörden schon früher das BKA oder einen Polizei-Profiler hinzugezogen. Eine Profilerin wie sie. Vielleicht müsste sie dann heute nicht David Specker die Nachricht überbringen, dass Mirja Schmieder auf grausame Art zu Tode gekommen war. Sie hoffte nur, dass es ihr erspart bliebe, der Familie Wolf eine ähnliche Hiobsbotschaft zu überbringen.

»Die Kollegen der Soko sollen sich ab sofort um nichts anderes kümmern als um die alten Vergewaltigungsfälle. Wir begrenzen den Zeitraum zunächst auf fünf Jahre. Ich brauche Übersichten und eine Zusammenstellung aller Fakten pro Fall auf jeweils einer DIN-A4-Seite«, ordnete sie an. »Außerdem müssen wir die ViCLAS-Datenbank abfragen. Gerade besonders schwerwiegende sexuell assoziierte Gewalttaten sind dort unter fallanalytischen Gesichtspunkten analysiert worden. Wir müssen seine Anfänge finden. Denn die Wahrscheinlichkeit, dass er zu Beginn Fehler gemacht hat, ist weitaus höher als jetzt, da er eine gewisse Übung bekommen hat.« Sophie schaute in die fragenden Gesichter ihrer Kollegen und fügte erklärend hinzu: »Die Datenbank wurde Anfang der Neunzigerjahre in Kanada von der Royal Canadian Mounted Police entwickelt und beschreibt das physische, verbale und sexuelle Verhalten eines Täters bei seinem Verbrechen, sodass sich Tatzusammenhänge erkennen lassen.«

Alle nickten zustimmend. »Hoffentlich finden wir das Schwein, bevor er sich Katherine Wolf vornimmt«, entfuhr es Lena.

Sophie ersparte sich den Hinweis, dass es naiv war zu glauben, dass die Schülerin, was die Vergewaltigungen anging, bisher verschont geblieben war. Sie befand sich jetzt den fünften Tag in seiner Gewalt – in der Gewalt eines Serienvergewaltigers und -mörders. Sophie gab sich nicht der Hoffnung hin, dass sie Katherine Wolf vor seinen Grausamkeiten bewahren konnte. Jetzt ging es nur noch darum, den Täter schnell genug auszumachen, um ihr das Leben zu retten. Was sie bis jetzt schon durchgemacht hatte, würde niemand mehr ungeschehen machen können.

»Komm«, drängte Leonhard, »fahren wir.«

Sophie stand auf und folgte ihm zur Tür. »Bis später. Und bitte treibt alle zur Eile an«, mahnte sie.

»Und ihr seid nachher pünktlich zur Pressekonferenz da«, mahnte Christoph.

Sophies Hand, die eben nach der Klinke hatte greifen wollen, verharrte in der Luft.

»Moment, damit haben wir nichts zu tun. Dafür seid ihr zuständig, du und Lena oder sonst wer vom Präsidium.«

»O nein.« Christoph schüttelte den Kopf. »Die Medien wissen bereits, dass ihr vor Ort seid«, stellte er klar. »Sie haben euch vorhin vom Fundort kommen sehen und werden euch die Fragen stellen wollen. So ist das nun mal, wenn man sich durch einen in den Medien gehypten Fall hervorgetan hat.«

»Wir haben uns bei dem Sandmann-Fall nicht hervorgetan«, widersprach Leonhard. »Wir haben einen Kindermörder gefasst und hinter Gitter gebracht. Den Rummel, der daraus entstanden ist, haben weder Sophie noch ich zu verantworten.« Ihm war deutlich anzuhören, wie wütend ihn Christophs Bemerkung machte.

Dieser rieb sich die Augen. »Entschuldigt, Kollegen. Die Bemerkung war überflüssig. Meine Nerven liegen einfach blank.«

»Das verstehen wir«, sagte Sophie, bedeutete Leonhard mit einem Blick, es gut sein zu lassen, und öffnete die Tür.

»Aber ich habe die Zusage gegeben, dass ihr während der Pressekonferenz die Fragen beantwortet. Nur deshalb haben sie eingewilligt, noch nichts durchsickern zu lassen!«

Der Kollege klang beinahe verzweifelt, trotzdem wollte Sophie ihm diesen Gefallen nicht tun. Es gefiel ihr nicht, wenn jemand über ihren Kopf hinweg bestimmte, außerdem trieb ihr allein die Vorstellung einer Pressekonferenz den Schweiß auf die Stirn. »Mal sehen, ob wir es zeitlich schaffen«, hörte sie Leonhard sagen, dann spürte sie seine Hand im Rücken und trat in den Flur hinaus. Stumm ging sie neben ihm her zu seinem BMW, ließ sich auf den Beifahrersitz fallen und starrte aus dem Fenster.

»Ist es wegen der Pressekonferenz?«, hörte sie ihn wie aus weiter Ferne fragen und nickte, ohne ihn anzusehen. »Ich kann das nicht machen, Leonhard.« Sie wandte ihm das Gesicht zu.

»Warum nicht?«, fragte er. »Wovor hast du Angst?«

»Du weißt, was …«, sie zögerte, »was mit mir los ist«, zwang sie sich zu einer Antwort. »Ich kann nicht damit umgehen, wenn verschiedene Menschen auf mich einreden und mir Fragen stellen. Die stroboskopischen Effekte durch Blitzlichter verursachen bei mir Aussetzer, dazu kommt noch die Enge wegen der vielen Menschen. Ich kann diese Vielzahl an Eindrücken nicht verarbeiten.« Ein Schauer lief über ihren Körper, und sie schüttelte heftig den Kopf. »Ich kann es nicht, Leonhard. Es geht nicht.«

»Sophie, wir sind hier nicht im Fernsehen. Es werden keine Hundertschaften schreiender Presseleute auf uns einstürmen.«

Sophie betrachtete die Gänsehaut auf ihren Unterarmen, die sich trotz der Hitze im Wageninnern gebildet hatte. »Ich weiß noch, wie es nach dem Sandmann-Fall war. Mein Vorgesetzter, Lutz Wehrmann, musste sich massiv für mich einsetzen, damit ich keine Anzeige bekam.«

»Für dich einsetzen? Weshalb?«

»Wegen eines Reporters. Er wollte wohl weitere Details oder irgendetwas, ich weiß es nicht. Auf jeden Fall lauerte er mir auf und sprang plötzlich auf mich zu.«

»Und dann?«

»Ich habe nur reagiert«, versicherte Sophie. »Und als er am Boden lag, habe ich nicht erneut zugeschlagen.«

Leonhard lachte auf. »Davon wusste ich ja gar nichts.«

»Das ist nicht lustig, Leonhard.« Sophie spürte, wie Übelkeit von ihr Besitz ergriff.

»Doch, ich finde das sogar ziemlich lustig. Und keine Sorge. Bevor du nachher jemanden in Jackie-Chan-Manier umhaust, werde ich einschreiten.«

Sie schaute zu ihm hinüber, und er sah ihr fest in die Augen, während er den Anlassknopf drückte. »Damals warst du noch allein. Doch jetzt hast du mich als deinen Partner an der Seite.«

»Danke«, antwortete Sophie, obwohl für sie die Sache damit noch immer nicht erledigt war. Trotzdem gaben ihr Leonhards Worte ein gutes Gefühl. Und in den nächsten Stunden galt es, sich nicht um den Pressetermin von heute Abend, sondern um die Ermittlungen zu kümmern. Dieser sadistische Mörder trieb da draußen sein Unwesen, und Sophie war fest davon überzeugt, dass er schon bald wieder zuschlagen würde, wenn sie ihn nicht daran hinderten. Mit Katherine Wolf hatte er bereits ein weiteres

Opfer in seiner Gewalt, und eines stand fest: Wenn sie ihn nicht daran hinderten, würde dieser Mann niemals mit dem aufhören, was er tat. Sie mussten ihm das Handwerk legen und dafür sorgen, dass zarte blonde Frauen wieder sicher waren und ihr Leben leben durften, ungeachtet dessen, was er ihnen antun wollte.

»Da sind wir«, stellte Leonhard zu ihrer Überraschung fest und parkte den Wagen ein. Sie hatte gar nicht mitbekommen, dass sie bereits die ganze Strecke zu David Speckers Adresse zurückgelegt hatten, so sehr war sie mit ihren Gedanken beschäftigt gewesen.

»Wie lange waren wir unterwegs?«, fragte sie leicht verunsichert.

Leonhard warf einen Blick auf die Uhr. »Dreiundzwanzig Minuten und sechsunddreißig Sekunden«, antwortete er, doch Sophie entging nicht, dass er dabei verstohlen grinste. Es gefiel ihr, dass er ihre Marotten nicht allzu ernst nahm, wusste sie doch, dass sein Grinsen nicht abfällig gemeint war. Er schätzte sie als Kollegin und als Mensch, und er hätte sich niemals über sie lustig gemacht, was sie von vielen anderen nicht behaupten konnte.

»Na, dann sehen wir mal zu, dass wir es in einer Minute fünfundvierzig bis zur Haustür schaffen«, erwiderte sie daher und schickte sich an auszusteigen. Leonhard hielt sie am Arm zurück, jetzt wieder ernst. »Mach dir keine Sorgen, in Ordnung? Wir kriegen das hin. Alles.«

Sophie wurde ebenfalls ernst, nickte beklommen und atmete tief durch. »Komm, lass es uns hinter uns bringen. Und danach schnappen wir uns den Kerl, in Ordnung?«

»Genau so machen wir's«, stimmte Leonhard zu, dann stiegen sie beide aus dem Auto und traten den schweren Gang zur Wohnung von David Specker an, der nun Gewissheit bekam, dass das Leben, das er mit Mirja Schmieder hatte leben wollen, ein für alle Mal dahin war.

11. KAPITEL
Wohnung von David Specker, Köln
Freitag, 30. Juni 2023

> *Wir müssen diesen Sadisten kriegen.*
> *Denn uns läuft die Zeit davon.*
>
> LEONHARD MICHELS

David Specker hatte sie offenbar bereits vorfahren sehen, denn er öffnete ihnen die Tür, noch bevor sie klingeln konnten.

»Bitte«, er bedeutete ihnen einzutreten. »Kommen Sie rein. Am besten setzen wir uns ins Wohnzimmer.«

Sophie und Leonhard gingen in die ihnen gewiesene Richtung, und Specker bot ihnen einen Platz im Couchbereich an.

Leonhard sah sich um. Alles war überaus modern gestaltet, Grau- und Cremetöne waren perfekt aufeinander abgestimmt. Der Fußboden bestand entweder aus einem hellen Holz oder aus dem so angesagten Imitat, das weit widerstandsfähiger und unempfindlicher war als Echtholz. Leonhard kannte sich in diesem Bereich ein wenig aus, weil er schon seit längerer Zeit vorhatte, seine Wohnung in Lübeck, die er seit seinem Wechsel zum BKA Wiesbaden vermietet hatte, zu renovieren. Doch irgendwie hatte es sich durch die viele Arbeit bisher nicht ergeben und dadurch, dass er selbst nicht mehr dort wohnte, wohl auch auf absehbare Zeit erledigt. Wenn er irgendwann nach Lübeck zurückkehren sollte, würde er die Einrichtung, die er noch zusammen mit Manuela angeschafft hatte, einfach rausschmeißen und es sich schön machen.

»Kann ich Ihnen etwas anbieten?«, fragte Specker.

»Nein, danke.« Sophie sah Specker an. »Es tut uns wirklich sehr leid, doch wir müssen Ihnen mitteilen, dass Ihre Verlobte nicht mehr am Leben ist.«

Specker senkte den Blick, dann nickte er. »Ich verstehe«, sagte er leise, schloss die Augen und atmete tief durch. Als er sie wieder öffnete, konnte Leonhard Tränen darin sehen.

»Ich habe mich immer gefragt, wie es wohl wäre.«

»Wie was wäre?«, fragte Sophie.

»Wie ich reagieren würde, wenn die Polizei käme, um mir diese Mitteilung zu machen.« Sein Blick war leer. »Denken Sie, was Sie wollen, aber ich bin fast erleichtert, dass Sie sie jetzt gefunden haben. Die Ungewissheit war das Schlimmste.« Er schüttelte den Kopf. »Hat sie noch gelebt?« Er sah von Sophie zu Leonhard. »Ich meine, als man sie einbetoniert und versenkt hat?«

»Herr Specker, wir dürfen Sie noch nicht über die genauen Umstände informieren«, sagte Leonhard. »Doch Ihre Verlobte ist nicht die Tote aus dem Rhein.«

Specker sah ihn verständnislos an. »Wie bitte?«

»Die Tote aus dem Rhein ist noch nicht identifiziert«, erklärte Sophie. »Wir haben die Leiche Ihrer Verlobten heute am frühen Morgen gefunden. Doch wie mein Kollege schon sagte, müssen wir Sie dringend bitten, diese Information noch für sich zu behalten.«

»Wie bitte?«, fragte Specker erneut.

»Ihre Verlobte wurde Opfer eines Verbrechens«, führte Leonhard aus. »Doch sie ist nicht die Frau, die gestern aus dem Rhein geborgen wurde.« Er konnte David Specker ansehen, dass dieser noch immer nicht zu verstehen schien.

»Wie ist sie gestorben?«, wollte er wissen.

»Dazu können wir Ihnen noch nichts Genaues sagen«, wich Sophie einer Antwort aus. »Wir müssen erst den Autopsiebericht abwarten.«

»Hat sie leiden müssen?« Specker sah Leonhard an. »Wurde sie vergewaltigt?«

»Wir müssen davon ausgehen, dass sie Opfer eines Sexualverbrechens geworden ist«, antwortete Leonhard. »Es tut mir wirklich sehr leid.«

Specker atmete schwer. Leonhard nahm an, dass ihm übel wurde, denn er wirkte plötzlich aschfahl.

»Können wir noch einmal mit Ihnen über den Tag sprechen, an dem Ihre Verlobte verschwand?«, fragte Sophie, auch wenn sie genau wusste, wie David Specker sich fühlte, der sicherlich keine weiteren Fragen beantworten wollte. »Außerdem wüsste ich gern, was für ein Mensch sie war.«

»Können wir das auf ein andermal verschieben? Ich wäre jetzt lieber allein.« Specker wirkte völlig kraftlos.

»Es ist eine weitere junge Frau verschwunden«, sagte Leonhard. »Zum jetzigen Zeitpunkt müssen wir davon ausgehen, dass sie sich in der Gewalt desselben Mannes befindet, der Ihrer Verlobten das angetan hat.«

Specker sah auf. »Eine weitere Frau?«

Sophie nickte. »Ja. Sie ist gerade erst achtzehn Jahre alt.«

»Mein Gott«, entfuhr es Specker.

Er wischte sich mit dem Handrücken die Tränen von den Wangen, und Leonhard stellte fest, dass sich sein Gesichtsausdruck veränderte. »So ein verdammtes Schwein.« Er setzte sich aufrechter hin. »Fragen Sie. Ich hoffe, ich kann Ihnen helfen. Ich hole mir nur schnell ein Glas Wasser. Möchten Sie auch etwas trinken?«

Sophie schüttelte den Kopf, und diesmal lehnte auch Leonhard ab. Specker verließ das Wohnzimmer und kehrte kurz darauf mit einem halb vollen Glas zurück, das er vor sich auf den Couchtisch stellte.

»Noch einmal, Herr Specker«, sagte Leonhard. »Es tut uns furchtbar leid. Wir können nur ahnen, wie unfassbar schwer das für Sie sein muss, und deshalb sind wir Ihnen umso dankbarer, dass Sie bereit sind, uns weiterzuhelfen.«

Specker nickte, trank einen Schluck und sah abwartend von Leonhard zu Sophie und zurück.

»Als was für einen Menschen würden Sie Ihre Verlobte beschreiben?«, fragte Sophie.

»Mirja ist ... Mirja *war* selbstbewusst und tough, eine moderne Frau, würde ich sagen. Bei ihren Kolleginnen in der Agentur total beliebt, mit den meisten sogar befreundet.«

»Sie sprechen nur von Kolleginnen. Gibt es dort keine männlichen Angestellten?«

»Nein, es ist eine reine Frauenagentur. Allerdings nicht, weil das der Firmenpolitik entspricht. Ich habe mich mal mit Ulrike, Mirjas Chefin, darüber unterhalten. Sie meinte, das hat sich einfach so ergeben. Viele Männer hätten ein Problem damit, eine Frau als Chefin zu akzeptieren, und das Team, das sie dort haben, ist in den letzten acht Jahren zu einer Einheit zusammengewachsen.«

»Was genau war dort die Aufgabe Ihrer Verlobten?«, fragte Leonhard.

»Die Frauen dort arbeiten im Team für verschiedene Kunden. Anfangs waren alle mit einem gemeinsamen Projekt befasst. Später dann, als sie größer wurden und mehr Kunden gewannen, teilten sie sich die Arbeit auf. Mirja bildete zusammen mit Ulrike und Corinna ein Team. Sie waren unheimlich erfolgreich, haben wirklich große Kunden an Land ziehen können.«

»Wie viele Mitarbeiterinnen arbeiten dort insgesamt?«

»Neun«, gab Specker zur Antwort. »Acht«, korrigierte er, »also jetzt, da Mirja nicht mehr dabei ist.«

»Wurde ihre Stelle neu besetzt?«, fragte Sophie, was Specker ebenso zu überraschen schien wie Leonhard selbst.

»Nein«, antwortete Specker. »Ulrike und alle dort haben fest daran geglaubt, dass Mirja eines Tages wieder auftaucht.« Er schluckte schwer, dann schluchzte er auf und schlug eilig die Hand vor den Mund. »Entschuldigung.«

»Hat Ihre Verlobte Ihnen in der Zeit vor ihrem Verschwinden von irgendwelchen ungewöhnlichen Begegnungen berichtet? Etwas, was ihr eigenartig vorkam?«, fragte Sophie. »Sicherlich hat man Sie das schon gefragt, doch vielleicht ist Ihnen ja zwischenzeitlich etwas eingefallen.«

Specker schüttelte den Kopf. »Nein, nichts. Warum? Denken Sie, dass er sie sich ausgeguckt hat?«

»Wir sammeln nur Informationen«, antwortete Leonhard.

»Wie hätte Frau Schmieder darauf reagiert, wenn sie angesprochen worden wäre?«, fragte Sophie weiter. »Ich meine, hätte sie sich hilfsbereit gezeigt oder war sie eher vorsichtig, womöglich misstrauisch?«

»Sie war ein aufgeschlossener Mensch, würde ich sagen, aber keineswegs naiv.«

»Hätte sie jedem aufgemacht?«, fragte Leonhard und deutete in Richtung Wohnungstür. »Sie haben einen Spion, sie konnte also sehen, wer davorstand. Hätte sie geöffnet, wenn sie denjenigen nicht gekannt hätte?«

»Eine schwierige Frage.« Specker überlegte. »Aber ja, ich denke schon. Normalerweise macht man doch auf, wenn es klingelt, oder nicht?«

»Sie leben in einer guten Wohngegend, Herr Specker. Heimersdorf verfügt über eine gute Infrastruktur, richtig? Wie ist es mit der Nachbarschaft? Würde es auffallen, wenn sich jemand hier herumtreiben würde?«, wollte Sophie wissen.

»Die meisten Nachbarn hier kennen uns und wir sie. Es ist nicht so, dass wir uns jedes Wochenende zum Grillen treffen, aber wir grüßen uns, und man weiß die Leute einzuordnen.«

»Sie sagten gestern, dass Ihre Verlobte nach Ihnen die Wohnung verlassen hat. Ist sie zu Fuß gegangen, mit dem Fahrrad gefahren, mit dem Auto?«

»Ihr Fahrrad stand noch da. Sie muss also zu Fuß gegangen sein.«

»War das üblich?« Sophie sah ihn forschend an.

»Ja, Mirja ist oft zu Fuß gegangen. Sie trug deshalb auch immer Sneaker und hatte einen Beutel mit ihren High Heels bei sich, die sie bei Meetings anzog.«

»Fehlte denn ein Paar High Heels?«, hakte Sophie nach.

Leonhard war sich sicher, dass sie die Antwort bereits kannte, denn Specker hatte dieselbe Frage laut Akte bereits den Kollegen beantwortet. Und da Sophie ein solches Detail bestimmt nicht entgangen war, musste es sich um einen Test handeln.

»Ja«, antwortete Specker. »Ein blaues. Das habe ich schon damals Ihren Kollegen mitgeteilt. Es müsste also eigentlich in der Akte stehen.«

»Dann habe ich das vermutlich überlesen. Entschuldigen Sie.«

Leonhard zog sein Handy hervor und gab die Adresse Orrer Weg 29 in den Routenplaner ein.

»Wo befindet sich die Werbeagentur, und welchen Weg hat Ihre Verlobte üblicherweise genommen?« Er hielt David Specker das Handy hin, der eine Anschrift eintippte und dann den Bildschirm aufzog, sodass Sophie und Leonhard den Weg besser sehen konnten.

»Sie ist immer hier langgegangen.« Specker fuhr mit dem Finger über die Wegstrecke.

»Also abseits der Hauptstraßen?«, vergewisserte sich Leonhard.

»Ja. Sie hat diese kleinen Wege hier als Abkürzungen benutzt.«

Leonhard zog nun seinerseits den Bildschirm noch weiter auf.

»Da dürfte nicht allzu viel los gewesen sein«, murmelte Sophie.

»Nein, aber mit dem Auto kommt man dort nicht hin. Und

sich eine Frau mitten am Tag zu greifen und sie Hunderte Meter zu einem Auto zu zerren, wäre viel zu auffällig.«

»Doch, man kommt sehr wohl mit dem Auto dorthin«, widersprach Specker.

»Ach ja?«, fragte Leonhard überrascht.

»Ja.« Specker deutete mit dem Zeigefinger auf eine Grünfläche. »Da befindet sich ein Sportplatz, der eine eigene Zufahrt hat.«

Leonhard und Sophie tauschten einen Blick.

»Haben Sie das seinerzeit auch den ermittelnden Kollegen gesagt?«, fragte Leonhard.

»Ähm, das weiß ich nicht mehr.« Specker zuckte mit den Achseln. »Als Mirja am 5. Dezember verschwand, wurde eine Suchaktion ins Leben gerufen. Allerdings erst vier Tage später. Die Polizei sagte damals, es sei nicht ungewöhnlich, dass jemand mal ein paar Tage nicht nach Hause kommt, und meine Verlobte sei schließlich erwachsen. Ich habe darauf beharrt, dass Mirja nicht so ist, doch ich denke nicht, dass man mir geglaubt hat.«

Leonhard nickte nur. Er wusste, dass Specker mit seiner Vermutung richtiglag, denn es war in Polizeikreisen nur allzu bekannt, dass immer wieder mal Menschen als vermisst gemeldet wurden, die nur wenige Tage später mit meist sehr schlechtem Gewissen wieder auftauchten. Oft ging ein Beziehungsstreit voraus oder aber eine Affäre, die schließlich zur Trennung führte, daher konnte und wollte er seinen Kollegen keinen Vorwurf machen. Andererseits nahm die Polizei aus diesem Grund oft viel zu spät die Suche auf, mögliche Spuren waren dann oft schon kalt.

»Es wäre also durchaus möglich, dass dort ein Wagen parkte und Ihre Verlobte abgefangen wurde«, stellte Sophie fest und tippte nun ebenfalls mit dem Finger auf Leonhards Handy. »Dann kann ich mir jedoch nicht vorstellen, dass es sich um eine spontane Tat gehandelt hat«, fuhr sie fort und deutete erneut auf die Stelle, an der sich laut Speckers Aussage der Sportplatz und die dazugehörige Zufahrt befanden.

»Sie meinen, dass jemand sich dort hingestellt und auf Mirja gewartet hat?«, fragte David Specker ungläubig.

»Das bisherige Verhalten des Täters würde diesen Schluss zulassen«, bestätigte Sophie.

»Was meinen Sie damit – das bisherige Verhalten des Täters?«, fragte Speckert verwirrt.

»Wir dürfen Ihnen keinen genaueren Einblick in die laufenden Ermittlungen geben, Herr Specker. So leid es uns tut.«

Speckers Gesichtsausdruck veränderte sich. Die lähmende Verzweiflung schien neuer Energie zu weichen, befeuert von dem Wunsch, der Polizei zu helfen, den Mann festzusetzen, der seiner Verlobten etwas so unfassbar Grauenvolles angetan hatte.

»Er hat das schon öfter gemacht, nicht wahr?«, fragte er. »Er hat schon mehrere Frauen entführt und ihnen etwas angetan, nicht nur Mirja und dem Mädchen, das noch in seiner Gewalt ist.«

Leonhard wollte widersprechen, doch Sophie nickte bereits. »Ja, so ist es«, sagte sie leise.

»Und er guckt sich die Frauen vorher aus?«

»Zumindest bei einer der Frauen wissen wir, dass er sie bewusst in eine Falle gelockt hat.«

»Und Mirja?«, fragte Specker.

»Hat Ihre Verlobte vor ihrem Verschwinden irgendetwas erwähnt, was ihr aufgefallen ist? Beispielsweise einen Kunden, der nicht nur an einer Kampagne interessiert war, oder Ähnliches?«, fragte Leonhard.

Specker schüttelte den Kopf. »Nein, nicht dass ich wüsste. Zumindest erinnere ich mich nicht daran. Doch Sie sollten Ulrike danach fragen. Vielleicht hat sie etwas mitbekommen.«

»Oder jemand aus Ihrem privaten Umfeld?« Sophie warf Leonhard einen Blick zu. Er wusste sofort, worauf seine Partnerin hinauswollte.

»Aus dem privaten Umfeld?«, echote Specker.

»Ja. Vielleicht jemand, der im besonderen Maß an ihr interessiert war«, schlug Sophie vor.

»Nein, wirklich, da fällt mir niemand ein.«

»Es besteht natürlich auch die Möglichkeit, dass sie ein Zufallsopfer wurde«, räumte Leonhard ein. »Doch so ähnlich, wie die Opfer sich rein äußerlich sind, ist das eher unwahrscheinlich.«

»Hatte Ihre Verlobte mit irgendwem Streit?«

»Nein, weshalb?«

»Nun ja, sie war um einiges älter als die anderen Opfer. Deshalb glauben wir, dass sie irgendetwas an sich hatte, das für den Täter wichtig war. Vielleicht kannte er sie persönlich von früher, oder aber sie hat mal von jemandem gesprochen, der ihr besonders negativ aufgefallen ist. Vielleicht war es auch ein bloßer Zufall, dass er sie ausgewählt hat, aber vielleicht war sie ein Auslöser, um überhaupt mit dem Morden zu beginnen. Sie hatte eventuell etwas an sich, das ihn besonders reizte oder provozierte«, erklärte Sophie.

»Und was sollte das gewesen sein?« Specker sah erneut von Sophie zu Leonhard.

»Das wissen wir nicht. Und womöglich ist auch gar nichts an diesem Gedanken dran. Wir müssen nur alles in Betracht ziehen.« Leonhard sah zu Sophie, die nickte.

Specker schaute sie hilflos an. »Ich fürchte, ich kann Ihnen im Augenblick nicht weiterhelfen. Aber ich könnte Sie anrufen, sollte mir etwas einfallen.«

»Das wäre sehr freundlich von Ihnen.« Leonhard stand auf.

Sophie erhob sich ebenfalls. »Es tut uns wirklich sehr leid, Herr Specker.«

»Haben Sie jemanden, der sich um Sie kümmert?«, fragte Leonhard, als David Specker sie zur Tür brachte. »Sie sollten jetzt nicht allein sein.«

»Ich habe vorhin, als Sie sich meldeten, meinen Freund Niklas angerufen. Herrn Harms, Sie haben ihn ja gestern kennengelernt. Er müsste bald hier sein.«

Im selben Moment klingelte es. David Specker wirkte bereits wieder einigermaßen gefasst auf Leonhard, auch wenn er ahnte, dass der eigentliche Zusammenbruch nach der Nachricht, die sie ihm überbracht hatten, mit Sicherheit noch folgen würde.

Specker ging zur Tür und öffnete.

»Mein Gott, David. Weißt du schon Näheres?«, fragte die junge blonde Frau, die gleich darauf zusammen mit Niklas Harms die Wohnung betrat.

»Oh«, sagte sie, als sie Leonhard und Sophie erblickte, und blieb abrupt stehen.

Leonhard sah Sophie an, die offenbar das Gleiche dachte wie er.

»Leonhard Michels von der Kriminalpolizei, und das ist meine Kollegin Sophie Kaiser«, stellte er sich und Sophie vor und streckte der blonden Frau die Hand entgegen.

»Ich bin Leonie Harms, Niklas' Frau. Niklas hat mir gleich Bescheid gesagt, nachdem David ihn angerufen hat.« Sie schüttelte seine Hand.

Niklas Harms trat an die Seite seiner Frau. »Dann ist die Tote aus dem Rhein also tatsächlich Mirja?«

»Besprechen Sie das bitte mit Herrn Specker«, antwortete Leonhard ausweichend. »Wir wollten gerade gehen. Vielen Dank, dass Sie so schnell gekommen sind, um sich um Ihren Freund zu kümmern.«

»Ist doch selbstverständlich«, antwortete Harms.

Leonhard wandte sich zur Tür und strich dabei kaum merklich über Sophies Arm, die sich nicht vom Fleck rührte und den Blick starr auf Niklas Harms gerichtet hielt. Zum Glück reagierte sie und verließ mit ihm die Wohnung. Draußen vor dem Haus blieb sie stehen. »Hast du das gesehen?«, platzte sie heraus. »Leonie Harms sieht aus, als wäre sie die eineiige Zwillingsschwester von Mirja Schmieder!«

»Allerdings. Die Ähnlichkeit ist wirklich frappierend«, stimmte er ihr zu.

»Das kann doch kein Zufall sein«, befand Sophie.

»In jedem Fall sollten wir uns diesen Niklas Harms mal genauer ansehen. Vielleicht verband ihn und Mirja Schmieder mehr, als sie zeigen wollten«, überlegte Leonhard.

»Sie war definitiv sein Typ Frau, das ist offensichtlich. Doch das kann nun wirklich Zufall sein.« Sophie ging weiter zum BMW. »Was ich auffällig finde, ist, dass dieser Harms immer sofort zu Stelle ist, sobald irgendetwas geschieht.«

»Fast, als würde er auf diesem Wege auf dem Laufenden bleiben wollen«, brachte Leonhard ihren Gedanken zu Ende.

»Ja, zumindest wirkt es so«, stimmte Sophie zu.

»Komm«, sagte Leonhard nun und drückte die Fernbedienung, um die Türen zu entriegeln. »Lass uns auf jeden Fall die Zufahrt zu diesem Sportplatz anschauen. Vielleicht fällt uns ja noch etwas auf.«

Sophie nickte. »Und dann machen wir uns auf den Weg zu den Eltern von Katherine Wolf. Wenn wir Glück haben, finden wir irgendeine Verbindung zu Mirja Schmieder oder den anderen Opfern.« Sophie stieg ein.

»Das ist durchaus möglich«, bestätigte Leonhard, setzte sich hinters Lenkrad und ließ den Motor an. Hoffentlich stießen sie auf irgendetwas, das sie weiterbrachte, denn eines war klar: Katherine Wolf lief die Zeit davon.

12. KAPITEL
Haus der Familie Wolf, Köln
Freitag, 30. Juni 2023

Wie gelingt es ihm, an seine Opfer heranzukommen, ohne dass jemand etwas bemerkt?

SOPHIE KAISER

Anja Wolf knüllte das Taschentuch in ihren Händen zusammen und zupfte es dann wieder auseinander, während sie gegen die Tränen ankämpfte. Ihr Mann Heiko saß neben ihr, genau wie seine Frau um Fassung bemüht und mit einem Gesichtsausdruck, der nackte Angst widerspiegelte.

»Bitte machen Sie uns nichts vor«, brachte Anja Wolf in geradezu flehendem Tonfall hervor, nachdem sie Sophie und Leonhard hereingebeten und ihnen einen Platz angeboten hatte. »Ist es Katherine, die man gestern Morgen im Rhein gefunden hat?«

Sophie schüttelte den Kopf. »Nein, Frau Wolf, wie gesagt: Wir suchen weiterhin nach Ihrer Tochter, und alle uns zur Verfügung stehenden Kräfte arbeiten auf Hochtouren daran, sie zu finden, das kann ich Ihnen versichern.«

Anja Wolf schluchzte auf. »Ich bin mir sicher, dass unsere Kathi entführt wurde, sie würde niemals einfach so verschwinden, es gab ja auch gar keinen Grund dafür. Wir haben uns immer gut verstanden!«

»Hat sich denn mittlerweile jemand mit einer Lösegeldforderung an Sie gewandt?«, wollte Leonhard wissen.

»Nein«, antwortete Heiko Wolf, und seine Frau schüttelte den Kopf. »Aber wenn, dann würden wir alles tun, um unsere Kathi zu retten, auch wenn wir nicht reich sind.« Er machte mit der Hand eine Geste, die das Wohnzimmer umfasste. »Sehen Sie sich um. Wir kommen gut zurecht, ja, aber wir sind bestimmt nicht vermögend. Und bei einer Entführung geht es doch um Geld, oder?«

»Wir gehen ebenfalls davon aus, dass Ihre Tochter nicht freiwillig verschwunden ist«, bekräftigte Sophie, ohne seine Frage zu beantworten. »Deshalb ist es wichtig, die letzten Tage und Stunden noch einmal ganz genau zu rekonstruieren. Einverstanden?«

Anja Wolf presste sich das Taschentuch vor den Mund, dann nickte sie.

»Ihre Tochter wurde am vergangenen Montag, dem 26. Juni, zuletzt in der Schule gesehen, also vor vier Tagen«, stellte Sophie fest.

»Ja, sie hatte nach der sechsten Stunde Schluss«, bestätigte Frau Wolf. »Ich habe mit dem Essen auf sie gewartet. Sie ist normalerweise so gegen kurz vor halb zwei da, doch am Montag wurde es Viertel vor zwei, und sie war immer noch nicht da. Deshalb habe ich ihr eine WhatsApp geschrieben und sie gefragt, wo sie bleibt.«

»Haben Sie darauf noch eine Antwort erhalten?«, fragte Sophie, obwohl sie die Antwort bereits kannte.

»Nein. Und es war auch nur ein Häkchen an der Nachricht. Sie konnte also nicht einmal zugestellt werden.« Wieder presste sie sich das Taschentuch vor den Mund, um einen aufsteigenden Schluchzer zu ersticken.

»Was haben Sie dann gemacht?«, erkundigte sich Leonhard.

»Ich habe noch eine Viertelstunde gewartet, aber die Nachricht kam einfach nicht an. Ich dachte, sie hätte vielleicht mal wieder vergessen, ihr Handy aufzuladen – nichts Außergewöhnliches also. An alles habe ich gedacht, aber doch nicht daran, dass sie nicht wiederkommen würde! Bestimmt hat man sie entführt – was sollte denn sonst passiert sein? Wir haben alle Krankenhäuser im Umkreis von hundert Kilometern abtelefoniert, und bei einem Unfall hätte sich doch sicher jemand an uns oder die Polizei gewandt, sie hatte doch immer ihren Personalausweis bei sich!«

»Was haben Sie getan, als Sie merkten, dass die Nachricht nicht zugestellt werden konnte und Katherine nicht nach Hause kam?«, fragte Leonhard.

»Ich habe meinen Mann angerufen«, antwortete Anja Wolf und suchte dessen Blick.

»Meine Frau war sehr aufgeregt, und ich habe versucht, sie zu beruhigen, obwohl ich mir auch sofort Sorgen gemacht habe. So ein Verhalten passt einfach nicht zu unserer Kathi, da musste etwas passiert sein. Deshalb sagte ich zu meiner Frau, sie solle am besten die Biggi anrufen.«

»Ist das eine Freundin Ihrer Tochter?«, hakte Leonhard nach.

»Ja, Birgit Warncken. Sie ist Kathis beste Freundin«, bestätigte Frau Wolf. »Ich habe ihre Nummer im Handy, genau wie Michaela, Biggis Mutter, Kathis Nummer im Handy hat, damit wir die beiden auch erreichen können, wenn sie mal feiern sind und wir sie abholen sollen.«

»Und was hat die Freundin Ihrer Tochter gesagt?«, wollte Sophie wissen.

»Biggi war ganz überrascht. Sie gibt montags Nachhilfe und bleibt bis zur achten Stunde, deshalb macht sich Kathi an dem Tag allein auf den Heimweg. Sonst gehen die beiden immer zusammen.« Anja Wolf brach in Tränen aus.

»Und diese Biggi und Ihre Tochter waren noch bis nach der sechsten Stunde zusammen?«, versuchte Sophie in Erfahrung zu bringen.

»Ja. Laut Biggi haben sie sich ganz normal verabschiedet, und Kathi ist gegangen.«

Leonhard zog sein Handy hervor und öffnete die Karten-App, wie er es vorhin schon bei David Specker getan hatte.

»Würden Sie uns bitte zeigen, wo Ihre Tochter langgeht, wenn sie von der Schule kommt?«

»Hier.« Anja Wolf fuhr mit dem Finger über den Bildschirm. »Da biegt sie dann ab und nimmt die Abkürzung am Park entlang.« Sie tippte auf das Handy. »Und das ist auch schon unser Haus.«

Leonhard hielt Sophie das Handy hin, und sie sah, dass der Weg wie bei Mirja Schmieder abseits der Hauptstraßen lag.

»Dieser Weg hier, wohin genau führt der?«, fragte Sophie.

»Ach, das ist nur ein schmaler Pfad, der direkt zum Weg durch den Park führt. Eine Abkürzung«, gab Anja Wolf Auskunft und tippte auf die Stelle. »Wieso? Denken Sie, dass ihr dort jemand aufgelauert hat?«

»Das können wir zu diesem Zeitpunkt unmöglich sagen«, erwiderte Sophie zögernd, denn die Parallele zu dem Weg, den Mirja Schmieder gewählt hatte, entging ihr nicht. »Sagen Sie bitte, Frau Wolf, ist Ihnen an Ihrer Tochter in letzter Zeit etwas Besonderes aufgefallen? Wirkte sie verändert? Hatte sie jemanden kennengelernt, oder hat sie von jemandem erzählt, dessen Name bislang noch nicht gefallen war?«

»Nein.« Anja Wolf sah ihren Mann an, der genau wie sie den Kopf schüttelte.

»Hat Ihre Tochter neue Interessen entwickelt oder sich einer Gruppe angeschlossen, in der sie jemanden hätte kennenlernen können, irgendetwas in der Art?«

»Nein, nichts dergleichen«, antwortete Heiko Wolf. »Bis letzten Montag war alles wie immer.«

»Wenn Ihre Tochter feiern war, wohin ging sie dann?«, schaltete sich Leonhard ein.

»Sie besuchte fast ausschließlich Privatpartys«, antwortete Katherines Mutter. »Kathi ging nicht so gern in Clubs. Aber sie war in ihrem Abiturjahrgang sehr beliebt und wurde oft eingeladen.«

»Bei den jungen Leuten ging das reihum«, fügte Heiko Wolf hinzu.

»Wissen Sie, ob Ihre Tochter eine Alena Hellweg kennt?«, fragte Sophie und nahm durchaus den Blick wahr, den Leonhard ihr zuwarf.

»Nein, der Name sagt mir nichts. Dir?« Anja Wolf sah ihren Mann an, der ebenfalls verneinte.

»Nie gehört.«

»Und eine Mirja Schmieder?«, fragte Sophie weiter und überhörte geflissentlich Leonhards leises Zischen. Ja, sie wusste, dass sie die Namen nicht einfach so nennen sollte, doch wenn tatsächlich eine Verbindung bestand, dann war es für Katherines Überleben unerlässlich, dass sie davon erfuhren.

Wieder schüttelten die Eltern den Kopf.

»Marie Kreutzer?«, versuchte Sophie es erneut.

»Nein.« Anja Wolf wurde noch blasser, als sie es ohnehin schon war. »Sind all diese Mädchen verschwunden?«

»Dürfen wir Katherines Zimmer sehen?«, bat Sophie, ohne auf die Frage einzugehen.

Frau Wolf nickte und stand auf.

»Kommen Sie. Es ist alles noch genauso wie Montagfrüh, als Kathi zuletzt hier war.«

Sophie und Leonhard erhoben sich ebenfalls und folgten der Mutter die Treppe hinauf. Oben angekommen fragte Leonhard: »Hat Ihre Tochter Tagebuch geführt?«

»Nein, das wüsste ich.« Anja Wolf öffnete die Tür zum Zimmer ihrer Tochter. »Ihre Kollegen haben mich das mit dem Tagebuch auch schon gefragt. Außerdem wollten sie wissen, ob Kathi vielleicht so ein Onlineding hatte, so einen Blog. Doch das war alles nichts für sie.«

»In welchen sozialen Medien ist Ihre Tochter unterwegs?«,

erkundigte sich Leonhard, obwohl sie bereits aus den Akten wussten, auf welchen Plattformen Katherine Wolf unterwegs war. Doch oft kamen bei persönlichen Befragungen noch andere Dinge ans Tageslicht.

»Sie hat seit ein paar Jahren einen Instagram-Account, allerdings nutzt sie den kaum. Aber sie tauscht öfter Bilder oder was man da macht über Snapchat mit Biggi, das weiß ich. Und auch TikTok. Aber was genau, fragen Sie besser Biggi.«

»Vielen Dank, Frau Wolf. Wenn Sie nichts dagegen haben, würden wir uns gern kurz allein umsehen.«

»Bitte, machen Sie nur«, stimmte die Mutter zu. »Aber lassen Sie alles so, ja?«

»Selbstverständlich«, versicherte Sophie, dann betrat sie zusammen mit Leonhard das Jugendzimmer und sah sich um.

Das Sideboard, der Schreibtisch, die Kommode und auch der Kleiderschrank waren weiß, wobei Letzterer eine große Spiegeltür zum Schieben besaß. Drei Wände waren in einem hellen Cremeton gestrichen, die Schräge war mit einer Mustertapete beklebt, deren Farbe sich in dem in der Mitte liegenden, runden Teppich wiederfand.

Sophie trat an das Bücherregal. In den oberen beiden Regalfächern fanden sich die so angesagten Young-Adult-Titel, in den unteren Buchreihen Kinderbücher wie *TKKG* und *Bibi Blocksberg*.

»Sieht nach einer schönen Kindheit aus«, stellte Sophie fest und deutete auf die Bücher. »Sie hat noch die Sachen von früher aufgehoben. Das macht man nur, wenn man sich gern an die Zeit zurückerinnert.«

Leonhard nickte. »Siehst du irgendeine Verbindung zwischen den Opfern?«

»Nur, dass offenbar alle ein gutes Leben hatten, bis es ihnen genommen wurde«, sprach Sophie das aus, was ihr spontan durch den Kopf ging.

»Denkst du, der Täter wusste das?«

Sophie überlegte einen Moment. »Du meinst, ob es für ihn eine Rolle gespielt hat?« Sie zuckte mit den Achseln. »Unmöglich zu sagen. Aber ich glaube, er hat seine Opfer für eine Weile beobachtet.«

»Doch wie hat er sie ausgesucht? Wie ist er auf diese Mädchen gekommen?«

»Es könnten Zufallsopfer sein, die ihm aufgrund ihres Aussehens und Alters ins Auge stachen. Hol bitte noch mal dein Handy raus«, bat Sophie. »Hast du die Wege, die Mirja Schmieder und Katherine gegangen sind, gespeichert?«

»Sicher.« Leonhard öffnete seine Fotos. »Hier sind die Screenshots.«

Sophie betrachtete sie einen Moment.

»Kannst du bitte auch die andere App öffnen?«, fragte sie, worauf Leonhard die Kartenanzeige anklickte.

»Gib mal die Adresse von Alena Hellweg ein.«

Leonhard tippte.

»Und nun den Weg von ihrer Schule nach Hause.«

Wieder folgte Leonhard der Aufforderung. »Aber sie ist doch gar nicht auf dem Nachhauseweg verschwunden, oder? Soweit wir wissen, hat er sie über Instagram entdeckt.«

»Können wir da sicher sein?« Sophie schaute ihn an. »Bisher sind wir davon ausgegangen, weil wir wissen, dass sie sich dort ausgetauscht haben. Aber was, wenn er sie gesehen, ihren Namen rausgefunden und dann ganz konkret auf Instagram nach ihr gesucht hat?«

»Möglich wäre das natürlich«, stimmte Leonhard zu.

»Sieh mal.« Sophie fuhr mit dem Finger die Strecke entlang, die von Alena Hellwegs Schule zu ihrem Elternhaus führte, und verharrte an einer Stelle, wo eine Grünfläche auf dem Bildschirm zu erkennen war.

Leonhard nickte. »Hast du Marie Kreutzers Adresse im Kopf und die von ihrer Schule?«

Sophie zog die Augenbrauen hoch.

»Eine absurde Frage, entschuldige«, bemerkte er. »Natürlich hast du das.« Er reichte ihr das Handy.

Sophie tippte beide Anschriften ein und betrachtete die vorgeschlagene Route, von der sie einen Screenshot machte. »Es sind unterschiedliche Gegenden, doch die Wege führen allesamt durch irgendwelche Parks oder Grünanlagen«, stellte sie fest und hielt das Handy so, dass er ebenfalls aufs Display sehen konnte.

»Grünanlagen …«, überlegte Leonhard. »Denkst du, er ist Gärtner?«

Sophie verneinte und öffnete das Bild, auf dem der Arbeitsweg von Mirja Schmieder aufgezeigt war. »Hier. Siehst du?« Sie tippte auf den oberen Rand.

»Eine Schule?«, fragte Leonhard.

»Eine Schule«, bestätigte Sophie. »Unser Täter hält sich in der Nähe von Schulen auf und beobachtet die Parkanlagen und Grünflächen drum herum. Ein Mann, der vor einer Schule rumlungert, fällt irgendwann auf. Da sind viele Menschen, und es wird auch genauer hingesehen. Einer, der sich aber beispielsweise mit dem Auto auf dem Parkplatz in der Nähe eines Sportplatzes oder auch auf einer Bank platziert, wird nicht automatisch wahrgenommen. Ich glaube, Mirja Schmieder sollte nie zum Opfer werden. Sie war einfach zur falschen Zeit am falschen Ort. Und weil sie genau sein Typ war, hat er zugeschlagen.« Sophie betrachtete nachdenklich das Handy. Endlich hatte sie das Gefühl, tiefer in die Psyche des Täters einzutauchen, was unerlässlich war, um nachvollziehen zu können, wie er tickte. Wie er handelte und warum.

»Irgendwie bringt er die Mädchen und Frauen dazu, den Weg zu verlassen«, sagte sie nachdenklich. »Und dann bringt er sie im Schutz der Bäume und Sträucher in seine Gewalt.«

»Aber wie? Und wieso bekommt niemand etwas davon mit?«, überlegte Leonhard.

Sophie atmete tief durch, um sich besser konzentrieren zu können. »Aus irgendeinem Grund nehmen sie ihn nicht als Bedrohung wahr«, führte sie ihren Gedanken fort und schloss die Augen, um alles andere auszublenden und Bilder in ihrem Kopf entstehen zu lassen. Doch noch hatte sie nicht genug Informationen. Eine ganze Weile später schlug sie die Augen wieder auf und sah Leonhard ratlos an. »Es ergibt einfach keinen Sinn. Unser Täter scheint gründlich zu planen, wen er sich holt. Er schreibt die jungen Frauen an – über Instagram, soweit wir wissen – und organisiert Treffen. Und dann sieht er zufällig jemanden und kann nicht widerstehen. Offensichtlich verfügt er über eine geringe Impulskontrolle, so gering, dass er das hohe Risiko eingeht, sich seine Opfer tagsüber in der Öffentlichkeit zu schnappen – womit der Tatbestand der Entführung, von dem die Angehörigen allesamt ausgehen, erfüllt wäre. Natürlich meldet er sich nicht bei ihnen, denn Geld ist nicht das, was er will.« Ja, das passte, dachte sie, doch eine Frage blieb, die sie nun laut aussprach: »Warum ist er so unsichtbar, dass er nicht als Bedrohung oder als auffällig wahrgenommen wird? Wie ist das möglich?« Leonhard sah sie abwartend an. Es entstand eine Pause, in der Sophie versuchte, ihre Gedanken zu ordnen. Etwas entging ihr, etwas, was allem Anschein nach so offensichtlich war, dass es immer wieder versuchte, sich einen Weg in ihr Bewusstsein zu erkämpfen, doch sobald sie versuchte, es zu greifen, war es fort.

»Komm, Leonhard«, sagte sie »wir müssen uns diese Abkürzung ansehen. Ich will wissen, wo genau sie verschwunden ist. Vielleicht fällt uns etwas auf.«

Sie verließen Katherines Zimmer und gingen die Treppe hinunter in den Flur, wo die Eltern standen und ihnen erwartungsvoll entgegenblickten.

»Haben Sie etwas gefunden?«, fragte Anja Wolf.

Leonhard verneinte.

»Könnten Sie uns vielleicht die Nummer von Biggi, Katherines Freundin, geben?«, bat Sophie.

»Sicher. Aber Ihre Kollegen haben sie bereits befragt.« Sie zog ihr Handy hervor, klickte den Kontakt an und hielt das Handy so, dass sie die Nummer sehen konnten.

Leonhard speicherte die Nummer ab.

»Vielen Dank.«

»Was geschieht jetzt weiter?«, fragte Heiko Wolf, der hinter seine Ehefrau getreten war und ihr die Hände auf die Schultern legte.

»Wir werden alles tun, um Katherine zu finden und zu Ihnen zurückzubringen«, antwortete Leonhard.

»Danke.« Der Vater räusperte sich, während sich die Mutter eine Träne von der Wange wischte.

Sophie wandte sich zum Gehen, dann drehte sie sich noch einmal um. »Nur eine Frage noch … Die Freundin Ihrer Tochter, Biggi, habe ich es richtig verstanden, dass sie den Nachhauseweg außer montags gemeinsam mit Ihrer Tochter zurücklegt?«

»Ja«, Anja Wolf nickte. »Die Warnckens wohnen ganz in der Nähe, Sie könnten sie selbst fragen.«

Sophie und Leonhard wechselten einen Blick.

»Wenn Sie uns die Anschrift geben, werden wir direkt dort vorstellig«, stimmte Leonhard zu.

»Ich bringe Sie hin«, bot Heiko Wolf an. »Ist wirklich nur ein Katzensprung von hier.«

Ein Katzensprung … Schlagartig drängten sämtliche Informationen über den Sprung von Katzen und die Entstehung der Redewendung in Sophies Kopf. Sie standen ganz kurz davor, den Fall zu lösen, das spürte sie. Schon oft hatte sie bemerkt, dass sich ihre autistischen Züge in einem solchen Moment massiv verstärkten.

»Das ist nicht nötig«, lehnte Leonhard ab, doch Heiko Wolf nahm bereits die Schlüssel aus der Schale, die auf einem kleinen

Garderobentisch stand. »Ich bin gleich zurück«, sagte er zu seiner Frau. »Bitte kommen Sie.«

Sophie und Leonhard tauschten einen Blick, dann verabschiedeten sie sich von Anja Wolf und folgten deren Mann nach draußen. Sophie mutmaßte, dass Heiko Wolf das Gefühl hatte, so selbst etwas tun zu können. Gerade das Warten, Hoffen und Bangen waren Dinge, die einen Menschen um den Verstand bringen konnten.

Auf dem Fußweg ging Heiko Wolf rechts, Leonhard in der Mitte und Sophie links. Sie hörte, dass Leonhard Katherines Vater etwas fragte und dieser ihm eine Antwort gab, doch worum es ging, verstand sie nicht. Wie schon im Zimmer der Vermissten überkam sie auch jetzt wieder dieses eigenartige Kribbeln, das sie nur zu gut kannte. Der Gedanke von vorhin kämpfte noch immer darum, an die Oberfläche zu gelangen.

Meist passierte dies, wenn sie allein war und die Bilder der Opfer ihrer jeweiligen Fälle betrachtete, mitunter – so wie jetzt – aber auch, wenn sie im Laufe der Ermittlungen etwas hörte oder wahrnahm, dem sie zunächst keine besondere Bedeutung beimaß. Dann blieb das Gefühl, auf etwas gestoßen oder auf dem richtigen Weg zu sein, und das Kribbeln wurde immer stärker. Aber worauf sollte sie aktuell besonderes Augenmerk legen?

»Sophie?« Sie spürte eine Berührung an ihrem Arm und registrierte erst jetzt, dass Leonhard sie zum Stehenbleiben aufforderte.

»Oh«, sagte sie, wobei ihr nicht entging, dass Heiko Wolf sie ansah, als fragte er sich, ob etwas mit ihr nicht stimmte. »Ich war ganz in Gedanken«, sagte sie deshalb, wenngleich sie sich schon im nächsten Moment darüber ärgerte. Sie musste niemandem erklären, warum sie sich so verhielt, wie sie es tat.

Sie standen vor einem Einfamilienhaus, und offenbar hatte Heiko Wolf bereits geklingelt, denn soeben wurde die Tür geöffnet.

»Heiko? Alles in Ordnung?«, fragte die dunkelhaarige, etwas untersetzte Frau, die ihnen entgegenblickte.

»Guten Tag, Frau Warncken«, sagte Leonhard. »Ich bin Kriminalhauptkommissar Leonhard Michels, und das ist meine Kollegin Sophie Kaiser. Wir ermitteln bezüglich des Verschwindens von Katherine Wolf.«

Frau Warncken trat zur Seite und machte eine Geste in Richtung Hausinneres. »Ja, kommen Sie doch rein.«

Leonhard machte Anstalten, der Aufforderung zu folgen, doch Sophie legte die Hand auf seinen Arm und hielt ihn zurück.

»Nein, vielen Dank, das ist nicht nötig«, lehnte sie ab. »Wir müssten nur kurz etwas klären. Ist Ihre Tochter zu Hause?«

»Ähm, ja ... einen Augenblick, ich hole sie.«

Sie drehte sich um und rief den Namen ihrer Tochter die Treppe hinauf. Keine Minute später erschien eine hübsche dunkelhaarige junge Frau neben ihr im Türrahmen.

»Was ist passiert?«, fragte sie erschrocken. »Gibt es etwas Neues von Katherine?«, fügte sie hinzu und sah Heiko Wolf mit weit aufgerissenen Augen an.

»Birgit Warncken? Ich bin Sophie Kaiser vom BKA«, stellte Sophie sich vor und streckte die Hand aus. »Das ist Leonhard Michels«, fügte sie mit einem Blick auf ihren Partner hinzu.

»Biggi, Sie können mich Biggi nennen«, antwortete das Mädchen und ergriff Sophies Hand.

»Noch haben wir nichts Neues über deine Freundin in Erfahrung bringen können, aber wir haben noch ein paar Fragen an dich. Es geht um den Montag, an dem Katherine verschwunden ist«, erklärte Leonhard.

Die Schülerin nickte.

»Ihr geht sonst immer zusammen zur Schule und kommt auch zusammen nach Hause, ist das richtig?«

»Immer außer montags. Da gebe ich den Siebtklässlern Nachhilfe in Englisch.«

»Dann ist Katherine am Montag allein nach Hause gegangen?«, vergewisserte sich Leonhard.

»Ja.«

»Biggi, ist dir mal jemand aufgefallen, bei dem du das Gefühl hattest, er würde euch beobachten?«, fragte Sophie.

Katherines beste Freundin schüttelte den Kopf. »Ne, noch nie.«

»Hast du in letzter Zeit irgendetwas Ungewöhnliches bemerkt? Vielleicht in der Nähe des kleinen Parks, den ihr durchqueren müsst?«

»Nein, da war nichts. Alles war wie immer.«

»Hat euch vielleicht mal jemand angesprochen?«, bohrte Sophie weiter, worauf Biggi noch heftiger den Kopf schüttelte.

»Wirklich, ich würde Ihnen so gerne helfen. Ich will doch auch nur, dass Kathi heil nach Hause kommt. Es tut mir so leid!« Ihre Augen füllten sich mit Tränen. Frau Warncken legte den Arm um die Schultern ihrer Tochter und zog sie tröstend an sich.

»Vielen Dank, Biggi. Du konntest uns helfen«, sagte Sophie. »Danke, Frau Warncken.« Damit wandte sie sich Heiko Wolf zu. »Danke, Herr Wolf. Wir melden uns bei Ihnen.«

Auf dem Weg zum BMW drehte sich Sophie noch einmal um. Heiko Wolf war zu den beiden Frauen getreten, die ihn zu stützen schienen. Sie wusste genau, wie es sich anfühlte, jemanden zu vermissen, zu verlieren, den man so sehr liebte, doch sie durfte sich jetzt nicht von ihren Gefühlen ablenken lassen.

»Fahr du mit dem Auto. Ich gehe zu Fuß, wir treffen uns beim Park«, schlug Sophie vor.

Leonhard zögerte. »Nein, ich komme zu Fuß mit«, stellte er klar.

Sophie zuckte mit den Achseln, warf einen Blick auf die Uhr, dann gingen sie durch das Wohngebiet in Richtung Hauptstraße und von dort aus durch ein weiteres Wohngebiet zum Park, den sie nach zwölf Minuten und siebenundzwanzig Sekunden erreichten.

»Da ist der kleine Weg, den sie als Abkürzung genommen haben«, sagte Sophie und deutete auf einen schmalen Pfad.

»Sehr eng. Man kann kaum nebeneinanderher gehen«, stellte Leonhard fest.

Sophie sah sich um und ließ die Gegend auf sich wirken. Nach einer ganzen Weile setzte sie sich in Bewegung und betrat den schmalen Pfad. Zu ihrer Rechten befand sich ein etwa zwei Meter hoher Maschendrahtzaun, der die Abgrenzung zu einigen Mehrfamilienhäusern mit Gartenanteilen darstellte. Auf der linken Seite wuchsen Büsche und Sträucher, nicht höher als etwa einen Meter dreißig, dahinter lag die Grünfläche, die offenbar bereits Bestandteil des Parks war. Nach ungefähr dreißig Metern blieb sie abrupt stehen.

»Sieh mal, da«, forderte sie Leonhard auf und deutete auf eine Bank, die mit der Rückseite schräg zum Pfad stand. Sie verließ den schmalen Weg und ging durch die Büsche in die entsprechende Richtung. Leonhard folgte ihr. Bei der Bank angekommen, blieb Sophie erst eine Weile davor stehen, dann setzte sie sich. Leonhard nahm ebenfalls Platz.

»Von hier aus hat man einen guten Blick sowohl in den Park als auch zu dem Weg«, stellte sie fest und blickte nach unten. »So, wie es aussieht, wird diese Bank auch genutzt.« Sie deutete auf die diversen Schuhabdrücke im sandigen Boden.

»Denkst du, er hat hier gesessen und Katherine Wolf ausspioniert?«, fragte Leonhard.

»Ich halte es zumindest für möglich.« Sie deutete auf die Büsche hinter ihnen. »So wie es aussieht, gehen hier öfter Leute entlang, genau wie wir eben. Es ist also durchaus denkbar, dass er auf der Bank gesessen und auf sie gewartet hat. Und als Katherine Wolf am Montag ohne ihre Freundin die Abkürzung genommen hat, könnte er hinübergegangen sein und sie gepackt haben.«

»Hm. Ziemlich gewagt. Wenn sie geschrien hätte, wäre man drüben bei den Häusern bestimmt darauf aufmerksam geworden. Glaubst du wirklich, dass er ein so großes Risiko eingegangen wäre?«

Sophie sah zwischen dem Pfad und der Grünfläche vor ihnen hin und her. »Könntest du bitte noch mal die Karte aufrufen? War hier nicht irgendwo auch ein Parkplatz?«

Leonhard zog sein Handy hervor und öffnete die Karte, dann blickte er auf. »Wenn ich es richtig sehe, müsste der dort hinten sein.«

Sie standen auf und gingen gemeinsam in die Richtung. Nach gut zehn Metern verließen sie den befestigten Weg und schlugen sich wie zuvor durch die Büsche. Offenbar waren sie nicht die Einzigen, denn zwischen den Sträuchern war eine Schneise zu sehen. Als sie auf der anderen Seite wieder heraustraten, befanden sie sich auf einem Parkplatz, auf dem ein Baustellencontainer stand. Am Rand der Fläche parkte ein orangefarbenes Baufahrzeug.

Sophie ging zum Container, streckte sich und spähte durchs Fenster.

»Sieht so aus, als würden dort die Gerätschaften für die Parkpflege aufbewahrt«, stellte sie fest und trat zur Seite, damit Leonhard ebenfalls einen Blick hineinwerfen konnte.

»Stimmt«, bekräftigte er, dann sah er sich auf dem Platz um. »Und da ist die Zufahrt.«

Sie gingen zusammen den mit Schotter befestigten Weg entlang und stießen wieder auf die Straße.

»Wer sich hier auskennt, kann da vorn einfach seinen Wagen parken, durch die Büsche zur Bank gehen und ziemlich unbeobachtet agieren«, meinte Leonhard.

Sie kehrten zur Bank zurück, wobei Sophie die Zeit stoppte. Eine Minute siebenundfünfzig Sekunden.

»Wenn er seinen Wagen am Rand des Parkplatzes abgestellt hat, ihr auf der Bank auflauerte und sie irgendwie dazu brachte, zu ihm zu kommen, dürfte es keine zwei Minuten gedauert haben, sie in die Büsche und dann ins Auto zu zerren.«

»Das stimmt. Doch wieso hätte sie zu ihm gehen sollen?«, fragte Leonhard.

»Sie muss ihn gekannt oder zumindest schon gesehen haben«, überlegte Sophie laut. »Er stellte für sie keine Bedrohung dar. Ruf doch mal bitte Biggi Warncken an.« Leonhard tippte die vorhin eingespeicherte Nummer an und reichte Sophie das Handy.

»Danke schön.« Sophie schaltete den Lautsprecher ein und wartete.

»Ja?«, meldete sich eine zögerliche Stimme.

»Hier spricht Sophie Kaiser, BKA. Mein Kollege und ich waren vorhin bei dir zu Hause vor der Tür. Er hört ebenfalls mit«, erklärte Sophie.

»Ach so, Sie sind's.« Biggi Warncken klang erleichtert.

»Biggi, wir sind gerade bei dem Park, an dem du und Katherine auf dem Weg zur und von der Schule immer vorbeigeht.«

»Ja?«

»Wir stehen hier bei der Parkbank, von der aus man den Weg gut einsehen kann. Ist dir vielleicht mal ein Mann aufgefallen, der hier des Öfteren gesessen hat, jemand, den ihr vom Sehen kanntet und den ihr vielleicht sogar gegrüßt habt?«

»Nein.«

Sophie seufzte. »Also niemand. Okay, danke schön.«

»Doch«, hörte sie Biggi sagen. »Da sitzt öfter eine Frau. Sehr oft sogar.«

»Eine Frau?« Sophie sah Leonhard an.

»Ja, eine Frau mit einem Baby. Sonst habe ich noch nie jemanden da sitzen sehen.«

Leonhard schüttelte den Kopf. »Trotzdem vielen Dank«, sagte er ins Handy.

»Moment!«, bat Sophie. »Diese Frau. Sitzt sie meistens morgens dort, wenn ihr zur Schule geht, oder mittags, wenn ihr zurückkommt?«

»Also, da muss ich überlegen«, antwortete Biggi. »Vor ein paar Wochen war sie immer morgens da und irgendwann dann meistens mittags.«

»Und sie war jeden Tag dort?«, hakte Sophie nach und sah, wie Leonhard die Stirn in Falten legte, als wunderte er sich, worauf sie hinauswollte.

»Nein, nicht jeden Tag«, gab Biggi Auskunft.

»Wie alt ist das Kind, das sie bei sich hat?«, fragte Sophie weiter.

»Keine Ahnung. Es liegt immer im Kinderwagen.«

»Ihr habt also nie das Kind gesehen, nur den Kinderwagen, ist das richtig?«

»Ja. Sie hat ihn immer neben sich stehen und schiebt ihn vor und zurück, als würde sie das Kind darin wiegen.«

Sophie spürte, wie sich ihr inneres Kribbeln zurückmeldete. »Und diese Frau, habt ihr euch mal mit der unterhalten, du und Katherine?«

»Ne, unterhalten wäre zu viel gesagt. Irgendwann hat sie mal Hallo gesagt, weil wir uns ja jeden Tag gesehen haben, und wir haben natürlich zurückgegrüßt. Aber das war auch alles.«

Eine Gänsehaut trat auf Sophies Unterarme.

»Nach Katherines Verschwinden hast du weiterhin denselben Schulweg genommen, oder?«

»Ja, sicher.«

»Hast du die Frau dort in den letzten Tagen gesehen? War sie seit Dienstag noch mal da?«

Es dauerte einen Moment, bis Biggi antwortete. »Seit Dienstag ... Ich weiß nicht. Ich habe nicht so darauf geachtet. Aber nein, ich glaube, sie war nicht mehr da.«

Mittlerweile überzog die Gänsehaut ihren ganzen Körper. Um eine ruhige Stimme bemüht, fragte sie weiter: »Wie sah die Frau aus, Biggi?«

»Wie sie aussah? Na ja, hübsch, so Anfang zwanzig, blond, lange Haare.«

Sophies Puls fing an zu rasen. Leonhard starrte angespannt auf das Handy, offenbar genauso aufgeregt wie sie.

»Würdest du sie wiedererkennen?«

»Ja, mit Sicherheit.«

»Wie sah der Kinderwagen aus, den sie bei sich hatte?«

»Oh, das weiß ich nicht genau, ich kann mich nur an die Farbe erinnern. Er war rot-blau.«

»Biggi, ich werde jetzt im Präsidium anrufen und dir jemanden schicken, der zusammen mit dir ein Phantombild der Frau erstellt. Und vielleicht kannst du schon mal im Internet googeln und gucken, ob du den Kinderwagen wiedererkennst.«

»Okay, mache ich«, versprach sie.

»Danke, Biggi. Du hast uns wirklich sehr geholfen.«

»Hat die Frau was mit Kathis Verschwinden zu tun?«

»Wir wissen es nicht«, antwortete Sophie. »Aber sie könnte etwas gesehen haben an dem Tag, das uns weiterhilft. Also, bitte gib auch deinen Eltern Bescheid, dass heute noch jemand vorbeikommt, um das Phantombild zu erstellen. Danke, Biggi. Wir melden uns bei dir, wenn wir noch Fragen haben.« Sophie drückte die rote Taste.

»Du denkst, dass er so an die Opfer rankommt? Durch eine Komplizin?«, fragte Leonhard verblüfft.

»Eine Komplizin oder eine Frau, die er, womit auch immer, dazu zwingt«, antwortete Sophie. »Vielleicht auch eine Frau, die ihn nicht verlieren möchte.«

»Das würde erklären, warum die Opfer nicht argwöhnisch werden«, überlegte Leonhard laut.

»Genau. Sie lockt die Mädchen an, weil von einer Frau mit Kinderwagen keine Gefahr ausgeht«, mutmaßte Sophie. »Sie kennen sie, haben sie schon oft gesehen, sagen ihr manchmal Hallo. Ich gehe davon aus, dass sie die späteren Opfer dazu bringt, ihr zu vertrauen und ihr vielleicht sogar behilflich sein zu wollen. Du kennst doch Ted Bundy, diesen gut aussehenden amerikanischen Serienmörder, der es immer wieder mit seinem Charme und seiner Redegewandtheit schaffte, Frauen an abgelegene Orte zu locken, um sich dann an ihnen zu vergehen, sie zu quälen und schließlich zu ermorden. Alles geschah vonseiten der Opfer freiwillig, es fand zunächst keine Gewaltanwendung statt, und niemand schöpfte Verdacht.«

»Du meinst, die Frau mit dem Kinderwagen hat gewartet, bis sie Katherine allein antrifft, und sie um Hilfe gebeten, um sie zu sich zu locken?« Sophie nickte. »Ja, so könnte es gewesen sein.« Sie zog ihr eigenes Handy aus der Tasche, rief im Präsidium an und bat darum, so schnell wie möglich einen Phantombildersteller zum Haus der Warnckens zu schicken, am besten gleich.

Sie wollte ihr Handy gerade wieder wegstecken, als es klingelte und der Kontakt Marcus Brandner auf ihrem Display erschien.

»Sophie Kaiser, BKA. Hallo, Marcus!«, meldete sie sich. »Leonhard steht neben mir. Ich stelle dich auf laut.«

»Okay. Hallo. Ich bin in der Gerichtsmedizin.«

»So schnell?«, fragte sie überrascht.

»Der Fall wurde vorgezogen«, gab Brandner Auskunft. »Dr. Willinger, der Gerichtsmediziner, der auch schon die Tote aus dem Rhein auf dem Tisch hatte, hat mich um die Durchführung der Spurensuche an der Leiche gebeten.«

»Und?«

»Wir sind noch nicht fertig, die Proben müssen noch ins Labor und so weiter und so fort, aber es gibt etwas, das euch interessieren dürfte.«

»Und?«, fragte Sophie leicht genervt, weil Marcus nicht einfach schilderte, was er herausgefunden hatte.

»Sie wurde durch die Verlegung der Atemwege getötet, also durch eine Kombination von Würgen und Drosseln, wie wir es schon am Fundort vermutet hatten. Dazu kommen heftige Schläge mit der Hand und Faust. Der Täter muss wie ein Irrer auf sie eingedroschen haben. Nach dem Tod wurde die Leiche von Kopf bis Fuß gründlich gewaschen, und zwar wie vermutet mit einem nach Orange riechenden Flüssigreiniger – Duschgel, Seife, Shampoo ...«

»Und warum?«, wollte Leonhard wissen.

»Das herauszufinden ist eure Aufgabe, nicht meine«, erwiderte Marcus trocken.

Sophie und Leonhard sahen sich an, dann fragte Sophie: »Hast du sonst noch was für uns?«

»Ja, deshalb rufe ich ja an. Der Leichnam wurde nicht nur äußerlich gewaschen, sondern auch innerlich. Vermutlich wurde eine Vaginalspülung mit einer Zitronen-Essig-Lösung durchgeführt, um Spuren zu vernichten.«

»Dieses Schwein wollte nicht riskieren, dass noch Sperma nachweisbar ist«, stellte Leonhard bitter fest.

»Ja, das dürfte der Grund gewesen sein«, bestätigte Marcus.

»Dann rufst du also nur an, um uns mitzuteilen, dass ihr im Grunde nichts habt?« Leonhard seufzte.

»Nein«, antwortete Brandner. »Denn wir brauchen das Sperma nicht, wir haben etwas viel Besseres.«

»Und was?«, fragte Sophie.

»Mirja Schmieder war in der dritten Woche schwanger. Wir haben also einen Embryo mit dem gesamten Erbgut unseres Täters.«

Sophie und Leonhard sahen sich an. Leonhard ballte die Hand zur Faust.

»Yes!«, rief er. Sophie spürte, wie ihr übel wurde. Dann hatte das Schwein also nicht nur ein Mädchen zu Tode gequält, sondern auch sein eigenes ungeborenes Kind umgebracht. Sie atmete tief durch, erleichtert, dass sie nun zumindest eine Möglichkeit hatten, dem Täter auf die Spur zu kommen, und so womöglich weitere Grausamkeiten verhindern zu können.

»Danke, Marcus«, sagte sie mit erstickter Stimme und schauderte.

»Schnappt euch den Kerl!«, stieß Marcus hervor, der zu ahnen schien, wie sie empfand. »Und wenn ihr einen Verdächtigen habt, haben wir hier ein schönes Paket für euch geschnürt, mit dem ihr ihn überführen könnt.«

13. KAPITEL
Polizeipräsidium Köln
Freitag, 30. Juni 2023

Es ist ein Gefühl zwischen Euphorie und Jagdtrieb, das ich spüre.

LEONHARD MICHELS

Nach Marcus Brandners Anruf waren Sophie und Leonhard zu seinem BMW zurückgeeilt und hatten sich auf den Rückweg zum Präsidium gemacht. Während der Fahrt hatten sie das weitere Vorgehen besprochen. Zunächst würden sie die Freundinnen von Alena Hellweg und Marie Kreutzer befragen, was eigentlich schon für gestern angesetzt gewesen war, doch der Fund von Mirja Schmieders Leiche hatte ihre Pläne gründlich durcheinandergebracht. Vielleicht erinnerten sie sich ebenfalls an eine Frau mit Kinderwagen. Sie hatten vor, dies telefonisch zu erledigen, einfach um Zeit zu sparen. Anschließend würde Sophie das Täterprofil für die Kolleginnen und Kollegen der Soko herausgeben, während Leonhard damit beginnen wollte, frühere Vergewaltigungsfälle zu überprüfen. Mit hoher Wahrscheinlichkeit hatte der Täter schon vor den jüngsten Entführungen und Morden Frauen sexuell missbraucht.

Für achtzehn Uhr heute Abend war die Pressekonferenz angesetzt, vor der es Sophie so graute. Leonhard würde alle Hände voll damit zu tun haben, seine Partnerin vor den Presseleuten zu schützen, wusste er doch, wie schwer ihr dieser Termin fiel. So unerschrocken Sophie sonst auch sein mochte, so deutlich hatte er doch die Angst in ihren Augen aufflackern sehen, als sie ihm von ihren Schwierigkeiten mit derartigen Situationen berichtete. Ihre Stärke war es nun einmal, sich in sich selbst zurückzuziehen und sich ganz und gar in einen Täter hineinzuversetzen. Sie verstand es wie niemand sonst, die Motive einer Tat zu begreifen und dadurch dem Täter so nahe zu kommen, dass sie ihn im besten Falle festsetzen konnten.

Sophie und er hatten in den Monaten, die sie sich nun kannten und zu Freunden geworden waren, viel über ihre Vorgehensweise gesprochen. Seine Partnerin tauchte voll und ganz in die Gedankenwelt des Täters ein, weshalb sie für gewöhnlich die Orte aufsuchte, an denen dieser agiert, gemordet oder Opfer abgelegt hatte. Sie empfand es tatsächlich so, als würde der Tatort mit ihr sprechen und seine Geheimnisse preisgeben. Mitunter glaubte sie, selbst wahrzunehmen, was der Täter wahrnahm, zu sehen, was er sah, zu hören, was er hörte, und zu spüren, was in ihm vorging. Und nicht immer, hatte sie ihm anvertraut, war es ihr möglich, gleich danach wieder zur Tagesordnung überzugehen, weil sie das, was sie fühlte, so aufwühlte. Die Bilder der Opfer verfolgten sie oft bis in ihre Träume. Die ihr nicht selten neue Erkenntnisse vermittelten, sozusagen über Nacht.

Nun betraten sie das Polizeirevier und gingen unverzüglich in den Konferenzraum, in dem nicht nur Christoph und Lena, sondern insgesamt etwa zwanzig Kolleginnen und Kollegen rund um den Konferenztisch versammelt waren, teilweise ein Stück vom Tisch abgerückt, damit alle Platz fanden.

»Hallo zusammen!«, sagte Leonhard, während Sophie nur grüßend in die Runde nickte. Er merkte ihr deutlich an, dass dieser Raum für sie schon um einiges zu voll war. Leonhard warf ihr einen aufmunternden Blick zu, und sie stellten sich ans Kopfende des Tisches, woraufhin die meisten der Gespräche verstummten.

»Ich gehe davon aus, dass alle über den Leichenfund von heute Morgen informiert sind?«, fragte Leonhard in die Runde. Die Anwesenden nickten.

»Es handelt sich bei dem Opfer um Mirja Schmieder«, fuhr er fort. »Wir haben vorhin ihren Verlobten informiert und waren danach bei den Eltern von Katherine Wolf, der Schülerin, die seit Montag als vermisst gilt. Inzwischen haben wir nun eine Vorstellung davon gewinnen können, wie der Täter an seine Opfer gekommen ist.« Leonhard blickte Sophie an, die ihm jedoch bedeutete, dass er weitersprechen sollte. »Wir halten es für möglich, dass der Mann entweder eine Komplizin hat oder aber jemanden zwingt, ihm beim Anlocken der Opfer behilflich zu sein. Birgit Warncken, Katherine Wolfs beste Freundin, hat uns eine Frau mit einem Kinderwagen beschrieben, die sich in den Wochen vor Katherines Verschwinden oft in einem Park aufgehalten hat, durch den der tägliche Schulweg der beiden Mädchen führt.«

»Eine Frau mit einem Kind?«, fragte einer der Kollegen.

»Nein«, stellte Sophie klar. »Eine Frau mit einem *Kinderwagen*. Ich bezweifle, dass wirklich ein Baby darin lag.«

»Deshalb haben die Mädchen und Frauen keinen Verdacht geschöpft!«, stieß Lena, die zusammen mit Christoph ganz vorn saß, entrüstet hervor. »Verdammtes Schwein.«

»Ein Phantombildzeichner wird sich mit der Zeugin zusammensetzen, sodass wir hoffentlich bald ein Bild von der Frau haben werden.« Leonhards Blick schweifte zu Lena. »Habt ihr die alten Akten rausgesucht?«

»Ja, liegen dort drüben bereit, zusammen mit den Ausdrucken aus der ViCLAS-Datenbank.« Lena deutete auf eine Reihe von Tischen an der Wand. »Sie sind bereits sortiert. Ganz oben liegen die mit den meisten Übereinstimmungen beim Modus Operandi und der größten Ähnlichkeit der damaligen Vergewaltigungsopfer mit unseren aktuellen Fällen«, gab Lena Auskunft.

»Gab es damals Spermaspuren?«, fragte Sophie.

»Ja. Und in insgesamt drei Fällen haben wir die identische DNA eines leider noch unbekannten Mannes.«

»Mit diesen Fällen fangen wir an«, entschied Sophie und sah Leonhard an. »Machst du weiter?«

»Okay.« Er nickte und wandte sich wieder an die gesamte Runde. »Die Autopsie von Mirja Schmieder, der Toten aus dem Tierpark, hat ergeben, dass sie in der dritten Woche schwanger war. Sie verschwand im Dezember. Wir haben also auch die DNA des Täters neben den Merkmalen der toten Mutter.«

Ein Raunen ging durch den Raum.

»Wie schnell kann hier ein Abgleich mit den Proben der früheren Opfer durchgeführt werden?«, fragte Leonhard.

»In diesem Fall«, antwortete Christoph, »werden wir das Ergebnis sehr schnell bekommen, sicherlich noch heute.«

»Das wäre natürlich gut. Dann werden wir uns die Vergleichsfälle sofort vornehmen.« Er warf Sophie einen Blick zu. »Willst du das Profil vorstellen?«

Sophie nickte. »Wir gehen davon aus, dass wir es mit einem Mann im Alter von fünfundzwanzig bis fünfunddreißig Jahren zu tun haben. Laut kriminalpsychologischen Erkenntnissen ist dies die Hochrisikogruppe für sexuell motivierte Tötungsdelikte. Wahrscheinlich war ein Kränkungserlebnis im Vorfeld Auslöser für die Taten. Er fühlt sich von einer ihm nahestehenden Person zutiefst verletzt – ob zu Recht oder nicht, sei dahingestellt – und reagiert deswegen mit Wut und Hass. Er hat kein persönliches Verhältnis zu den Opfern; sie sind ihm fremd, dürften aber dem Aussehen der Frau entsprechen, die ihn so sehr enttäuscht und verletzt hat. Seine Komplizin könnte durchaus auch seine Lebenspartnerin sein. Sie scheint von ihm abhängig zu sein, da sie seine Gräueltaten toleriert. Seine Präferenz für einen ganz bestimmten Opfertyp kennen wir, auch wenn ihm seine Komplizin die späteren Opfer zuzuführen scheint«, fuhr

Sophie fort. »Er projiziert seine Fantasien und seine negativen Gefühle auf junge Frauen, fast noch Mädchen, blond, zierlich. Mirja Schmieder ist unserer Überzeugung nach eine Ausnahme, weil sie sehr viel jünger aussah, als sie war. Unser Täter oder eben das Täterpaar hält seine Opfer für mehrere Monate gefangen, sodass wir entweder von einem allein stehenden, womöglich abgeschiedenen Haus ausgehen oder aber einem Ferienhaus, Wohnwagen oder Ähnlichem, wo die Opfer monatelang festgehalten werden können, ohne dass jemand es bemerkt. Es könnte sein, dass der Täter nach dem Mord an der unbekannten Frau aus dem Rhein, sollte sie ebenfalls Teil der Mordserie sein, umgezogen ist, da er die Tote vermutlich aus pragmatischen Gründen verstümmelt hat. Er konnte die Leiche nicht in einem Stück abtransportieren, denn er musste befürchten, dabei von den Nachbarn beobachtet zu werden. Um hier ganz sicher zu sein, müssen wir zunächst mehr über die Verletzungen und die Todesursache der Frau in Erfahrung bringen, da diese rechtsmedizinischen Befunde Aufschluss über das Motiv des Mordes und der Verstümmelung geben. Er vergewaltigt und foltert seine Opfer. An einem bestimmten Punkt eskaliert die Gewalt, was auf eine ausgeprägte Impulsstörung hindeutet. Alle Frauen waren mit alten und frischen Hämatomen übersät.« Sophie hielt inne und räusperte sich, dann fuhr sie fort: »Fassen wir zusammen: Seine Opfer sind Stellvertreterinnen für sein eigentliches Hassobjekt. Das könnte auch seine Mutter sein.« Sophie wusste, welche Reaktionen stets erfolgten, wenn sie die Mutter eines Täters erwähnte, und tatsächlich: Das allgemeine Augenverdrehen entging ihr nicht.

»Er ist ein Sadist, der seine sexuelle Gratifikation aufgrund der körperlichen Reaktionen der Opfer erfährt, die er foltert«, sprach sie unbeirrt weiter. »Ohne der feingeweblichen Untersuchung des knöchernen Kehlkopfskeletts Mirja Schmieders vorausgreifen zu wollen, dürfte auch bei ihr die Todesursache die Gewaltausübung gegen den Hals sein. Bei den bisherigen Opfern wurden unterschiedlich breite Strangfurchen von Riemen oder Gürteln gefunden, es ist jedoch auch eine Kombination aus Drosseln und Würgen mit den Händen denkbar. Wenn er mit den Opfern fertig ist, schafft er sie weg, als würde er Müll entsorgen. Das bedeutet, dass die Frauen in seinen Augen wertlos sind, Objekte. Allerdings geht er bei der Leichenbeseitigung sehr sorgsam und strukturiert vor, da er die toten Körper mit einer Orangen-Reinigungsflüssigkeit wäscht. Außerdem nimmt er Vaginalspülungen mit einer Zitronen-Essig-Lösung vor. Er will damit verhindern, dass wir an den Leichen seine DNA in Form von Epithelien oder Sperma finden. Aller Wahrscheinlichkeit nach hat er immer nur ein Opfer in seiner Gewalt, die zeitlichen Zusammenhänge weisen – wenn überhaupt – auf Überschneidungen von wenigen Tagen hin. Dies dürfte der Tatsache geschuldet sein, dass die Kontrolle mehrerer Opfer schwieriger ist.« Sophie atmete durch. »Ich gehe davon aus, dass der Mann bereits in der Jugend oder den jungen Erwachsenenjahren straffällig geworden ist. Vermutlich war er in gewalttätige Auseinandersetzungen involviert oder auch in Fälle von häuslicher Gewalt. Aller Wahrscheinlichkeit nach dürfte zudem Gewalt in der Familie eine Rolle gespielt haben. Die Opfer waren entweder die Mutter, er selbst oder aber eventuelle Geschwister. Die Familie des Täters ist mit ziemlicher Sicherheit dem Jugendamt bekannt.«

»Das trifft doch auf Hunderte, wenn nicht gar Tausende Familien in Köln zu«, warf einer der Beamten, ein kräftiger Mann mit kurzen roten Haaren, ein.

»Das ist nur bedingt richtig«, stellte Sophie klar. »Wir wissen noch mehr über ihn: Er hat einen Führerschein, Zugriff auf ein Auto und arbeitet möglicherweise als Tierarzt oder für eine Tierarztpraxis, da sein Fahrzeug mit dem Veterinärlogo versehen war. Und dann gibt es noch die Frau, die als Lockvogel fungiert. Sie saß morgens regelmäßig auf der Parkbank, wenn Kathi Wolf und ihre Freundin Biggi zur Schule gingen, möglicherweise wohnt sie in der Nähe.« Sie blickte in die Runde und spürte, dass sie die volle Aufmerksamkeit aller Anwesenden hatte. »Mir ist bewusst, dass das Profil unseres Täters nicht dazu führt, dass wir ihn erkennen, wenn er an uns vorbeigeht, doch wir können nach diesen Merkmalen im Rahmen einer Rasterfahndung in den Melderegistern, dem Kraftfahrtbundesamt sowie in unseren Kriminalakten suchen und eine Liste möglicher Verdächtiger erstellen. Am Ende werden wir allein dadurch aus der großen Anzahl potenziell Verdächtiger die zu überprüfenden Personen auf eine Handvoll reduzieren können. Weiterhelfen wird uns sicher auch, dass die beste Freundin von Katherine Wolf, Birgit Warncken, in diesem Moment mit einem Phantombildzeichner ein Bild von der Frau, der vermeintlichen Komplizin, anfertigt. Vielleicht finden wir damit ihre Identität heraus und kommen so an unseren Täter heran.«

»Darauf wären wir ohne Profiler-Hokuspokus auch gekommen«, hielt der Rothaarige dagegen.

»Und warum habt ihr dann noch nichts vorliegen?«, fragte Sophie. »Wo sind denn eure Ergebnisse, die unsere Arbeit überflüssig machen?«

»Wollen wir wirklich jetzt damit anfangen, die Operative Fallanalyse infrage zu stellen und uns ins letzte Jahrhundert zurückbeamen?«, schaltete Leonhard sich ein.

»Ich glaube, inzwischen wissen hier alle, was ihr im Sandmann-Fall bewirkt habt«, ließ Christoph sich vernehmen.

»Ja, allerdings nur im Zusammenspiel mit einem Team der Soko«, stellte Leonhard klar. »Mensch, Leute, hier geht es nicht darum, die Entscheidung des BKA zu legitimieren, dass Sophie und ich zu eurer Unterstützung nach Köln geschickt wurden.« Leonhard deutete zum Fenster. »Hier geht es darum, dass da draußen ein Kerl durch die Gegend läuft, der junge Frauen entführt, vergewaltigt, quält und tötet. Sie könnten unsere Freundinnen sein, unsere kleinen Schwestern, unsere Kinder. Anstatt irgendwelche Befindlichkeiten zu hegen, sollten wir uns auf unser gemeinsames Ziel konzentrieren: Katherine Wolf noch lebend zu finden, sie zurück zu ihren Eltern und diesen Kerl hinter Gitter zu bringen!« Leonhard verstummte, blickte schweigend in die Runde und ließ seine Worte wirken. Einige der Anwesenden nickten zustimmend.

»Wie geht's also jetzt weiter?«, fragte Christoph.

»Nimm du die Einteilung vor«, bat Sophie. »Die Kolleginnen und Kollegen sollen die Datenbanken nach Straftätern durchforsten, die zwischen 1988 und 1998 geboren und wegen häuslicher Gewalt, Körperverletzungen, Beleidigungen und sexuellen Übergriffen aufgefallen sind. Der Mann dürfte vorbestraft, die Taten jedoch höchstwahrscheinlich zur Bewährung ausgesetzt gewesen sein. Er könnte darüber hinaus verurteilt worden sein, an Aggressionsbewältigungsprogrammen teilzunehmen, doch diese Angaben werden wir wohl nicht in den Kriminalakten finden. Womöglich ergeben sich aus den Akten Hinweise auf das Quälen und Töten von Haustieren, allerdings stellt sich dann die Frage, wie das mit dem Veterinärlogo an seinem Auto zu vereinbaren ist.«

»Hoffen wir mal, dass wir an die Akten herankommen«, stellte Lena fest. »Vieles dürfte aufgrund der geltenden Verjährungsfristen bereits gelöscht worden sein, und die meisten Jugendakten stehen unter Verschluss.«

»Selbst wenn wir keine Akteneinsicht bekommen, haben wir ja noch die Daten der Meldebehörde zu seinem Alter, seinem Familienstand und dem Wohnort. Das Kraftfahrtbundesamt wird uns Auskunft über Führerscheinbesitz und Fahrzeugzulassungen erteilen können. Außerdem hoffen wir, dass uns das Veterinärlogo am Fahrzeug weiterbringt.«

»Womit gehen wir an die Presse?«, wollte Christoph wissen.

»Wir bestätigen lediglich, dass Katherine Wolf entführt und heute Morgen die Leiche einer anderen Frau gefunden wurde«, antwortete Sophie. »Unter keinen Umständen werden wir die Frau mit dem Kinderwagen aus dem Park erwähnen und ihn dadurch warnen.«

»Wir müssen die Bevölkerung informieren«, insistierte Christoph zum wiederholten Male. »Was, wenn er bald erneut zuschlägt?«

Sophie schüttelte den Kopf. »Er behält die Opfer immer längere Zeit bei sich, bevor er sie tötet«, hielt sie dagegen. »Katherine Wolf ist erst vor vier Tagen verschwunden. Wenn sie sich tatsächlich in seiner Gewalt befindet, wird er sich so schnell kein neues Mädchen schnappen.«

»*Wenn* sie sich denn in seiner Gewalt befindet«, gab der Rothaarige zu bedenken.

»Der Einwand ist durchaus berechtigt«, pflichtete Sophie ihm bei. »Auch wenn ich fest davon überzeugt bin.«

»Was, wenn es uns nicht gelingt, ihn rechtzeitig zu fassen? Ich bin genau wie Christoph der Ansicht, dass wir die Leute da draußen warnen müssen!«, stellte sich Lena hinter ihren Kollegen.

»Nein. Dann überlegt er sich eine andere Methode, und wir fangen wieder bei null an.« Sophie schüttelte den Kopf. »Wir müssen uns über eines im Klaren sein: Wenn wir diesen Täter nicht fassen, wird er mit dem, was er tut, niemals aufhören. Er handelt zwanghaft, kann gar nicht anders. Ich will Katherine Wolf retten, doch vielleicht ist das nicht möglich. Mit jedem weiteren Opfer besteht die Möglichkeit, dass er Fehler macht, und genau darauf müssen wir bauen. Zumal er sich für schlau und uns überlegen hält, weil er bei seinen Taten bisher erfolgreich war.«

»Also nach dem Motto: Hoffentlich holt er sich bald die Nächste, damit wir mehr Spuren haben? Das ist doch blanker Zynismus!«, rief der Rothaarige in verächtlichem Tonfall.

Leonhard konnte Sophie ansehen, dass sie die Art, wie der Kollege sie soeben angegangen war, wütend machte, doch sie verkniff sich eine Erwiderung und wandte sich stattdessen an Christoph.

»Ich hatte bereits deutlich gesagt, dass ich sehr gut auf die Pressekonferenz verzichten kann«, sagte sie zu ihm. »Es ist eure Polizeibehörde. Ich kann nur darum bitten, dass wir keine Fakten nach außen dringen lassen, durch die der Täter womöglich gewarnt wird. Doch wenn ich dabei sein soll, machen wir es auf meine Art.«

Leonhard musste sich ein Schmunzeln verkneifen. Sophie war wirklich geschickt, wenn es darum ging, sich vor dem für später angesetzten Pressetermin zu drücken. Auf diese Weise wälzte sie die Verantwortung auf Christoph ab. Entweder würde es so laufen, wie sie sagte, oder sie war raus.

»Wir machen es so, wie du vorschlägst«, stimmte Christoph zu. »Okay, dann werde ich jetzt mal die Teams für die Recherchen einteilen.« Er stand auf und wandte sich an die am Tisch Sitzenden.

Leonhard konnte sehen, dass ein Anflug von Enttäuschung über Sophies Gesicht huschte. Sie hätte wohl gern eine andere Antwort erhalten.

Während Christoph Greger verschiedene Gruppen zusammenstellte und die Aufgaben verteilte, gingen Leonhard und Sophie zu den Tischen an der Wand und fassten die dort gestapelten Akten und Ausdrucke aus der ViCLAS-Datenbank ins Auge.

»Hier sind die Akten der Frauen, die vom Aussehen her genau zum Opfertyp passen würden«, sagte Lena, die ihnen gefolgt war, und legte die Hand auf einen der Aktenstapel.

»Danke«, sagte Sophie und sah sich um. »Wo können wir in Ruhe daran arbeiten?«

Lena deutete auf ein paar Stühle vor den Tischen.

»Ihr könnt euch da hinsetzen«, schlug sie vor.

Sophie sah Leonhard an, der sofort begriff, worum es ihr ging.

»Wir müssen uns konzentrieren«, sagte er daher. »Und das ist uns hier nicht möglich.« Er deutete auf die anderen, die sich lautstark miteinander unterhielten. »Es reicht ein kleiner Raum mit zwei Stühlen und einem Tisch«, fügte er hinzu. Im selben Moment klingelte Sophies Handy.

»Sophie Kaiser«, meldete sie sich.

Wenn Leonhard sich nicht täuschte, hatte er Stephan Moritz' Foto aufleuchten sehen, bevor seine Partnerin das Gespräch angenommen hatte.

»Hallo, Stephan«, sagte sie nun, was Leonhards Annahme bestätigte. Anders als sonst, wenn nur sie beide zusammenstanden, drückte Sophie in Lenas Beisein nicht die Lautsprechertaste. »Ich verstehe. Und ist das überall erhältlich oder nur in Fachgeschäften?«, fragte sie und lauschte wieder. »Okay. Dann schickt bitte so schnell wie möglich die genaue Bezeichnung, ja?« Wieder hörte sie einen Moment zu. »In Ordnung. Was denkt ihr, woher diese Narben stammen?« Sie blickte zu Boden, dann: »Und gab es die gleichen Spuren auch bei den anderen Leichen?« Wieder lauschte sie. »Gut, dann weiß ich Bescheid. Wir warten auf den Bericht. Danke, Stephan, bis später.« Sie klickte das Telefonat weg und starrte eine Weile schweigend aufs Display.

»Was ist los?«, fragte Leonhard, um sie aus ihren Gedanken zu reißen.

»Bei dem Flüssigreiniger, mit dem Mirja Schmieders Körper mitsamt Haaren gewaschen wurde, handelt es sich um Orangenshampoo. Aber nicht um irgendeines, sondern um ein rückfettendes.«

»Ein rückfettendes?«, fragte Lena verständnislos.

»Ja. Laut Stephan ist so etwas nicht für Menschen bestimmt, sondern für Hunde. Der Täter hat ein Hundeshampoo verwendet.«

»Ein Hundeshampoo?«, echote Leonhard.

Sophie nickte bekräftigend. »Das passt zu dem Aufkleber auf dem Fahrzeug, den Emil Borgerding beschrieben hat.«

»Der Äskulapstab mit dem V für Veterinär.« Leonhard nickte.

»Ja«, bestätigte Sophie. »Der Tierarztaufkleber, ein Hundeshampoo – das kann kein Zufall sein. Wir müssen den Tierarzt und den Transporter finden.«

»Unbedingt«, stimmte Leonhard zu.

»Sie haben noch etwas entdeckt«, fuhr Sophie fort. »Mirja Schmieder hatte mehrere Stellen am Körper, die wie kleine Verbrennungen aussahen, manche schon einige Wochen alt, andere noch relativ frisch.«

»Wie von Zigaretten?«, fragte Leonhard, doch Sophie schüttelte den Kopf.

»Nein, der Gerichtsmediziner ist darauf gekommen, weil er so was schon mal gesehen hatte, allerdings nicht beim Menschen«, antwortete Sophie. »Es handelt sich um Strommarken, die durch einen Viehtreiber entstehen.«

»Diese Elektrostöcke, mit denen man Rinder zusammentreibt?«, fragte Leonhard.

Sophie nickte. »Genau die.«

Leonhard blies die Luft aus. »Er hält die Frauen wie Vieh, missbraucht sie, quält sie, wäscht sie mit Hundeshampoo und wirft sie am Ende auf den Müll. Ich kann es kaum erwarten, ihn zu erwischen.« Er spürte, wie das Blut in seinen Adern pulsierte. »Glaubst du, er nimmt deshalb Hundeshampoo, um sie noch weiter herabzuwürdigen?«, fragte er Sophie, die kurz zu überlegen schien, bevor sie den Kopf schüttelte.

»Nein. Ich denke, er nimmt das, was er dahat, ohne sich Gedanken darüber zu machen.«

»Wie krank kann man sein …« Lena schüttelte angewidert den Kopf, dann drehte sie sich zu den anderen um und klatschte zweimal in die Hände.

»Wenn es hier nichts weiter zu besprechen gibt, würde ich vorschlagen, dass wir an unsere Schreibtische zurückkehren und Sophie und Leonhard ihre Arbeit machen lassen.«

Der Konferenzraum leerte sich. Lena drehte sich wieder zu Sophie und Leonhard um und deutete auf denselben Stapel wie vorhin.

»Wie gesagt, bei diesen Vergewaltigungsopfern herrscht in optischer Hinsicht die größte Übereinstimmung. Sagt Bescheid, wenn ihr noch etwas braucht.«

»Danke«, sagte Sophie.

Christoph trat zu ihnen. »Ich bin in zwei Stunden wieder hier und hole euch zur Pressekonferenz ab, in Ordnung?«

Sophie nickte stumm. Leonhard legte ihr ermutigend die Hand auf den Unterarm.

»Sophie hat gerade neue Erkenntnisse aus der Gerichtsmedizin erhalten«, teilte Lena Christoph mit und wandte sich zum Gehen. »Komm, ich erzähle es dir unterwegs. Bis später!«

»Du schaffst das«, versicherte Leonhard Sophie, als die beiden weg waren. »Denk dran, ich stehe neben dir, und wenn du willst, beantworte ich die Fragen der Pressemeute für dich.«

»Danke, ich komme schon zurecht«, lehnte Sophie leise ab, nahm sich eine Hälfte des Aktenstapels und setzte sich an den Konferenztisch. »Na, dann wollen wir mal.«

»Ja, dann wollen wir mal«, bestätigte Leonhard, griff nach den übrig gebliebenen Akten und setzte sich ebenfalls. Bevor er anfing, die alten Fälle zu studieren, warf er einen Blick auf Sophie, die bereits die erste Akte aufgeschlagen hatte, eine Seite ansah und sofort weiterblätterte. Ja, so ein eidetisches Gedächtnis musste etwas Feines sein. Doch Leonhard blieb nichts anderes übrig, als Seite für Seite auf die gute alte Art zu lesen.

14. KAPITEL
Polizeipräsidium Köln, Presseraum
Freitag, 30. Juni 2023

> *Wenn man mich nur einfach in Ruhe meine Arbeit machen ließe, wäre allen geholfen.*
>
> SOPHIE KAISER

Sie senkte den Kopf, als Christoph ihnen bedeutete, dass sie an die Mikrofone treten sollten. Sophie sah Leonhard an, der ihr mit seinem Lächeln wohl Zuversicht suggerieren wollte. Doch ein derartiges Gefühl stellte sich bei Sophie nicht einmal ansatzweise ein.

Sie hatten die letzten Stunden damit verbracht, die alten Akten zu studieren, und Sophies Einschätzung nach lag Lena mit der Vorauswahl, die sie getroffen hatte, vollkommen richtig. So, wie es sich darstellte, war der Vergewaltiger bereits seit gut fünf Jahren aktiv und hatte früher junge Mädchen und Frauen im Dunkeln abgefangen und an einem unbelebten Platz vergewaltigt.

Eines der Opfer hatte Sophie für ihren Täter zunächst ausgeschlossen – eine junge Frau, die nach einer Party vergewaltigt wurde und schließlich an ihrem eigenen Erbrochenen erstickte, weil man ihr K.-o.-Tropfen eingeflößt hatte und sie dadurch nicht mehr in der Lage gewesen war, selbstständig den Kopf zu heben. Keines der Opfer nach ihr war betäubt worden, daher war sie sich beinahe sicher gewesen, dass es sich um einen anderen Täter handeln musste. Die Spermaspuren, die man bei der jungen Frau sichergestellt hatte, sprachen jedoch eine andere Sprache, denn sie stimmten mit denen überein, die man bei zwei weiteren Opfern gefunden hatte. Das Sperma ließ sich definitiv ein und demselben Mann zuordnen.

Wann genau er seine Vorgehensweise geändert hatte und zum Mörder geworden war, konnte Sophie anhand der Akten nicht nachvollziehen. Sie vermutete jedoch, dass er bis dahin keine eigenen Räumlichkeiten gehabt hatte, um dort die entführten Opfer über einen längeren Zeitraum gefangen zu halten und versorgen zu können.

Der Aktenlage nach war die junge Frau, die an ihrem Erbrochenen erstickt war, eines seiner ersten, wenn nicht sogar das erste Opfer gewesen, allerdings kam es immer wieder vor, dass Frauen nach einer Vergewaltigung schwiegen – aus unterschiedlichen Gründen, nicht selten aus Scham. Weit mehr als die Aktenberge, die sich mit Vergewaltigungsfällen befassten, erschreckte Sophie die Tatsache, dass die Dunkelziffer um ein Zigfaches höher lag.

Auf ihre Bitte hin hatte Leonhard mit der Gerichtsmedizin telefoniert und veranlasst, dass die Spermaspuren der früheren Fälle mit denen des Embryos verglichen wurden, und Sophie hoffte, dass tatsächlich noch am selben Tag das Ergebnis aus dem DNA-Labor der Kriminaltechnik vorliegen würde. Wenn alles gut lief, würden sie nach der Pressekonferenz bereits mehr wissen.

»Guten Abend, meine Damen und Herren von der Presse«, begrüßte Christoph die Anwesenden. »Ich bin Kriminaloberkommissar Christoph Greger, neben mir stehen meine Kollegen Sophie Kaiser und Leonhard Michels vom BKA Wiesbaden.« Er machte eine kurze Pause, während hinter ihm ein Foto von Katherine Wolf an die Wand projiziert wurde. »Seit Montag wird die achtzehnjährige Katherine Wolf vermisst. Katherine war auf dem Weg von der Schule nach Hause, als sie spurlos verschwand. Wir bitten die Bevölkerung um Mithilfe bei der Suche nach Katherine.«

Sophie fiel auf, wie oft er den Namen nannte. Bei dieser Art der Kommunikation ging es darum, im Falle einer Entführung den Namen einer vermissten Person so häufig wie möglich zu wiederholen, um den Kidnappern dadurch zu suggerieren, dass sie ein menschliches Wesen in ihre Gewalt gebracht hatten, das von Angehörigen und Freunden vermisst wurde. Warum Christoph auch in diesem Fall darauf zurückgriff, erschloss sich Sophie nicht. Der Mann, mit dem sie es hier zu tun hatten, würde sich davon keinesfalls beeindrucken lassen.

»Katherine ist einen Meter dreiundsechzig groß, hat blonde Haare und blaue Augen. Zum Zeitpunkt ihres Verschwindens trug sie eine hellblaue Jeanshose, ein rosa T-Shirt und weiße Sportschuhe, sogenannte Sneaker. Sie hatte eine braune Ledertasche bei sich, in der sich ihre Schulbücher befanden. Wer glaubt, Katherine gesehen oder etwas Verdächtiges bemerkt zu haben, wende sich bitte an eine der Polizeidienststellen.« Ein weiteres Bild wurde hinter ihm an die Leinwand geworfen. Christoph drehte sich um und deutete auf die Projektion.

»Dies ist der Weg, den Katherine von der Schule aus genommen hat. Laut Zeugenaussagen verließ Katherine das Schulgelände gegen 13.10 Uhr.« Er wandte sich wieder den Presseleuten zu. »Sie können nun Ihre Fragen stellen.«

»Heute Morgen wurde eine Frauenleiche in der Nähe des Wildgeheges Brück gefunden«, stellte einer der Reporter fest. »Steht dieser Leichenfund in Verbindung mit Katherines Verschwinden?«

»Davon gehen wir derzeit nicht aus«, antwortete Christoph.

Sophie hielt den Blick starr auf die Reporter gerichtet. Ihre anfängliche Aufregung hatte sich gelegt, und mit jedem Moment, den Christoph sprach, nahm ihre Anspannung weiter ab. Wenn es so weiterging, würde sie es hoffentlich schnell überstanden haben.

Ein weiterer Reporter meldete sich, und Christoph nickte ihm zu.

»Gestern wurde eine Frauenleiche aus dem Rhein geborgen, heute dann die Leiche beim Wildgehege, und nun haben wir auch noch eine vermisste Schülerin. Das kann doch kein Zufall sein.«

»Soll das eine Frage sein?«, gab Christoph zurück.

»Meine Frage ist, ob Sie uns wirklich glauben machen wollen, dass es keinen Zusammenhang gibt.«

»Ich will Sie gar nichts glauben machen«, erwiderte Christoph.

»Weshalb ist das BKA involviert?«, rief ein Reporter von weiter hinten.

»Um Katherine so schnell wie möglich zu finden, sind wir für jede Unterstützung dankbar«, antwortete Christoph.

»Kommissarin Kaiser, Sie sind doch Profilerin, oder nicht?«, sprach ein Mann, den sie auf Anfang vierzig schätzte, Sophie direkt an.

»Das ist richtig.«

Sie beschloss, nicht darauf einzugehen, dass die korrekte Bezeichnung »Fallanalytikerin« war und »Profilerin« eher wenig gebräuchlich.

»Weshalb hat man Sie und Ihren Kollegen nach Köln beordert?«

»Wie der Kollege Greger eben schon bemerkte, sind wir hier, damit Katherine Wolf so schnell wie möglich gefunden wird.«

»Sie sind doch Expertin für Cold Cases«, stellte er fest. »Hierbei handelt es sich jedoch um einen aktuellen Fall.«

»Ich bin keine Expertin für Cold Cases«, widersprach Sophie.

»Sie haben den Sandmann-Fall gelöst«, mischte sich eine junge Frau ein. »Die Medien waren voll davon.«

Sophie ging nicht darauf ein.

»Worauf wollen Sie hinaus?«, sprang Leonhard ihr bei.

»Haben wir es hier mit einem Serientäter zu tun?«, fragte die Frau.

Sophie blickte Christoph an.

»Wir können zum jetzigen Zeitpunkt der Ermittlungen ...«, begann Christoph, doch die junge Reporterin fiel ihm ins Wort.

»Wenn sich das BKA einmischt, muss es sich um eine größere Sache handeln. Kann man sich als Frau in Köln noch sicher fühlen?«, rief sie aufgebracht, worauf mehrere Reporter fast gleichzeitig ihre Kameras zückten und in schneller Folge Fotos machten.

Sophie trat einen Schritt zurück, doch die Blitze wurden immer mehr, der Geräuschpegel schwoll an, die Medienvertreter drängten weiter nach vorn. Sie trat einen weiteren Schritt zurück und spürte die Wand in ihrem Rücken.

Die Blitze hörten nicht auf zu zucken, und jetzt zuckte auch sie in schnellem Rhythmus zusammen. Leonhard fasste ihren Arm.

»Ganz ruhig, ich bin hier«, hörte sie ihn raunen, doch die Blitze wurden nicht weniger. Ihre Ohren begannen zu klingeln, dann legte sich ein dumpfes Rauschen darauf. Ihr Herz schlug wie wild, ihre Hände krampften. Sie bekam keine Luft mehr, konnte nicht mehr atmen.

»Entschuldigen Sie uns!«, drang Leonhards Stimme wie aus weiter Ferne zu ihr, dann nahm sie wahr, wie er ihre Taille umfasste und durch die Tür in der Wand hinter ihnen hinausführte.

Sophie ließ es geschehen, merkte, wie ihr Körper weiterzuckte, ohne dass sie etwas dagegen tun konnte. Die Tür schlug hinter ihnen zu.

»Sophie, Sophie, sieh mich an. Atme! Atme, Sophie.« Sie spürte, dass er an ihr rüttelte. Erst jetzt bemerkte sie, dass sie am Boden lag.

»Was ist passiert?«, fragte eine Frauenstimme. Lena.

»Wir brauchen Wasser!«, rief Leonhard.

Eine Wasserflasche wurde an ihre Lippen gedrückt, aber sie konnte nichts trinken. Leonhard fasste sie und zog sie in eine sitzende Position.

»Gut, gut so«, hörte sie seine Stimme und fühlte, wie seine Hand kreisend über ihren Rücken strich.

Keuchend versuchte sie, wieder zu Atem zu kommen. Als sie sich ein klein wenig gefasst hatte, blickte sie auf die Wasserflasche, die Lena ihr entgegenhielt, nahm sie und trank einen kleinen Schluck. Zunächst musste sie husten, doch ihr Körper krampfte nicht mehr ganz so heftig wie zuvor, sodass sie nach und nach in kleinen Mengen Wasser durch ihre Kehle laufen lassen konnte.

»Geht es wieder?«

Sophie nickte. »Ja, alles in Ordnung.« Sie ließ sich von Leonhard hochhelfen.

»Was war denn los?«, fragte Lena sichtlich erschrocken.

»Sie hat den ganzen Tag nichts gegessen«, antwortete Leonhard an ihrer Stelle. »Es war einfach zu viel los. Das ist alles.«

»Sie hat gezuckt und war bewusstlos«, stellte Lena klar.

»Ja, schon verrückt, wie der Körper sich zur Wehr setzt, wenn man nicht auf ihn hört.«

Sophie fürchtete, dass ihre Beine jeden Augenblick erneut nachgeben würden, doch Leonhard hielt sie eisern aufrecht. »Ich bringe Sophie in den Konferenzraum. Wäre klasse, wenn du etwas zu essen organisieren könntest«, sagte er dann. »Irgendwas mit Zucker.«

»Sicher, mach ich«, versprach Lena und eilte davon.

»Danke«, sagte Sophie, als sie im Konferenzraum ankamen und Leonhard ihr half, auf einem der Stühle Platz zu nehmen. »Es tut mir leid. Das Ganze ist mir schrecklich peinlich.« Sie stützte die Ellbogen auf die Tischplatte, verschränkte die Hände und legte das Kinn hinein.

»Dir? Mir tut es leid, schließlich bin ich derjenige, der behauptet hat, es würde schon nicht so schlimm werden. Ich hatte echt keine Ahnung, was das mit dir machen kann.«

»Stroboskopische Effekte haben nun mal eine verheerende Wirkung auf mich, dazu die vielen Leute ...« Sie rang sich ein gequältes Lächeln ab.

Die Tür zum Konferenzraum wurde aufgestoßen. Christoph Greger kam hereingestürmt. »Was ist denn das für eine verdammte Scheiße!«, polterte er mit hochrotem Kopf.

»Alles in Ordnung, Christoph, danke der Nachfrage. Ja, Sophie geht es wieder besser. Du musst dir keine Sorgen mehr machen.« Leonhard trat Greger entgegen.

»Sie hat uns vor der Presse total lächerlich gemacht«, schnauzte Christoph.

»Sophie hat nichts gegessen und ist unterzuckert, weil sie sich nämlich nicht um sich kümmert, sondern nur um diesen Fall. Also spar dir deine Vorhaltungen.«

»Ihr habt uns zum Gespött gemacht, und das ausgerechnet vor der versammelten Pressemeute. Ich kann mir lebhaft vorstellen, was morgen in ganz Köln in den Zeitungen stehen wird. Und ich muss diese Scheiße dann ausbaden!« Greger deutete mit dem Zeigefinger auf Sophie. »Ich hätte es wissen müssen. Ich habe mich über euch Clowns erkundigt, als von oben angekündigt wurde, dass zwei ›Spezialisten‹«, er spie das letzte Wort förmlich aus, »vom BKA zur Unterstützung angefordert seien. Tja, beim BKA mögt ihr ja angesehen sein, bei deinen früheren Kollegen in Hannover wohl eher weniger, Frau ›Fallanalytikerin‹. Ich habe da einen alten Freund, der kann vielleicht Geschichten über dich erzählen«, schleuderte er Sophie entgegen.

»Du hast Freunde? Kann ich mir nur schwer vorstellen«, gab Leonhard zurück.

»Ich hau dir gleich die Visage ein!«, brüllte er Leonhard an, bevor er den Zeigefinger erneut in Sophies Richtung stieß.

»Du hast die Kölner Polizei vor der gesamten Presse lächerlich gemacht! Wir sehen jetzt wie inkompetente Vollidioten aus, weil du das große Zittern kriegst, wenn du was gefragt wirst.«

Lena kam mit mehreren Müsliriegeln herein. »Man hört dich über den ganzen Flur brüllen«, fuhr sie Christoph an. »Und einige der Presseleute sind noch im Haus.«

»Das ist mir egal!«, brüllte dieser weiter. »Scheißegal sogar.«

»Christoph, reiß dich zusammen, verdammt noch mal!«, beharrte Lena.

»Ich soll mich zusammenreißen?« Sein Gesicht hatte inzwischen einen dunkelroten Farbton angenommen. »Sag das mal lieber Robocop! Ihr ist es bestimmt scheißegal, wie sehr sie uns blamiert hat, sie kann ja zurück nach Wiesbaden fahren, während wir weiter mit den Pressefuzzis zusammenarbeiten und versuchen müssen, irgendwie für voll genommen zu werden! Die ist doch nicht normal!«

»Schluss jetzt!«, rief Sophie laut und stand vom Stuhl auf, obwohl sie sich noch längst nicht wieder so kräftig fühlte, wie sie tat.

Christoph und Leonhard verstummten überrascht.

Sophie atmete tief durch. »Ich habe deshalb den Spitznamen Robocop von meinen überwiegend männlichen Kollegen bekommen, weil ich für mein analytisches Denken bekannt bin. Einen derart emotionalen Ausraster, wie du ihn hier gerade hinlegst, lieber Christoph, würdest du bei mir nie erleben. Übrigens: Das rapide Abfallen des Blutzuckerspiegels durch zu wenig oder ungeeignete Nahrung bewirkt bei jedem Menschen Symptome wie einen schnellen Puls, kalten Schweiß, eine blasse Gesichtsfarbe, Zittern, Unruhe, Nervosität und Kopfschmerzen, die mit einer Überempfindlichkeit in Bezug auf stroboskopische Effekte wie Kamerablitzen einhergehen. Entsprechend war mein Schwächeanfall vor der Presse die medizinische Folge einer Unterversorgung.« Sophie spürte, dass etwas von ihrer Selbstsicherheit zurückkehrte. Sie machte einen Schritt auf Christoph zu. »Doch welche Erklärung hast du für deinen Auftritt hier, Christoph? Und weshalb glaubst du, dir ein solches Verhalten einer ranghöheren Person gegenüber herausnehmen zu können?«

Greger starrte sie wütend an.

»Ein derart unkontrolliertes Verhalten wie deines deutet auf eine verminderte Impulskontrolle hin, wie sie übrigens auch unser Täter an den Tag legt. Du kannst mich meinetwegen gern Robocop nennen – ich fasse das als Kompliment auf. Eine verminderte Impulskontrolle dagegen stellt eine echte Persönlichkeitsstörung dar. Also, Christoph«, sie blickte ihm direkt in die Augen, »wer von uns beiden ist hier nicht normal? Davon abgesehen, was ist das eigentlich – ›normal‹?«

»Hey, kommt schon, wir stehen alle auf derselben Seite«, ging Lena nun im wahrsten Sinne des Wortes dazwischen, indem sie vor Christoph trat und ihn zur Seite schob. »Hier«, sagte sie dann zu Sophie und gab ihr einen von den Riegeln, die man aus einem der Automaten im Eingangsbereich ziehen konnte. Anscheinend hatte sie gleich bemerkt, in welche Richtung Sophies kulinarische Vorlieben tendierten. »Iss erst mal was, und dann beruhigen wir uns alle wieder.«

Sophie nahm ihr den Riegel aus der Hand und ließ sich auf einen Stuhl sacken. »Das ist lieb von dir, Lena. Vielen Dank.«

Leonhard rührte sich nicht vom Fleck. »Es wird wohl das Beste sein, wenn wir um andere Kontaktpersonen bitten. Schließlich haben wir noch immer einen Fall zu lösen.«

Sophie hatte den Eindruck, dass er völlig in seiner Beschützerrolle aufging, und obwohl sie wusste, dass sie sehr gut für sich selbst einstehen konnte, fand sie doch ein klein wenig Gefallen daran. Andere Frauen würden es »süß« finden, aber in diesen Begriffen dachte sie nicht. Obwohl – ein bisschen süß war es schon. Und es war ein gutes Gefühl, jemanden zu haben, der immer hinter ihr stand, auch wenn es für sie neu war.

»Muss das sein?«, fragte Lena. »Ich meine, müssen wir wirklich so ein Riesending aus der Sache machen?«

»Wir haben nicht damit angefangen«, stellte Leonhard klar, und Sophie entging nicht, dass Lena Christoph einen strengen Blick zuwarf, als wollte sie ihn auffordern, sich endlich zu entschuldigen.

»Es tut mir leid«, entschuldigte er sich dann auch kleinlaut. »Ich bin ganz klar zu weit gegangen.«

»Ja, das kann ich nur bestätigen.« Sophie nickte, entfernte das Einwickelpapier und biss in den Riegel.

»Ich kann nur mit diesem ganzen Profiler-Gedöns nichts anfangen«, schob Christoph nach. »Wir lösen hier unsere Fälle auch ohne das alles.«

Sophie schüttelte kauend den Kopf.

»Was?«, fragte Christoph.

Sie schluckte, dann antwortete sie: »Diese aus der Zeit gefallenen Ansichten sollten doch spätestens seit den Neunzigern überholt sein. Ich kann fast nicht glauben, dass es noch immer Menschen gibt, vor allem Ermittler, die so rückständig sind, die Arbeit von Fallanalytikerinnen und -analytikern zu verunglimpfen, nur weil sie einen anderen Erklärungsansatz für die Lösung von Verbrechen anbieten.« Sie biss ein weiteres Mal ab, kaute, schluckte und fuhr fort: »Ich mache das sonst eigentlich nicht, aber diesmal interessiert es mich tatsächlich brennend: Was kannst du über mich sagen, Christoph? Ich meine, aus Ermittlersicht. Meinetwegen kannst du gern die vermeintlichen Erkenntnisse, die du über mich eingeholt hast, miteinbeziehen.«

»Was soll denn das jetzt werden?«, gab Christoph zurück.

»Profiliere mich«, forderte Sophie. »Du bist Kriminalbeamter, lange Jahre dabei. Du musst es ja nicht Profiling nennen, sondern Erfahrung oder wie immer du willst. Du hast Leonhard und mich jetzt mehrere Tage bei der Arbeit beobachten können.

Was für einen Eindruck hast du gewonnen? Wenn du nicht mich analysieren möchtest, nimm Leonhard«, forderte sie ihn auf.

»Na dann ...« Christoph fasste Leonhard ins Visier. »Ungefähr eins sechsundachtzig, eins siebenundachtzig, dunkle Haare, Dreitagebart.«

»Das sind nur die äußeren Merkmale, davon rede ich nicht. Wer ist Leonhard Michels?«, fragte Sophie. »Und welche Erkenntnisse hast du über ihn gewonnen?«

»Er ist Kriminalhauptkommissar«, stellte Christoph fest, »arbeitet beim BKA und war früher bei der Kripo in Lübeck.«

»Und weiter?«

»Na ja, was soll ich sagen? Er hat 'ne nervige Partnerin.« Er grinste angespannt und hob die Hände. »Das war ein Scherz.«

»Das habe ich durchaus verstanden«, versicherte sie. »Und sonst? Was kannst du noch über ihn sagen? Über seine familiäre Situation beispielsweise. Hat er eine Freundin, Verlobte, Frau, Kinder? Welchen Hobbys geht er nach, was isst er gern? Was ist der Kern seiner Persönlichkeit, was sind seine Bedürfnisse, was verabscheut er?«

»Also dazu fällt mir jetzt nichts ein. Dafür kenne ich ihn zu wenig.«

»Siehst du, und Fallanalytikerinnen und -analytiker sind da eben anders. Du kennst Leonhard genauso lange wie ich dich, richtig?«

»Ja, richtig.«

»Na dann ...«, begann sie, genau wie er zuvor begonnen hatte. »Also, dein Name ist Christoph Greger, du bist 1975 geboren, jedoch nicht hier in Köln. Du kommst nicht aus dem Rheinland, sondern aus Franken, ich tippe auf Baden-Württemberg. Du bist circa eins zweiundachtzig groß und über neunzig Kilo schwer. Es war sogar schon mal mehr, doch in letzter Zeit hast du, vermutlich wegen der Streitereien mit deiner Ehefrau, einiges abgespeckt. Du hast keine Kinder, vermutlich hast du dir aber welche gewünscht. Deine Frau war anfangs einverstanden mit deiner Berufswahl, doch der Job ist hart, und das wird mit zu eurem zerrütteten Verhältnis beigetragen haben. Inzwischen hat sie einen anderen Mann kennengelernt, was dich so aufbrausend sein lässt. Du willst noch immer daran glauben, dass alles gut werden kann, doch insgeheim weißt du längst selbst, dass die Wahrscheinlichkeit eher gering ist. Der damit einhergehende Kontrollverlust lässt dich dünnhäutiger sein, als du es von dir selbst gewohnt bist. Seit eurer Trennung trinkst du nach Feierabend zu viel Alkohol, und du merkst, dass dir dein Leben dadurch immer mehr entgleitet. Allein die Vorstellung, dass deine Frau negative Presse über dich liest und sich damit bestätigt sieht, dass du nicht der tolle Mann bist, der du gern für sie wärst, treibt dich fast in den Wahnsinn. Du fühlst dich ungerecht behandelt, weil du für deinen Job alles gegeben hast und nun von ihr vor die Tür gesetzt wurdest. Deshalb hast du zwar keinen allgemeinen Frauenhass entwickelt, doch du kannst dich einerseits noch nicht mit der Trennung abfinden, und andererseits willst du dir auch nicht vorstellen, allein zu sein, wenn du eines Tages nicht mehr deine gesamte Zeit im Präsidium verbringst.

Du schätzt Lena, erkennst sie aber nicht wirklich als deine Partnerin an, weil du im Rang über ihr stehst. Ganz abgesehen davon findest du es nicht richtig, dass Lena der Überzeugung ist, ihrer Tochter auch ohne Vater ein gutes Leben bieten zu können. Du tust gern modern, hängst aber in alten Rollenmustern fest, und allein die Vorstellung, dass du nicht als der starke, kluge Mann wahrgenommen werden könntest, der du gern sein möchtest, bringt dich fast um den Verstand.

Du willst diesen Fall unbedingt lösen, doch nicht nur der Frauen wegen und was ihnen angetan wird, sondern um dich zu profilieren. Nicht vor anderen, sondern vor dir selbst, weil du deinen eigenen Wert nicht mehr zu schätzen weißt. Ich tippe, dass du mindestens eine jüngere Schwester hast, mit der du dich allerdings nicht sonderlich gut verstehst, weil sie schon als Kind nicht bereit war, auf dich als großen Bruder zu hören. Bei deinen Kollegen bist du beliebt, würdest ihnen jedoch niemals gestehen, dass deine Frau dich verlassen hat, denn das wäre für dich ein Zeichen der Schwäche.« Sophie sah ihn an. Christoph war blass geworden. »Genügt das, oder möchtest du noch mehr hören?«, fragte sie ihn. »Mir ist da noch so einiges aufgefallen.«

Christoph schüttelte nur den Kopf, zog sich nun ebenfalls einen Stuhl heran und setzte sich.

»Susanne hat dich verlassen?«, fragte Lena überrascht. »Warum hast du nichts gesagt?«

»Was hätte ich denn sagen sollen?«, versuchte er sich zu verteidigen. »Außerdem machen viele Paare mal eine Pause. Es ist noch nicht sicher, dass …« Er brach ab.

»Es ging mir nicht darum, dich vorzuführen, Christoph. Und dein Geheimnis ist bei Lena sicher, denn sie ist überaus loyal dir gegenüber, auch wenn sie nicht das Gleiche von dir erwarten sollte«, stellte Sophie fest.

»Aber woher weißt du das alles?«, fragte Lena.

Sophie aß den Rest ihres Riegels, zerknüllte das Einwickelpapier und warf es in den Papierkorb, der ein Stück von ihrem Stuhl entfernt an der Wand stand. »Das ist mein Job«, antwortete sie dann. »Das ist Profiling.«

»Aber … ich meine die Details: Wie kommst du zum Beispiel darauf, dass er früher mal mehr auf die Waage gebracht hat?«, fragte Lena, die keinen Hehl aus ihrer Bewunderung für diese ausführliche Analyse machte.

»Dass er zugenommen und bereits wieder abgenommen hat, ist an seiner Kleidung zu erkennen. Er hat entweder zu enge oder neuere, zu weite Kleidung an. Er war also mal schlanker, hat irgendwann gemerkt, dass er nicht mehr richtig in die Sachen reinpasst, und sich deshalb neue Kleidung gekauft, ein, zwei Nummern größer. Die Sachen sind kaum getragen, aber doch schon wieder etwas zu weit. An der Gürtelschnalle lassen sich außerdem Abnutzungsspuren an weiteren Löchern erkennen. Er kämpft also mit seinem Gewicht – ebenfalls ein Indiz dafür, dass er nicht ganz mit sich im Reinen ist.«

»Und das mit Susanne?«, fragte Lena weiter.

»Christoph spielt mit seinem Ring, wenn er sich unbeobachtet fühlt. Sobald er selbst darauf aufmerksam wird, hört er sofort damit auf. Im nächsten Moment lässt er Floskeln in der Art fallen, dass die Fälle unbedingt so schnell wie möglich gelöst werden müssen und so weiter. Er will damit überspielen, dass er nicht bei der Sache ist. Außerdem geht er zu völlig unterschiedlichen Zeiten nach Hause, ohne seiner Frau zuvor Bescheid zu sagen. Dann sein ambivalentes Verhalten in Bezug auf …«

»Das reicht jetzt echt«, unterbrach Christoph. »Du hast mich genug auseinandergenommen.«

Sophie zuckte mit den Achseln. »Wie du willst.«

Christophs Handy klingelte. »Entschuldigt«, bat er und meldete sich. Einen Moment hörte er zu, dann stieß er hervor: »Wirklich? Und da seid ihr sicher?«

Wieder lauschte er, dann: »Alles klar, ich gebe es an die anderen weiter. Vielen Dank, Dr. Willinger.« Christoph drückte die rote Taste.

»Ihr werdet es nicht glauben. Die DNA aus dem Embryo stimmt mit den Spermaspuren früherer Vergewaltigungsopfer überein.«

Sophie ging zu ihm. »Mit welchen?«

»Mia Hora, Bianka Müller und Astrid Klein«, wiederholte Christoph die Namen, die ihm offenbar soeben genannt worden waren.

Sophie trat an den Tisch, zog die Akten aus dem Stapel und warf einen Blick darauf, dann gab sie sie weiter an Leonhard, der zusammen mit Lena hineinsah.

»Das sind die drei ältesten uns bekannten Fälle. Damit ist Mia Hora das erste nachweisliche Opfer. Sie ist die junge Frau, die mit K.-o.-Tropfen betäubt und vergewaltigt wurde, bevor sie anschließend an ihrem Erbrochenen erstickte«, stellte Leonhard fest.

»Wir müssen unbedingt mit ihren Eltern und Angehörigen sprechen«, sagte Sophie.

»Dafür ist es jetzt schon zu spät«, widersprach Leonhard und deutete auf die Uhr.

»Aber vielleicht haben sie wichtige Hinweise, die uns weiterbringen«, widersprach Sophie.

Christoph schüttelte ebenfalls den Kopf. »Morgen ist auch noch ein Tag, Sophie. Oder glaubst du, dass die Eltern dir fünf Jahre nach der Vergewaltigung und dem Tod der Tochter einen so entscheidenden Hinweis geben können, dass wir Katherine Wolf heute noch finden?«

Sophie wollte etwas einwenden, doch sie befürchtete, dass die anderen recht hatten.

»Kannst du dann gleich morgen früh rausbekommen, wo die Eltern mittlerweile wohnen? Ich möchte unbedingt so schnell wie möglich mit ihnen sprechen«, bat Sophie.

»Wenn ihr bereit seid, nach alldem noch mit mir zusammenzuarbeiten, sicher«, antwortete Christoph.

Leonhard und Sophie tauschten einen Blick.

»Wenn das alles hier vorbei ist, kannst du's mit einem Bier wiedergutmachen«, sagte Leonhard in versöhnlichem Tonfall zu ihm. »Aber vorher sprichst du mit den Presseleuten und bringst sie dazu, Sophies Schwächeanfall unerwähnt zu lassen. Das kriegst du schon hin – schließlich sind sie auf gute Zusammenarbeit und deine Informationen in anderen Fällen angewiesen.«

»Einverstanden.« Christoph nickte. »Tut mir leid, Sophie. Ich glaube, ich habe jetzt kapiert, wie ihr arbeitet, und ich muss ehrlich sagen – Hut ab.«

Sophie sah, wie Lena lächelte. »Also ich trinke auch gern ein Bier auf deine Kosten«, schloss sie sich Leonhard an, worauf Sophie nichts anderes übrig blieb, als ebenfalls einzuwilligen.

»Ich komme mit, aber ich bleibe bei Wasser«, sagte sie und verstummte, weil sie spürte, wie plötzlich wieder dieses Kribbeln begann und ein Gedanke an die Oberfläche drängte.

»Was ist los?«, fragte Leonhard, der sie inzwischen offenbar fast schon ein bisschen zu gut kannte.

»Apropos Wasser: Ich muss immer wieder an die Tote aus dem Rhein denken, noch viel mehr aber an den Freund von David Specker, diesen Niklas Harms. Keine Ahnung, warum, aber der Typ ist mir einfach nicht geheuer. Zumal seine Frau die Zwillingsschwester von Mirja Schmieder sein könnte. Blonde lange Haare, blaue Augen … Mirja hat Leonie abgeraten, Niklas zu heiraten, deshalb ist es zum Krach gekommen …« Sie sah Christoph an. »Könntet ihr euch morgen von David Specker eine Liste mit allen männlichen Freunden und Bekannten geben lassen und diese anschließend zur freiwilligen Abgabe einer DNA-Probe auffordern?«

»Du glaubst, dass unser Vergewaltiger in Mirja Schmieders Freundeskreis zu finden ist?«, fragte Leonhard.

»Nein, eigentlich nicht. Aber dieser Niklas Harms hat etwas an sich, was mich irgendwie stutzig werden lässt.«

»Aber dir ist schon klar, dass wir niemanden dazu zwingen können, die Probe abzugeben?«, vergewisserte sich Lena.

»Sicher, das weiß ich. Die Proben interessieren mich im Grunde auch nur peripher. Ich will wissen, ob Harms freiwillig eine Probe abgibt.«

»Na ja, es ist zwar ungewöhnlich und ein ziemlicher Aufwand«, meinte Christoph, »aber dieser Fall wird es sicher hergeben, auch wenn wir an Mirjas Leiche und ihrem Fundort noch keine weitere Fremd-DNA gesichert haben.«

»Gut«, antwortete Sophie. »Vielleicht ist auch überhaupt

nichts dran, und es liegt einfach nur daran, dass ich diesen Harms nicht mag. Aber ich möchte sichergehen.«

»Und was magst du an ihm nicht?«, wollte Lena wissen.

»Ach, weißt du, ich kann das gar nicht greifen. Für mich ist er so ein …«, sie malte mit den Fingern Anführungsstriche in die Luft, »… Frauen-gehören-an-den-Herd-Typ«, gab Sophie zur Antwort, woraufhin Lena die Augen verdrehte.

»Na, wunderbar. Solche Typen brauche ich genauso dringend wie eine Grippe.«

Sophie lächelte die Kollegin an. »Ja, das trifft es perfekt. Solche Typen braucht man wie eine Grippe.«

***

Katherine war es so kalt, dass sie ohne Unterlass zitterte. Vielleicht lag es aber gar nicht an der Kälte, sondern an der Angst, da sie nicht wusste, was als Nächstes geschah. Doch es würde etwas geschehen, davon war sie überzeugt.

Sie hatte eine Weile gebraucht, um sich von dem Elektroschock, den die Frau ihr verpasst hatte, zu erholen. Wie lange sie auf dem Steinboden gelegen hatte, wusste sie nicht. Vielleicht zwanzig Minuten, eine halbe Stunde oder auch viel länger. Sie hatte absolut keine Ahnung, wusste nur, dass sie Mühe gehabt hatte, sich hochzurappeln und zurück auf die Pritsche zu krabbeln.

Die Stellen, an der der Elektroschocker sie berührt hatte, schmerzten noch immer, und trotz des schwachen Lichts konnte sie sehen, dass sich dort zwei hellrote Wunden gebildet hatten.

Die Frau war danach einfach wieder gegangen und hatte das Nachthemd hier unten gelassen, wahrscheinlich, damit sie es überzog. Doch das würde sie nicht tun. Zwar würde sie dann bestimmt wieder einen Stromschlag mit diesem Elektroschocker verpasst bekommen, aber sie würde sich nicht fügen, auch wenn sie Angst vor den Schmerzen hatte, die sie deshalb würde erdulden müssen. Und wenn sie sich doch fügte? Wenn sie nachgab und die Forderungen der beiden erfüllte? Vielleicht kam sie dann doch noch lebend hier raus?

Ihr entfuhr ein leises Schluchzen. Wie hatte sie nur so dumm sein können? Sie hatte den Kinderwagen wiedererkannt, und als er sie so verzweifelt gerufen und sie gebeten hatte, auf das Baby achtzugeben, weil etwas mit seiner Ehefrau sei, war sie einfach losgelaufen, um zu helfen. Es wäre ihr niemals in den Sinn gekommen, dass das Ganze ein abgekartetes Spiel sein könnte, dass sie in Gefahr schwebte. Sie kannte ja den Kinderwagen und die Frau, die sie schon so oft auf der Parkbank hatte sitzen sehen und die Biggi und sie irgendwann sogar grüßten. An eine Falle hatte sie keine Sekunde gedacht. Doch als sie dann von dem schmalen Weg abgebogen und durch die Büsche zu ihm und dem Kinderwagen gelaufen war, hatte sie dieses eigenartige Gefühl verspürt – ein Gefühl, das sie mahnte, keinen einzigen Schritt weiterzugehen. Doch da war es schon zu spät gewesen. Er hatte ihr den Kinderwagen übergeben, in den Park gedeutet und hektisch gestammelt, seine Frau sei dort hinten gestürzt. Sie hatte in die entsprechende Richtung gesehen, dann in den Kinderwagen, und in diesem Moment war ihr endgültig klar geworden, einen riesigen Fehler begangen zu haben. Denn nun sah sie die Puppe, die im Kinderwagen lag, und spürte die Spritze, die er in ihren Hals drückte. Sie hatte das Bewusstsein verloren und war erst auf dem Boden in der kleinen Kammer im Keller zu sich gekommen, die Beine verrenkt, weil sie zu groß war, um der Länge nach hineinzupassen, gegen die Übelkeit ankämpfend, die ihren Magen krampfen ließ.

Jetzt sah sie sich zum x-ten Male in der Zelle um, versuchte zu schätzen, wie groß diese war. Die Pritsche, auf der sie lag, war etwa siebzig Zentimeter breit und eins achtzig lang, dahinter war nicht mehr viel Platz bis zu den Gitterstäben, rechts dane-

ben war noch ungefähr ein Meter bis zur Wand. Wo um alles auf der Welt mochte sie sein? Es sah so aus, als würde sie sich in einem ganz normalen Keller befinden, nur dass dieser mit einer vergitterten Gefängniszelle wie aus alten Fernsehfilmen ausgestattet war, wobei das Gitter eher an eine Fahrradgarage erinnerte. Oder aber an die metallenen Trenngitter in den Kellern von Mehrfamilienhäusern, doch dass sie in einem Mehrfamilienhaus festgehalten wurde, glaubte sie nicht. Das Risiko, dass jemand ihre Schreie hörte, wäre viel zu groß gewesen. Sie beäugte die Gitterstäbe. Sonderlich stabil wirkten sie nicht. Ob es wohl möglich war, sie aus dem Rahmen herauszutreten oder zu verformen?

Katherine stand auf, legte die Decke über ihre Schultern, damit sie nicht zu sehr fror, trat an das Gitter und rüttelte daran. Es ließ sich tatsächlich bewegen, doch nur innerhalb des Rahmens, und mehr und stärker daran zu rütteln, brachte nichts, außer dass sie sich verausgabte. Vielleicht entdeckte sie oben an der Decke eine Schwachstelle. Katherine stieg auf die Pritsche und sah sich die Befestigung an. Sie streckte den Arm aus, berührte mit den Fingernägeln die Decke und kratzte daran. Der Putz war feucht, bröckelte ab und rieselte ihr direkt in die Augen. Sie zuckte zurück, schloss einen Moment die Lider und öffnete sie wieder. Sie musste ein paarmal blinzeln, bis endlich das Brennen in ihren Augen nachließ. Als sie wieder richtig sehen konnte, setzte sie sich auf die Pritsche, den Rücken gegen die Wand gelehnt, die abstrahlende Kälte nur abgemildert durch das Kopfkissen, das sie zwischen sich und die nackte Mauer steckte. Katherine zog sich die Decke bis ans Kinn und betrachtete die Stelle an der Decke, wo sie einige Kratzspuren hinterlassen hatte. Um die Befestigung für das Gitter daraus zu lösen, würde sie irgendein Werkzeug benötigen – mit bloßen Händen wäre das nicht möglich. Ihre Augen schweiften durch ihre Zelle auf der Suche nach einem Werkzeug, aber da war nichts.

Eine Weile überlegte sie angestrengt, dann kam ihr eine Idee: Seit sie hier war, hatte sie kaum etwas anderes als Haferflocken zu essen bekommen. Wenn es ihr irgendwie gelingen würde, den Löffel zu behalten, wäre das zumindest ein Anfang. Allerdings würde es auffallen, wenn der Löffel fehlte. Sie müsste sich eine Erklärung einfallen lassen, die plausibel genug war, um die beiden nicht misstrauisch werden zu lassen. Sie waren zwar völlig krank im Kopf, aber deshalb ja nicht blöd.

Essen und Trinken bekam sie immer nur von der Frau. Und auch wenn sie in den Eimer gemacht hatte, brachte die Frau ihn weg. Den Mann hatte Katherine nur gestern gesehen, als er sich die Leiche der jungen Frau über die Schulter geworfen hatte und nach oben gegangen war. Zuvor hatte sie immer bloß seine Stimme gehört, doch ihr war vollkommen klar, dass das nicht so bleiben würde. Sie wusste ja, was er mit der anderen gemacht und weshalb er sie entführt hatte. Außerdem hatte sie gehört, wie die beiden darüber sprachen, dass sie ihre Gesichter gesehen hatte und sie deswegen kein Risiko eingehen durften. Allein bei dem Gedanken, was das bedeutete, wurde ihr übel. Sofort fing sie wieder an zu zittern.

Sie schloss für einen Moment die Augen, atmete tief durch. Nur keine Panik! Sie durfte nicht in Panik geraten, durfte die beiden ihre Angst nicht spüren lassen. Denn bestimmt war es genau das, was sie wollten.

Schon so oft hatte sie gehört, wie jemand sagte, dass dieses oder jenes ein echter Albtraum sei. Dabei war es um banale Dinge gegangen wie eine verspätete S-Bahn oder dass in der Schule unangekündigt ein Test geschrieben wurde.

Ein wirklicher Albtraum war das hier, nur dass es eben kein Traum war, sondern Realität.

Sie mochte sich nicht einmal vorstellen, was ihre Eltern gerade durchmachten. Ob sie wohl dachten, ihre Tochter wäre bereits tot? Sie nahmen doch wohl hoffentlich nicht an, dass sie einfach davongelaufen war? Nein, bestimmt nicht. Ihre Eltern kannten sie und würden so was nicht vermuten. Bestimmt hatten sie die Polizei informiert, und diese suchte längst überall nach ihr. Doch würden sie sie auch finden? Und was würden diese Irren bis dahin mit ihr anstellen? Wieder musste sie an die tote Frau denken, bei deren Reinigung sie hatte helfen müssen. Ihr Körper war grün und blau geprügelt gewesen. Wie lange sie wohl hier gewesen war? Bestimmt war auch sie von jemandem vermisst worden. Warum hatte man sie nicht gefunden?

Sie spürte, dass ihr die Tränen kamen, und zuckte zusammen, als oben die Kellertür aufgeschlossen wurde. Eilig wischte sie die Tränen ab. Wie sollte sie sich verhalten? Was konnte sie tun, damit die beiden sie freiließen?

Sie hörte schwere Schritte. Er war es also. Kurz darauf waren weitere, schnellere Schritte zu vernehmen.

»Nein, hörst du? Komm wieder rauf!«

Die schweren Schritte kamen näher, dann sah Katherine, wie er auf ihre Zelle zutrat.

»Du hast sie ja gar nicht vorbereitet!«

»Ich habe dir gesagt, dass es ein Fehler war, sie zu nehmen!«, schimpfte die Frau von oben.

»Wie kannst du mir so in den Rücken fallen?« Seine Stimme klang aufrichtig entrüstet.

»Komm. Wir reden oben darüber. Nicht vor der da«, gab die Frau zurück.

»Ich habe sie mir geholt, und jetzt will ich sie haben.«

»Du hast es doch im Fernsehen gesehen. Sie suchen nach ihr.«

»Na und?« Er betrachtete Katherine, die sich unwillkürlich noch enger mit dem Rücken gegen die Wand presste.

Seine Lippen verzogen sich zu einem spöttischen Grinsen. »Bestimmt hat die Polizei auch nach all den anderen gesucht. Doch sie haben sie nicht gefunden.«

»Es könnte dich jemand gesehen haben.« Die Frau kam die

Treppe herunter und trat an seine Seite, die Augen auf Katherine geheftet. »Du bist vom Plan abgewichen und hast uns damit in Gefahr gebracht. Ich sage dir, wir bringen sie um, und dann machen wir eine Pause. Oder wir ziehen weg.«

»Ich will sie haben!«, beharrte er, ohne den Blick von Katherine zu lassen.

Katherine spürte, wie eine Woge der Übelkeit über sie hinwegrollte. Krampfhaft schluckte sie gegen die Galle an, die in ihrer Kehle aufstieg.

»Ohne mich«, zischte die Frau und machte kehrt, doch er streckte blitzschnell die Hand aus und griff in ihre Haare.

»Wie kannst du es wagen?« Er schlug ihr mit der Faust ins Gesicht. Die Frau ging zu Boden. Katherine schrie auf.

»Halt dein Maul!«, herrschte er sie an, dann wandte er sich wieder der Frau zu, die noch am Boden saß, zog sie in die Höhe und gab ihr zwei Ohrfeigen. »Du hast mir ewige Treue geschworen, und du wirst tun, was ich will!«, brüllte er. »Das alles ist nur deinetwegen, weil du dich benommen hast wie eine verdammte Hure!«

Die Frau – seine Frau – schlug die Hände vors Gesicht. »Es tut mir leid«, wimmerte sie.

Einen Moment blieb er vor ihr stehen, die Hände zu Fäusten geballt, dann löste er die Finger, strich eine Haarsträhne, die ihr in die Stirn gefallen war, beiseite und zog sie in seine Arme.

»Scht, scht«, tröstete er sie zärtlich. »Mein Liebling. Das wollte ich nicht. Aber es ist deine eigene Schuld. Sieh nur, wozu du mich bringst.«

Seine Frau lehnte sich schluchzend an ihn.

»Du hast sie ohne mich geholt. Du hast mich betrogen«, jammerte sie.

»Aber Liebling«, er küsste ihre Stirn, dann ihren Hals, »ich würde dich doch nie betrügen. Sie bedeutet mir nichts.«

»Ihretwegen hast du uns in Gefahr gebracht«, beharrte sie.

»Scht, scht«, machte er erneut. »Alles ist gut. Alles ist gut, mein Liebling. Dir wird nichts geschehen. Ich beschütze dich. Ich lasse nicht zu, dass dir etwas geschieht«, redete er weiter auf sie ein, dann blickte er von ihr zu Katherine.

Die Frau presste sich noch enger an ihn, dann fiel ihr Blick auf Katherine. In ihren Augen lag etwas, was Katherine vor Angst erstarren ließ, nämlich eiskalter, blanker Hass.

»Zeig es ihr«, forderte sie ihren Mann auf. *»Zeig ihr, was für ein Mann du bist.«* Ein verächtliches Lächeln umspielte ihre Lippen, als sie sich von ihm löste und zur Treppe wandte. *»Ich hole nur schnell die Kamera.«*

Er hielt sie zurück und zog sie erneut an sich, um sie zu küssen. Dann blickten beide im gleichen Moment Katherine an, kalt, voller Verachtung und ohne jedes Mitleid. Katherine wollte schreien, doch kein Laut drang über ihre Lippen. Denn in diesem Augenblick wurde ihr klar, dass sie ihnen nicht entkommen konnte.

15. KAPITEL
Sophies und Leonhards Hotel, Köln
Freitag, 30. Juni 2023

> *Meine Gedanken sind eigentlich nur bei dem Fall – doch mein Herz ist woanders.*
> LEONHARD MICHELS

Das meiste hatte er telefonisch klären können.

So war es gerade mal ein Aufwand von einer knappen Viertelstunde gewesen, seine Sachen aus dem für ihn von der Polizei gebuchten Hotel zu holen, dort aus-, hier einzuchecken und direkt das Zimmer neben Sophie zu beziehen.

Er war gleich unter die Dusche gegangen, um den Tag abzuspülen, der es wahrlich in sich gehabt hatte. Anschließend hatte er Sophie eine WhatsApp geschickt und gefragt, ob sie zusammen im Hotelrestaurant zu Abend essen wollten. Sie hatte geantwortet, sie hätte noch Proteinriegel, worauf Leonhard etwas aufs Zimmer bestellt hatte, was soeben gebracht worden war.

Jetzt stand er mit dem Servierwagen vor ihrer Tür und klopfte an. »Sophie?«

»Was ist?«, fragte sie, kaum dass sie ihm geöffnet hatte. Ihr Blick fiel auf den Servierwagen. »Ich habe doch gesagt, dass ich nichts brauche.«

»Dein Körper und ich sehen das anders«, widersprach Leonhard und rollte den Wagen an ihr vorbei ins Zimmer.

»Mach mal Platz«, forderte er sie auf, nachdem sie die Tür hinter ihnen geschlossen hatte, und deutete zu dem Tisch mit den beiden Stühlen, auf dem ein Stapel Akten lag.

»Ich habe wirklich keinen Hunger«, lehnte Sophie ab, räumte aber die Akten weg, sodass Leonhard die beiden Teller, die auf der unteren Ebene des Servierwagens standen, auf den Tisch stellen konnte. Anschließend entfernte er die Abdeckungen von den Tellern und Schalen auf der oberen Ebene. Darunter befand sich das Essen.

»Alles separat angerichtet, die Soße ist ebenfalls extra. Nichts ist kontaminiert«, nahm er den Begriff auf, den Sophie mal gewählt hatte, als sie sich über Essgewohnheiten unterhalten hatten. Sie hatte ihm erklärt, dass sie niemals etwas essen könnte, das auf dem Teller eine andere Speise berührte. Selbst bei einfachsten Gerichten wie Pommes frites mit Ketchup brachte sie keinen Bissen hinunter, wenn der Ketchup nicht mit mindestens einem Zentimeter Abstand neben den Pommes gereicht wurde. Eine Nudelpfanne oder gar eine Paella stellten für sie ein absolutes No-Go dar.

»Machst du dich über mich lustig?«, fragte Sophie, und fast schien es ihm, als wäre sie traurig darüber.

»Ganz im Gegenteil«, versicherte er ihr daher eilig. »Ich habe mich daran erinnert, wie wichtig dir das ist, und das nehme ich ernst. Mir ist nämlich ausgesprochen wichtig, dass du dich gut fühlst.«

Ein Lächeln huschte über Sophies Gesicht. »Das ist lieb von dir. Danke schön.«

Leonhard zwinkerte ihr zu. »Na los, setz dich.« Er stellte eine verschlossene Wasserflasche vor sie hin. Für sich selbst hatte er ein Bier geordert.

Es war Leonhard eine Freude zu sehen, dass Sophie etwas Brokkoli aus der ersten Schale auf ihren Teller legte, gefolgt von Kartoffelspalten und Karotten, alles in gebührendem Abstand voneinander. Anschließend füllte sie einige Tomaten in eine gesonderte Schale und legte ein Stück Zander dazu.

»Hier, bitte sehr.« Leonhard reichte ihr eine kleine, nur zu einem Viertel gefüllte Sauciere, doch Sophie schüttelte den Kopf.

»Die ist nur für dich«, erklärte Leonhard. »Meine ist hier. Du musst die Soße also nicht umschütten, sondern kannst etwas darin eintauchen oder mit dem kleinen Löffel etwas auf den Teller füllen.«

Sophie blickte ihn gerührt an. »Ich glaube, das ist das Netteste, das je jemand für mich getan hat.«

»Lass es dir schmecken«, gab Leonhard zurück, füllte sich nun seinerseits den Teller und gab dann reichlich Soße über alles.

»Danke, Leonhard. Wirklich.«

Leonhard nahm den ersten Bissen und kaute genussvoll. Es war ein wunderbares Gefühl, endlich etwas Richtiges in den Magen zu kriegen. Seit heute Morgen war er nicht dazu gekommen, und inzwischen war es nach halb neun. Im Grunde war das nicht weiter ungewöhnlich, denn zum Leben eines Polizisten gehörte es einfach dazu, immer einsatzbereit zu sein, weshalb viele seiner Kollegen ständig irgendetwas aßen, weil sie eben nicht wussten, wann der nächste Einsatz bevorstand und sie wieder dazu kommen würden. Allerdings war dies, wie er im Laufe der Jahre beobachtet hatte, bei manchen so ausgeartet, dass sie aßen und aßen und eben kein Einsatz kam, sodass sie im Grunde nur immer weiter zunahmen, was für den Beruf, den sie ausübten, alles andere als förderlich war.

»Wir sollten ein bisschen besser auf uns achten«, stellte Leonhard fest. »Zumindest eine richtige Mahlzeit am Tag sollte drin sein.«

»Vielleicht hast du recht«, räumte Sophie ein. »Aber ehrlich gesagt, habe ich mich noch nie daran gehalten.«

»Bisher hattest du ja auch keinen Partner, der auf dich aufgepasst hat.«

»Ich brauche niemanden, der auf mich aufpasst«, entgegnete Sophie leicht abweisend.

»Doch, brauchst du. Und ich ebenfalls«, widersprach Leonhard. »Jeder Mensch braucht von Zeit zu Zeit jemanden, Sophie. Das ist weder eine Schwäche, noch hat es irgendetwas mit Asperger zu tun«, stellte er klar. »Ich verstehe deine Abwehrhaltung, weil du wahrscheinlich oft angefeindet wurdest in deinem Leben. Doch ich bin auf deiner Seite, und ich hoffe, du auch auf meiner.«

Sie sah ihn an, schluckte den Bissen hinunter. »Es tut mir leid. Ich glaube, ich bin es so sehr gewohnt, mich nur auf mich verlassen zu können, dass es mir schwerfällt, nicht reflexartig zu widersprechen.«

»Das hab ich schon begriffen.« Leonhard zögerte kurz, dann fragte er: »Wie ist das mit deinen Eltern? Stehen sie hinter dir?«

Sophie zuckte mit den Achseln. »Vielleicht. Ehrlich gesagt weiß ich es nicht genau. Wir verstehen uns besser als früher. Doch gerade meinem Vater fällt es schwer zu akzeptieren, dass ich mein eigenes Leben führe. Vor allem meine Berufswahl ist ihm ein Dorn im Auge.«

»Weil du nicht in sein Millionenunternehmen einsteigen willst?«

»Ja, wahrscheinlich. Er findet, dass ich meine Möglichkeiten nicht nutze und so mein Potenzial nicht ausschöpfe. Ich denke, tief im Inneren glaubt er, dass mein Autismus überwindbar wäre, wenn ich mich nur mehr anstrengen würde. Dann könnte ich genauso sein, wie er mich haben will.« Sophie zuckte ein weiteres Mal mit den Achseln. »Das will ich aber nicht.« Sie steckte sich ein Stück Zander in den Mund und trank anschließend einen Schluck Wasser. »Was ist mit deinen Eltern?«, fragte sie dann. »Du hast sie während der Zeit, die wir jetzt zusammenarbeiten, nur zweimal besucht.«

»Du führst also Buch?«, lachte Leonhard.

»Nein, natürlich nicht. Das ist nicht notwendig. Du warst am 19. März anlässlich des Geburtstags deines Vaters bei ihnen und am Ostersonntag, dem 9. April.«

»Ich hätte jetzt gar nicht mehr gewusst, an welchem Datum Ostern war, aber wenn du es sagst, glaube ich dir.« Er spießte etwas soßengetränkten Brokkoli auf die Gabel. »Ich würde sagen, ich habe ein total normales Verhältnis zu meinen Eltern. Bei uns stand allerdings nie die Frage an, ob ich irgendetwas übernehme, weil meine Eltern selbst Angestellte waren und inzwischen im Ruhestand sind. Aber wir kommen gut miteinander klar, auch wenn meine Schwester ihr Liebling ist. Verheiratet, zwei Kinder, perfekt organisiert.« Leonhard zuckte mit den Schultern. »Damit komme ich gut klar.«

»Ich verstehe«, sagte Sophie und schien kurz zu überlegen. »Wäre bei mir wahrscheinlich genauso gewesen.«

»Was wäre genauso gewesen?«, fragte Leonhard nach.

»Ich wäre sicher damit zurechtgekommen, wenn meine Eltern Stella lieber gemocht hätten. Das haben sie vermutlich auch, denn sie entsprach weit mehr ihren Erwartungen als ich.«

»Wer ist Stella?«, fragte Leonhard. »Hast du nicht mal erwähnt, du hättest keine Geschwister?«

»Das ist richtig, habe ich nicht. Nicht mehr, um genau zu sein. Stella war meine Zwillingsschwester. Sie ist im Alter von sechs Jahren, acht Monaten und zwei Tagen gestorben.«

Leonhard ließ die Gabel sinken. »Mein Gott, Sophie, das ist furchtbar. Ich hatte ja keine Ahnung.«

»Ja, es ist furchtbar«, bestätigte sie.

»Woran ist sie gestorben?« Leonhard wurde eiskalt. »Sie ist doch hoffentlich keinem Verbrechen zum Opfer gefallen?«

»Nein.« Sophie schüttelte den Kopf. »Sie hatte Leukämie.«

»Das tut mir wirklich sehr leid, Sophie.«

»Ja, mir auch. Ich glaube, manchmal haben meine Eltern sich gefragt, warum Stella sterben musste und nicht ich.«

»Sophie!« Leonhard sah sie an. »Ich bin sicher, dass das nicht wahr ist. So etwas werden deine Eltern bestimmt nicht gedacht haben.«

Sophie überlegte. »Doch, ich denke schon. Aber letztendlich war es ja keine Entweder-oder-Entscheidung, die es zu treffen galt.«

Leonhard legte den Kopf schräg. Es waren solche Momente, in denen Sophie Dinge auf eine Art sagte, mit der er nur schwer umgehen konnte. Wäre nicht jeder andere allein über den Gedanken bestürzt gewesen?

Ihre beiden Handys vibrierten, und fast zeitgleich nahmen sie diese zur Hand.

»Der Transporter mit dem Veterinärzeichen ist weder einem Tierarzt noch einer Klinik zuzuordnen«, las Leonhard laut vor. »Und das Kennzeichen hat Emil Borgerding ja leider nicht gesehen.« Er sah Sophie an. »Also eine Sackgasse.«

Sophie schaute auf und hielt ihm das Display entgegen. Sie hatte dieselbe Nachricht bekommen. »Das würde ich nicht sagen«, widersprach sie. »Es ist nur ein Puzzleteil aus der Mitte, das wir derzeit noch nirgendwo anbringen können. Doch sobald wir mehr Teile des Puzzles verbaut haben, wird es sich einfügen.«

»Du hast eine wirklich gute Art, die Dinge so zu beschreiben, dass man sie sich vorstellen kann.«

»Danke«, antwortete Sophie.

»Was hat es eigentlich mit diesem Niklas Harms auf sich? Ich habe mich vorhin gewundert, als du ihn Lena und Christoph gegenüber erwähnt hast.«

»Wie ich schon sagte, ist es wohl eher meiner Abneigung ihm gegenüber geschuldet, dass er mir so suspekt erscheint«, gab Sophie zu. »Im Grunde glaube ich nicht, dass er etwas mit Mirja Schmieders Verschwinden zu tun hat. Das würde für mich keinen Sinn ergeben. Es ist nur …« Sie fasste mit der Hand in ihren

Nacken, wie immer, wenn sie über etwas nachzudenken schien oder ihr bei einem Gedanken nicht ganz wohl war. Leonhard hatte dies schon oft beobachtet.

Einen Moment aßen sie schweigend weiter.

»Ist alles in Ordnung, Sophie?«, fragte er, nachdem sie fast fünf Minuten lang kein Wort gesagt hatte. Sie klappte den Mund auf, dann wieder zu, als würde sie mit sich ringen, was sie antworten sollte.

»Sophie?«, hakte er nach.

»Ja, sicher. Alles in Ordnung.«

»Okay, ich glaube dir definitiv nicht.«

»Wir werden heute Abend nicht mehr weiterkommen, und das macht mich fertig. Die Vorstellung, dass irgendwo da draußen eine junge Frau Höllenqualen durchlebt und verzweifelt auf Hilfe hofft – auf *unsere* Hilfe –, treibt mich schier in den Wahnsinn. Ich weiß, dass wir ein paar Stunden schlafen sollten, um morgen einen klaren Kopf zu haben, trotzdem werde ich vermutlich kein Auge zutun können. Ich zweifle manchmal, ob ich wirklich fähig genug bin, diese Fälle zu lösen, oder ob nicht jemand anderes viel geeigneter wäre als ich.«

Leonhard atmete tief durch. Nie zuvor hatte er Sophie so verletzlich erlebt. Nie hatte er das Gefühl gehabt, dass sie ihn derart tief in ihre Seele blicken ließ.

»Willst du, dass ich bei dir bleibe?«, fragte er.

Sophie sah ihn an und nickte stumm.

Was war es, was ihr durch den Kopf ging und was sie nicht greifen konnte? Oder hatte sie einfach nur die traumatische Situation bei der Pressekonferenz aus der Bahn geworfen?

Er stand auf. »Ich schiebe nur schnell den Servierwagen auf den Flur, ziehe mir drüben in meinem Zimmer eine Jogginghose und ein T-Shirt an und komme wieder her, in Ordnung?«

»Hältst du mich jetzt für albern?«, fragte Sophie mit kaum hörbarer Stimme.

»Ich halte dich einfach nur für menschlich«, stellte Leonhard fest. »Ich bin dein Freund, Sophie. Es gibt nichts, worüber du dir Gedanken machen müsstest.« Er sah zum Bett hinüber. »Ganz abgesehen davon, haben wir bereits die letzte Nacht gemeinsam in deinem Bett verbracht. Heute Nacht bin ich lediglich passender gekleidet.«

Erleichtert stellte er fest, dass er sie zum Lächeln gebracht hatte, und zwinkerte ihr zu. »Ich kann mir wirklich etwas Schlimmeres vorstellen, als darauf einzugehen, wenn eine wunderschöne Frau mich fragt, ob ich bei ihr übernachten möchte.«

»So wie du das sagst, bekommt es eine ganz andere Bedeutung.« Sophies Lächeln wurde breiter.

»Genau das war meine Absicht.« Leonhard schob den Servierwagen in Richtung Tür. »Ich bin gleich wieder da!«

Zurück in seinem Zimmer, schlüpfte er in Jogginghose und T-Shirt und putzte sich die Zähne. Anschließend packte er die Kulturtasche und überlegte, was er noch mit rübernehmen sollte. Sein Blick fiel in den Spiegel, und für einen Moment stützte er sich mit den Händen am Waschbecken ab und betrachtete prüfend sein Gesicht. Er war froh, Sophie helfen zu können, doch er spürte auch, dass er sich in Acht nehmen musste, um ihr immer vertrauter werdendes Verhältnis nicht zu gefährden. Denn auch wenn er stets professionell geblieben war und ganz sicher auch bleiben würde, so konnte er sich doch des Gefühls nicht erwehren, dass Sophie für ihn weit mehr geworden war als eine Kollegin und Freundin. Er wusste nicht, wann, doch an irgendeiner Stelle ihres persönlichen Miteinanders war für ihn aus der freundschaftlichen Bindung mehr geworden, nur würde er dies ihr gegenüber niemals zugeben. Denn das, was sie hatten, zu gefährden, war nun wirklich das Letzte, was er riskieren wollte.

***

Es war Samstag. Heute hatte er frei. Zum Glück, denn er war richtiggehend erschöpft von der langen Nacht. So genossen wie gestern hatte er all das lange nicht mehr. Er war so froh, dass er sich dieses Mädchen geschnappt hatte, auch wenn er deshalb mit seiner Frau in Streit geraten war. Doch das war es wert gewesen.

Ihm war natürlich klar, dass sich die Kleine nur geziert hatte, obwohl sie sich im Grunde nichts Besseres vorstellen konnte, als dass er es ihr besorgte. Und das hatte er getan, wieder und wieder. Er war eben ein richtiger Kerl und keiner von diesen Schlappschwänzen dort draußen, die keine Ahnung hatten, wie man mit jungen Frauen wie ihr umzugehen hatte.

Er konnte es kaum erwarten, heute erneut in den Keller zu gehen, obwohl sie nun natürlich keine Jungfrau mehr war. Allein bei der Erinnerung an ihr Wimmern und Flehen bekam er schon wieder einen Steifen, und die Vorstellung, welche Freude es sein würde, sich die Aufnahmen, die seine Frau mit der Kamera gemacht hatte, nachher zusammen mit ihr anzusehen, jagte ihm einen wohligen Schauer nach dem anderen über den Rücken.

Er schmunzelte, als er daran dachte, wie sie reagiert hatte, als sie ihn ihren Herrn hatte nennen sollen. Diese einfältigen, dummen, kleinen Schlampen glaubten allen Ernstes, sie könnten selbst bestimmen, was sie sagten und was nicht. Ihr kurzer Widerstand hatte ihn amüsiert. Es hatte nur weniger heftiger Stöße und eines kurzen Strangulierens bedurft, diesen zu brechen. Doch aufgehört hatte er deshalb natürlich nicht. Strafe musste schließlich sein. Denn nur so würden sie es über kurz oder lang lernen. Und wenn sie es dann irgendwann begriffen hatten, dann holte er sich die Nächste. Und die Übernächste. Und dann noch eine. Aber erst mal würde er sie für eine Weile behalten, auch wenn es deswegen noch in der Nacht erneut zum Streit mit seiner Frau gekommen war. Er wusste gar nicht, was im Moment mit ihr los war, begehrte sie doch weit öfter auf als sonst. Sie war eifersüchtig, das war klar. So hatte sie sich bisher nur ein einziges Mal benommen, damals, bei der Joggerin, die er sich geholt hatte.

Ja, es stimmte – sie hatten die Vereinbarung getroffen, dass sie diejenige war, die die kleinen Schlampen aussuchte. Und bis auf zweimal hatte er sich auch daran gehalten. Nur damals die Joggerin, die hatte er unbedingt haben wollen. Sie war die Erste gewesen, die er mit nach Hause genommen hatte. Lange behalten hatte er sie nicht, weil seine Frau so eifersüchtig gewesen war, dass sie sie mit dem Messer regelrecht zerhackt hatte. Anschließend hatte sie darauf bestanden, den Leichnam zu zerteilen, in Beton zu gießen und im Rhein zu versenken. Gestern hatten sie in den Nachrichten gesehen, dass man sie gefunden hatte. Sie hätten eben doch weiter mit dem Boot rausfahren sollen.

Bei der Kleinen da unten verhielt sich seine Frau nun genauso. Sonst machte sie nie so ein Theater. Dabei war sie doch perfekt. Und in dem weißen, frisch gewaschenen Nachthemd hatte sie einfach zum Anbeißen ausgesehen. Schon wieder spürte er Erregung in sich aufsteigen.

Seine Frau wollte nicht, dass er allein hinunterging, das hatte sie klar und deutlich gesagt. Er sollte sich nur dann vergnügen dürfen, wenn sie dabei war. Aber wer war er denn, dass er sich etwas vorschreiben ließ? Sie war gerade erst gegangen. So schnell würde sie bestimmt nicht vom Einkaufen zurückkommen. Genug Zeit, sich zu amüsieren. Er könnte ein bisschen was zu essen mit runternehmen und sich einen Spaß daraus machen, dass sie ihn darum anbettelte. Viel bekommen hatte sie nicht, seit sie hier war. Und wenn, dann immer nur Haferflocken.

Er ging in die Küche, schnitt ein Stück Käse ab und legte es auf einen Teller. Dann griff er in die Toastpackung und fügte noch eine Scheibe hinzu. Ja, das könnte sie ruhig haben. Und er bekam, was er wollte.

Mit einem breiten Grinsen ging er zur Kellertür, schloss auf und direkt hinter sich wieder ab und stieg die Stufen hinunter.

Er grinste noch immer, als er an das Gitter trat und dieses ebenfalls aufschloss. Dann ließ er den Schlüssel in seiner Hosentasche verschwinden und betrat die Zelle.

»Aufwachen. Dein Herr kommt.«

Sie rührte sich nicht, hatte die Decke übers Gesicht gezogen und lag ganz still da.

»He, was glaubst du? Dass du dich vor mir verstecken kannst?« Er lachte schallend los und zog ihr die Decke weg. Bei dem Anblick, der sich ihm bot, entfuhr ihm ein Schrei. Der Teller glitt ihm aus der Hand und zerschlug auf dem Kellerboden. Fast konnte er nicht glauben, was er sah.

Das Gesicht der Kleinen, mit der er heute Nacht so viel Spaß gehabt hatte, war bis zur Unkenntlichkeit zerschnitten, ihre Haare waren zum Teil ausgerissen, zum Teil abgeschnitten. Sie lagen auf ihrem Körper, getränkt von dem Blut, das aus den Stichwunden in Herz und Brust gesprudelt war. Er ging rückwärts bis zur vergitterten Tür, konnte den Blick nicht von der Leiche lösen. Dann trat er aus der Zelle heraus, und auch wenn es Unsinn war, so verschloss er sie doch wieder. Mit wackligen Beinen stolperte er die Kellertreppe hinauf. Oben angekommen musste er mehrfach den Schlüssel ansetzen, um die Tür wieder aufzubekommen. Seine Frau war offenbar vollkommen wahnsinnig geworden. Was hatte sie sich nur dabei gedacht?

16. KAPITEL
Parkplatz Polizeipräsidium Köln
Sonnabend, 1. Juli 2023

> *Wir sind ganz nah dran. Und doch sagt mir mein Unterbewusstsein, dass mehr hinter alldem steckt, als wir bisher erkennen.*
>
> SOPHIE KAISER

Sie hatten sich nicht lange im Präsidium aufgehalten, sondern nur kurz mit Christoph gesprochen, der sie bei Martina, der Mutter von Mia Hora, dem nach jetzigem Kenntnisstand ersten Vergewaltigungsopfer, angekündigt hatte. Lena hatte heute frei und wollte mit ihrer Tochter in den Zoo gehen.

Sophie hatte die Leidenschaft der Menschen, sich in Gefangenschaft befindliche Tiere anzusehen, nie verstanden. Vielmehr fand sie allein die Vorstellung überaus bedrückend, sich ständig wiederholende, gleichbleibende, aber artfremde Verhaltensmuster an Tieren beobachten zu müssen, die letztendlich in Übersprungs- oder Leerlaufhandlungen mündeten. Doch sie hatte dies Lena gegenüber nicht erwähnt. Manchmal hatte Sophie das Gefühl, selbst in einem Glaskasten zu sitzen und von anderen beobachtet zu werden, weil sie Dinge anders tat, als es der Norm entsprach. Ihr Verhalten musste auf andere absonderlich wirken, und häufige Reaktionen darauf waren Abneigung, Spott oder Wut. Ja, der gestrige Tag hatte ihr mal wieder gezeigt, dass sie nie ganz in die Gesellschaft passen würde, in der sie lebte.

Nur dass sie anders als die Tiere im Glaskasten die Möglichkeit hatte zu fliehen, wenn ihr alles zu viel wurde und sie die be- und verurteilenden Blicke der anderen nicht mehr aushielt.

»Dir geht es gut, oder?«, fragte Leonhard, der am Steuer saß, mal wieder und warf ihr einen Seitenblick zu. Seit sie zusammen beim BKA arbeiteten und mehr Zeit zusammen verbrachten, schien er rund um die Uhr an ihrem Wohlbefinden interessiert zu sein. Was sehr nett von ihm war. Genauso nett wie das Essen gestern Abend. So verständnisvoll und freundlich ging sonst niemand mit ihr um. Freundlich – er hatte gesagt, er wäre ihr Freund, und sie wusste, dass sie ihm glauben konnte, hatte er doch nicht nur in der Auseinandersetzung mit Christoph äußerste Loyalität bewiesen. Sie betrachtete Leonhards Gesicht für einen Augenblick. Seine braunen Locken, den Bart, der weitestgehend symmetrisch geschnitten war, auch wenn sie unterhalb der rechten Wange eine kleine Unebenheit entdeckt hatte, die dichten Augenbrauen und die kantigen Gesichtszüge. Ja, ihr war bereits zuvor aufgefallen, dass Leonhard über diverse Attribute verfügte, die dafür sorgten, dass er hinlänglich von anderen als attraktiv betrachtet wurde, doch zum ersten Mal fragte sie sich, ob auch sie ihn als attraktiv beschreiben würde.

»Sophie?«, fragte er in ihre Gedanken hinein, und ihr wurde bewusst, dass sie ihm noch immer keine Antwort gegeben hatte.

»Ja, sehr sogar«, beeilte sie sich daher zu versichern und meinte es auch so. Als sie heute Morgen um 4.28 Uhr aufgewacht war, hatte sie in Leonhards Arm gelegen. Ein eigenartiges, fremdes Gefühl, doch es war schön gewesen, hatte sie Geborgenheit empfinden lassen, was sie sonst nicht kannte.

Normalerweise verbrachte sie die Nächte nicht mit Männern, und noch nie hatte sie im Arm eines Mannes schlafen können. Wenn sie mit einem Mann zusammen war, dann um Intimität zu spüren, doch an einer Beziehung oder auch nur einer gemeinsamen Nacht hatte sie bisher kein Interesse gehabt.

Wenn sie Männer kennengelernt hatte, die ihr als Sexualpartner geeignet erschienen, traf sie sich und verbrachte ein paar gemeinsame Stunden mit ihnen, bevor sie wieder ging. Zu sich nach Hause hatte sie auch noch nie jemanden eingeladen. Sie wollte nicht, dass jemand wusste, wo sie wohnte, konnte die Vorstellung nicht ertragen, unangemeldet Besuch zu bekommen. Sie mochte Sex, das ja, aber sie hasste Überraschungen. Die beim Beischlaf ausgeschütteten Endorphine trugen zu ihrem Wohlbefinden bei und konnten den Cortisolspiegel senken. Doch eine Liebesbeziehung aus gesundheitlichen Gründen wollte sie ganz sicher nicht führen.

Allerdings war das, was sie heute Nacht empfunden hatte, mehr, tiefer als ein One-Night-Stand oder eine flüchtige Affäre. Einzig heute Nacht, da sie so tief und fest in Leonhards Armen gelegen und geschlafen hatte, hatte sie das Zusammensein als etwas so Schönes, so Erfüllendes wahrgenommen, wie sie es nie zuvor gekannt hatte. Lag es daran, dass sie mit Leonhard eben keine »echte« Liebesbeziehung führte, sondern eine echte Freundschaft, eine Partnerschaft auf Augenhöhe? Und was würde passieren, wenn dies einem von ihnen auf einmal nicht mehr genügte?

»Ich kann heute Nacht gern wieder bei dir bleiben, wenn du möchtest«, hörte sie ihn sagen.

»Ähm ... Hast du inzwischen das Phantombild erhalten?«, fragte Sophie eilig, der plötzlich nichts dringlicher erschien, als das Thema zu wechseln.

Leonhard reichte ihr sein Handy vom Armaturenbrett.

»Schau mal bitte nach. Christoph hatte es ja eigentlich schicken wollen.«

Sophie gab ganz selbstverständlich seinen Code ein, doch bisher war keine Nachricht von dem Kriminaloberkommissar eingegangen. Sie warf einen Blick auf ihr eigenes Handy.

»Nichts«, sagte sie.

»Die Kollegen lassen sich ja ganz gut Zeit, was?«

Sophie gab einen zustimmenden Laut von sich, dann sah sie aus dem Fenster.

»Laut Akte gab es damals keinen wirklichen Verdächtigen«, überlegte sie laut. »Ich meine im Fall Mia Hora. Sie war mit ihrer älteren Schwester auf einer Party und irgendwann einfach verschwunden. Sie war damals fünfzehn Jahre alt.«

»Wenn ich mir vorstelle, meine Schwester hätte mich zu irgendetwas mitgenommen und dann aus den Augen verloren … Ich möchte mir gar nicht vorstellen, was die Schwester sich für Vorwürfe gemacht hat, geschweige denn, was die Eltern sich und ihr für Vorwürfe gemacht haben.«

»Mit dem Gefühl einer solchen Schuld zu leben, muss schwer sein«, stimmte Sophie zu.

»Hier ist es«, sagte Leonhard kurz darauf und parkte seinen BMW direkt vor dem Haus der Familie Hora. Noch bevor sie klingeln konnten, wurde die Tür geöffnet.

»Guten Morgen.« Eine blonde, zierliche Frau, die Sophie auf etwa Mitte vierzig schätzte, trat hinaus. »Sie müssen die Herrschaften von der Polizei sein?«

Sophie nickte, zog ihre Marke hervor, und Leonhard tat es ihr gleich. »Sophie Kaiser, BKA, und das ist mein Kollege Leonhard Michels. Vielen Dank, dass Sie bereit sind, mit uns zu sprechen, Frau Hora.«

»Bitte kommen Sie rein.« Sie gab den Eingang frei.

Kaum waren sie eingetreten, fiel Sophies Blick auch schon auf die Bilder auf dem Sideboard im Flur. Eins davon zeigte zwei blonde Mädchen, als sie noch klein waren, Sophie schätzte die beiden auf etwa acht und fünf. Daneben stand eins, das dieselben Mädchen acht oder neun Jahre später zeigte. Sofort stach Sophie die Ähnlichkeit beider mit den aktuellen Opfern ins Auge.

Martina Hora führte sie in die Küche.

»Ich habe einen Kaffee aufgesetzt. Darf ich Ihnen eine Tasse anbieten?«

»Ich nehme gern einen, danke«, stimmte Leonhard zu.

»Ich habe gerade erst Kaffee getrunken und möchte zu viel Koffein vermeiden«, lehnte Sophie ab.

Martina Hora schenkte zwei Tassen ein und stellte eine davon vor Leonhard ab.

»Nehmen Sie Milch oder Zucker?«

»Nein, schwarz, danke.«

Martina Hora setzte sich zu ihnen an den Küchentisch.

»Also, wie kann ich Ihnen helfen? Es geht um dieses Mädchen, nicht wahr? Das verschwunden ist. Denken Sie, es ist derselbe Mann, der meine Mia ...«, sie zögerte, »der ihr das angetan hat?«

»Wir wissen es nicht, doch wir gehen jeder Spur nach«, antwortete Sophie ausweichend.

»Es gibt einige Parallelen zu dem damaligen Fall Ihrer Tochter«, fügte Leonhard hinzu. »Es könnte uns daher weiterhelfen, wenn Sie uns ein paar Fragen beantworten.«

»Sicher. Fragen Sie.« Martina Hora klang weder unfreundlich noch abweisend. Auf Sophie wirkte sie eher, als hätte sie die Hoffnung aufgegeben, dass der Vergewaltiger und Mörder ihrer Tochter jemals gefunden würde.

»Ist es möglich, dass Sie uns aus Ihrer Sicht noch einmal den Abend schildern, an dem Mia verschwand?«, bat Sophie. »Wir wissen, dass das sehr schwer für Sie sein muss. Aber manchmal treten durch die Erinnerungen Details ins Bewusstsein, die seinerzeit vielleicht gerade nicht präsent waren.«

Martina Hora drehte nachdenklich die Tasse in den Händen und starrte in ihren Kaffee. Sophie schien es, als ginge sie in Gedanken gerade die Jahre zurück.

»Also gut: Es war der 23. Dezember vor fünf Jahren. Damals lebte ich noch mit meinem Mann, Kira und Mia hier im Haus.«

»Sind Ihr Mann und Sie mittlerweile getrennt?«

Martina Hora nickte. »Unsere Ehe hat das mit Mia nicht überstanden. Es war besser, dass wir uns trennten. Ich glaube, wir hatten das Gefühl, einen Schuldigen finden zu müssen. Also haben wir uns irgendwann nur noch gegenseitig Vorwürfe gemacht.«

Sophie und Leonhard warteten, bis sie weitersprach.

»Wir haben alles für die Feierlichkeiten am nächsten Tag vorbereitet und anschließend gegessen, Kira, Mia, mein Mann und ich.«

»Kira ist Ihre ältere Tochter?«

»Ganz recht. Kira wollte sich an dem Abend noch mit einigen Freunden treffen, sobald wir mit den Vorbereitungen durch waren. Mia wollte unbedingt mitgehen, doch mein Mann und ich haben es ihr verboten. Sie war erst fünfzehn, wir wollten das einfach nicht.«

Leonhard nickte verständnisvoll.

»Nachdem wir zusammen gegessen hatten, sind Kira und Mia nach oben gegangen. Kira wollte sich für die Party fertig machen und Mia …«, sie atmete tief durch. »Nun ja, wir dachten, sie würde ins Bett gehen. Mein Mann und ich sind irgendwann nach oben gegangen und haben den Mädchen Gute Nacht gesagt. Da war Mia bereits ausgezogen und saß auf Kiras Bett, während sie sich fertig gemacht hat. Wir haben Kira noch gesagt, dass sie nicht zu lange bleiben soll, dann sind mein Mann und ich ins Bett gegangen.«

»Und Ihre Töchter?«

»Na ja, wir dachten, Kira wäre allein zu der Party gegangen, doch sie hat Mia mitgenommen.« Sie schüttelte den Kopf. »Kira hat sich später solche Vorwürfe gemacht.«

»Wann haben Sie bemerkt, dass Ihre jüngere Tochter sie begleitet hat?«, fragte Leonhard.

»Kira kam morgens zu uns, weil Mia nicht zu Hause war«,

antwortete Martina Hora. »Sie hat sie trotz unseres Verbots zu dieser Party mitgenommen und offenbar aus den Augen verloren. Kira hat ihre Schwester gesucht, und als sie sie nicht finden konnte, ist sie heimgegangen, in der Hoffnung, Mia wäre schon früher aufgebrochen. Doch zu Hause war sie nicht. Wir haben daraufhin die Krankenhäuser angerufen und auch die Polizei. Kurze Zeit später hatten wir Gewissheit.« Sie kämpfte gegen die Tränen an, dann atmete sie tief durch und fuhr fort: »Die Polizei kam zu uns und teilte uns mit, dass man Mia noch in derselben Nacht gefunden hatte. Sie war vergewaltigt und einfach liegen gelassen worden. Zwei junge Männer entdeckten sie und brachten sie ins Krankenhaus, weil sie dachten, Mia hätte zu viel getrunken und wäre unterkühlt. Im Krankenhaus jedoch hat man nur noch ihren Tod feststellen können.«

»Die beiden jungen Männer, kannten Sie die?«, fragte Sophie.

»Nein.« Die Mutter schüttelte den Kopf. »Die Polizei hat die beiden damals überprüft. Es wurde Sperma an Mias Leiche festgestellt und mit Proben der beiden verglichen, doch offenbar hatten sie die Wahrheit gesagt und nichts damit zu tun.«

»Ihre andere Tochter, Kira, ist sie zufällig hier?«

»Nein, sie ist inzwischen ausgezogen. Sie ist verheiratet, doch sie wohnt noch in Köln. Ich kann Ihnen die Adresse geben.« Sie stand auf, nahm Zettel und Kugelschreiber aus einer Schublade und schrieb etwas darauf. »Ich habe auch die Handynummer notiert.« Sie schob den Zettel Leonhard zu.

»Vielen Dank, Frau Hora.« Leonhard steckte ihn ein und trank einen Schluck Kaffee. »Ist Ihnen in der Zeit vor Weihnachten irgendetwas Besonderes aufgefallen? Gab es vielleicht jemanden, mit dem Mia sich traf oder für den sie geschwärmt hat?«

»Nein, niemanden. Sie war ja auch erst fünfzehn.«

Sophie verkniff sich die Bemerkung, dass gerade Fünfzehnjährige es in der Regel faustdick hinter den Ohren und für gewöhnlich schon so einige Erfahrungen gesammelt hatten. »Was war mit Kiras Freundeskreis? Gab es da jemanden, der sich für Mia interessierte?«, fragte sie stattdessen.

»Nein, davon weiß ich nichts. Kira war damals schon mit Philipp zusammen, ihrem jetzigen Ehemann. Thorsten, mein Exmann, und ich waren froh darüber, denn wir hatten uns kurze Zeit Sorgen gemacht, dass sie in falsche Kreise geraten sein könnte. Doch seit sie Philipp hatte, war das vorbei. Seitdem war sie ruhiger.«

»Von was für Kreisen ist hier die Rede?«, fragte Leonhard.

»Nichts Illegales, wenn Sie das meinen«, versicherte Martina Hora sogleich. »Kira war beliebt und wollte sich ein wenig ausprobieren, das ist ja typisch für das Alter. Die Jugendlichen tranken, rauchten, feierten und lungerten hier und da in Parks herum. Die Leute, mit denen sie sich umgab, hatten keinen Plan von ihrer Zukunft, und wir waren besorgt, dass Kira sich da was abschauen würde. Doch das hat sich schnell wieder erledigt.«

»Und hat sich jemand aus dieser Gruppe besonders für Mia interessiert?«

»Für Mia? Nein, überhaupt nicht. Die war denen viel zu jung.«

»Verstehe«, antwortete Leonhard und nickte.

»Sagen Sie, die Schule, auf die Mia ging …«, schaltete Sophie sich nun wieder ein. »Musste Mia auf dem Weg dorthin an einem Park vorbei oder eine Grünfläche durchqueren?«

»Nein.« Frau Hora schüttelte den Kopf. »Sie ist immer mit dem Bus gefahren. Die Haltestelle ist gleich vorn an der Ecke, und der Bus hält direkt vor der Schule. Warum?«

Leonhards und Sophies Handys vibrierten erneut gleichzeitig, was Sophie vor einer Antwort bewahrte. Sie warf einen Blick aufs Display. Es war eine Nachricht von Christoph, der ihnen das Phantombild der Frau aus dem Park geschickt hatte. Auf Leonhards Handy öffnete sich dasselbe Bild. Sophie stutzte. Die Frau, die auf dem Phantombild zu sehen war, entsprach exakt dem Opfertyp des Serienvergewaltigers und -mörders. Sie war sich sicher, die Frau schon einmal gesehen zu haben, und zwar gerade eben. Sophie warf Leonhard einen Seitenblick zu, der ebenso ungläubig wie sie auf das Bild starrte.

»Frau Hora«, sagte Sophie und drehte ihr Handy so, dass Frau Hora aufs Display schauen konnte, »wer ist das?«

»Das ist Kira«, antwortete diese. »Warum? Woher haben Sie das Bild?«

Sophie lief ein eiskalter Schauer über den Rücken.

»Könnte ich kurz Ihr Bad benutzen?«, fragte sie, ohne Martina Horas Frage zu beantworten. »War wohl etwas zu viel Kaffee heute Morgen ...«

»Natürlich.« Frau Hora stand auf und ging Sophie voran in den Flur.

»Die erste Tür rechts«, sagte sie, dann deutete sie auf Sophies Handy. »Aber sagen Sie, was hat es damit auf sich?«

»Dazu kommen wir gleich. Ich brauche nicht lange«, vertröstete Sophie die Mutter, betrat das kleine Gäste-WC und schloss hinter sich ab. Anschließend lehnte sie sich von innen gegen die Tür und schloss die Augen. Kira Hora, Mias ältere Schwester, sah der Frau auf dem Phantombild so ähnlich, dass deren eigene Mutter sie, ohne zu zögern, identifiziert hatte. Aber konnte das wirklich sein? Konnte sie die Frau mit dem Kinderwagen sein, die die Mädchen und jungen Frauen anlockte und dem Vergewaltiger zuführte? Ausgerechnet die ältere Schwester des ersten Vergewaltigungsopfers? Oder bestand lediglich eine frappierende Ähnlichkeit, und es handelte sich doch nicht um Kira Hora?

Sophie versuchte ihre Gedanken zu ordnen, wenngleich selbst sie, die sich stets an die Fakten hielt, in diesem Fall Probleme hatte, diese zusammenzubringen. War es tatsächlich möglich, dass Kira dem Vergewaltiger und Mörder ihrer jüngeren Schwester half?

Sie ging in Gedanken die Fälle von Serientätern durch, in denen ein Paar für die Taten verantwortlich war. Sophie hatte die Verbrechen Rosemary und Frederick West studiert, die zwischen 1967 und 1992 mindestens zwölf Frauen vergewaltigt, ermordet, zerstückelt und in ihrem Horrorhaus in Gloucester im Keller einbetoniert hatten. Die Fälle um Ian Brady und Myra Hindley kamen ihr in den Sinn, die ab 1963 mindestens fünf Kinder und Jugendliche im Alter von zehn bis siebzehn Jahren missbraucht und anschließend getötet hatten. Sophie sah die Bilder der Paare vor sich, über die sie schon vor einigen Jahren alles gelesen hatte. Doch war ihr je ein Fall untergekommen, in dem der weibliche Part dem Mann half, der ihre eigene Schwester getötet hatte? Nein, das war es nicht, die eigene Tochter, wie bei den Wests, schon.

Sophie spürte die Unruhe, die ihre Haut zum Kribbeln brachte und die sie kaum mehr unter Kontrolle bringen konnte. War es wirklich möglich, dass sie soeben auf die Komplizin des Serienmörders gestoßen waren? Die große Schwester seines vermutlich ersten Opfers? Sophie erinnerte sich an Fälle, bei denen Mütter es zuließen oder gar ermöglichten, dass Väter oder ihre neuen Partner die eigenen Kinder missbrauchten, nur weil sie Angst hatten, den Mann, dessen Nähe und vermeintliche Zuneigung zu verlieren, selbst wenn dieser sich auch ihnen gegenüber häufig gewalttätig zeigte.

Sie machte einen Schritt zur Toilette, drückte die Spülung, stellte den Wasserhahn an und wieder aus. Dann trat sie in den Flur hinaus, ging zum Sideboard und fotografierte die dort stehenden Bilder. Anschließend kehrte sie in die Küche zurück.

»Haben Sie vielen Dank, Frau Hora, doch wir müssen jetzt los.« Sie hob ihr Handy. »Eine Nachricht von den Kollegen.«

»Sie wollten mir noch sagen, was es mit dem Bild von Kira auf sich hat«, rief Martina Hora ihr in Erinnerung.

»Das werde ich, doch jetzt sind wir leider in Eile. Nur eines noch, Frau Hora. Sie erwähnten, dass Ihre älteste Tochter damals mit ihrem jetzigen Mann zusammengekommen ist, Philipp«, nannte Sophie nun den Namen, den Frau Hora vorhin erwähnt hatte. »Wie heißt er weiter?«

»Philipp Berens«, gab Martina Hora Auskunft. »Kira und er haben vorgestern ihre kirchliche Trauung nachgeholt.«

Leonhard erhob sich ebenfalls. »Sind die beiden in den Flitterwochen?«

»Nein.« Martina Hora schüttelte den Kopf. »Die müssen sich erst noch was aufbauen und haben bisher nicht die finanziellen Mittel. Wir waren auch vorgestern bloß zusammen essen«, berichtete Martina Hora. »Nur Kira, Philipp und ich. Philipp hat keinen Kontakt zu seinen Eltern.«

Sophie wunderte sich, dass Kira ihren Vater nicht eingeladen hatte. Auch wenn Thorsten und Martina Hora inzwischen kein Paar mehr waren, würden sie bei der Hochzeit ihrer verbliebenen Tochter doch sicher über ihren Schatten springen und als Eltern auftreten, um mit ihr und ihrem frischgebackenen Ehemann zu feiern. Dennoch verzichtete sie darauf, Martina Hora danach zu fragen. Wenn nötig, konnte sie das auch später noch tun. »Vielen Dank, Frau Hora. Wir melden uns, wenn sich etwas ergeben sollte«, sagte sie stattdessen. »Ach, wenn die beiden gerade erst kirchlich getraut wurden, haben Sie doch sicher Fotos von der Hochzeit, nicht wahr?«

»Ja, natürlich.« Martina Hora zog die Stirn in Falten. Dennoch griff sie nach ihrem Handy und klickte bereitwillig auf die Fotos in ihrer Galerie.

»Ein schönes Paar«, befand Sophie. »Darf ich?« Sie nahm das Handy und zeigte Leonhard die Fotos, der nickte, aber kein Wort sagte. Anschließend klickte Sophie mehrere Bilder an und leitete sie an sich selbst weiter.

»Was wollen Sie damit?« Die Falten auf Martina Horas Stirn wurden tiefer.

»Wir würden gern noch einmal mit Kira sprechen, in der Hoffnung, dass ihr mit dem zeitlichen Abstand eventuell weitere Details einfallen. Und so habe ich gleich ein aktuelles Foto für den Befragungsvermerk in der Akte.« Sophie lächelte. Sie wusste, dass sie die Wahrheit gerade eben sehr großzügig auslegte, doch das war ihr gleich. Ihre oberste Priorität war es, Katherine Wolf lebend aus den Fängen eines sadistischen Mörderpaars zu retten, und dafür war ihr beinahe jedes Mittel recht. Sie streckte Martina Hora die Hand entgegen, die diese etwas zögerlich ergriff. Sophie konnte ihr die Zweifel deutlich ansehen.

An der Haustür angekommen, blieb Sophie stehen und wandte sich noch einmal um.

»Sagen Sie, was macht Ihr Schwiegersohn eigentlich beruflich?«

»Er arbeitet als Industriekaufmann, weshalb?«

»Ach, nur so. Ich dachte, Sie hätten erwähnt, dass er Tierarzt ist«, log Sophie, erstaunt darüber, wie leicht es ihr fiel, diese Worte auszusprechen, da sie sonst keine Unwahrheit über die Lippen brachte. Ein Arzt hatte ihr erklärt, dass dies bei vielen Autisten der Fall war. Es überraschte sie, dass sie es jetzt konnte, doch ihr Bedürfnis zu helfen war offenbar noch ausgeprägter als die Hemmnisse, die ihre »kleinen Eigenheiten« so mit sich brachten. »Keine Ahnung, wie ich jetzt darauf komme.«

»Nein.« Martina Hora schüttelte den Kopf. »Da bringen Sie etwas durcheinander. Mein Ex-Mann war früher Tierarzt. Womöglich stand etwas darüber in der Akte.«

»Ihr Ex-Mann?«, wiederholte Sophie und versuchte, das Gehörte mit dem zusammenzubringen, was sich immer mehr wie ein Puzzle in ihren Gedanken zusammensetzte.

»Ja, mein Ex-Mann.«

»Und wo lebt Ihr Ex-Mann jetzt? Nur für den Fall, dass wir ihn auch noch mal zu dem Abend befragen wollen?«

»Thorsten? Der ist vor drei Jahren nach Australien gegangen und hat all das hier hinter sich gelassen.«

Aha, dachte Sophie. Das erklärt, warum er nicht an der kirchlichen Trauung seiner älteren Tochter teilgenommen hat.

»Aber so eine Tierarztpraxis gibt man doch nicht einfach auf, oder?«, fragte Leonhard. »Ich meine, das ist doch eine Goldgrube.«

»Die Praxis lief gut, das stimmt. Und Thorsten hat damals auch nicht alles verkauft, sondern nur eingelagert für den Fall, dass er es sich nach einer Auszeit anders überlegt und zurückkommt.«

»Als sichere Bank sozusagen, ich verstehe.« Leonhard nickte. »Aber wo kann man eine ganze Tierarztpraxis einlagern?«

»Ehrlich gesagt finde ich Ihre Fragen eigenartig«, meinte Martina Hora nun. »Was ist hier eigentlich los?«

»Die Arztpraxis«, sagte Sophie. »Wo hat Ihr Mann die Sachen eingelagert, und hatte er auch einen Transporter oder Bus? Einen weißen?«

»Ja, hatte er. Aber was soll das? Ich verstehe Ihre Fragen nicht«, begehrte Martina Hora nun auf. »Was hat das mit Mias Tod zu tun?«

»Würden Sie uns bitte die Anschrift des Lagers nennen, Frau Hora?«, fragte Leonhard. »Ist der Transporter noch zugelassen?«

»Ja, ist er. Mein Mann hat ihn Kira geschenkt.«

»Wie lautet das Kennzeichen?«, fragte Sophie. »Außerdem benötigen wir noch die Handynummer Ihres Schwiegersohns.«

»Ich möchte jetzt wirklich wissen, was los ist«, beharrte Martina Hora, der die Tränen in die Augen schossen. Dennoch tippte sie etwas in ihr Handy ein und reichte es Sophie. »Hier sind die Kontakte. Sie können sie an sich weiterleiten.«

Sophie und Leonhard tauschten einen Blick. Sophie nahm das Handy und schickte sich die Daten, dann gab sie es der aufgewühlten Frau zurück, während Leonhard mit ruhiger Stimme sagte: »Frau Hora, wir können Ihnen diese Fragen im Moment nicht beantworten, so gern wir es würden. Außerdem müssen wir Sie bitten, weder Ihre Tochter noch Ihren Schwiegersohn darüber zu informieren, dass wir hier waren und worüber wir gesprochen haben.«

Martina Hora wurde aschfahl. »Weshalb?«

»Wir glauben, dass sie uns zum Täter führen können. Aus dem Grund ist es wichtig, zum jetzigen Zeitpunkt Stillschweigen zu bewahren«, antwortete Sophie.

Martina Hora begann zu zittern. »Bitte versprechen Sie mir, dass Sie sich bei mir melden«, stammelte sie und wischte sich über die Augen.

»Das versprechen wir, Frau Hora. Bitte geben Sie uns Zeit, nur dieses Wochenende. Wir alle wollen, dass Mias Mörder zur Rechenschaft gezogen wird.«

»Denken Sie, Kira und Philipp kennen den Mann?«

»Das wäre möglich. Doch mehr dürfen wir Ihnen wirklich nicht sagen.« Leonhard nahm Martina Horas Hand. »Bitte lassen Sie uns unsere Arbeit machen, damit Mia Gerechtigkeit widerfahren kann.«

Martina Hora nickte schniefend.

»Auf Wiedersehen, Frau Hora. Wir melden uns. Versprochen«, verabschiedete Sophie sich und verließ, gefolgt von Leonhard, das Haus. Während sie ins Auto stieg, warf sie einen Blick zurück zur Tür. Frau Hora stand wie erstarrt da und schaute ihnen nach.

»Denkst du, dass sie das aushält? Dass sie ihre Tochter nicht anruft? Ich meine, so aufgewühlt, wie sie jetzt ist …« Leonhard legte den Rückwärtsgang ein und rollte aus der Einfahrt.

»Wir haben eine halbe, maximal eine Stunde«, antwortete Sophie. »Dann wird sie ihre Tochter anrufen. Und das kann ich ihr nicht einmal verdenken.«

Leonhard legte den Vorwärtsgang ein und gab Gas, während Sophie ihr Handy zückte und Christoph anrief.

»Christoph«, sagte sie, kaum dass dieser sich gemeldet hatte. »Ruf die gesamte Soko zusammen. Wir brauchen alle verfügbaren Kräfte. Ich schicke dir gleich die Kontaktdaten. Die Namen sind Kira und Philipp Berens. Ihr müsst ihre Handys orten. Auf Kira Berens ist vermutlich der weiße Transporter zugelassen, den Emil Borgerding beschrieben hat. Sucht nach allem, was einem Veterinärmediziner namens Thorsten Hora gehört. Kira und Philipp Berens haben vermutlich Zugang zu einem Lager, das dieser angemietet hat.«

»Verstanden«, erwiderte Christoph knapp.

»Wir kommen jetzt zurück. Bis gleich.« Sophie drückte die rote Taste.

»Sie hilft also dem Mann, der aller Wahrscheinlichkeit nach der Vergewaltiger und Mörder ihrer eigenen Schwester ist?«, brachte Leonhard fassungslos hervor.

Sophie zuckte mit den Achseln. »Fahr einfach so schnell du kannst. Fahr!« Sie blickte starr geradeaus, dann schloss sie die Augen, um sich gegen das zu wappnen, was vor ihnen lag.

***

Sie war wütend. Nichts war so gelaufen, wie sie es sich gewünscht hatte. Dabei sollte es vorgestern doch ein unvergesslich schöner Tag werden. Aber er hatte alles kaputt gemacht, und das nur, weil er sie haben wollte.

Diese dumme kleine Schlampe! Bloß weil er vermutet hatte, dass sie Jungfrau war. Dieses ewige, abgedroschene Thema! Wie oft und wie lange sollte sie sich denn noch seine Vorwürfe anhören, dass sie damals keine mehr gewesen war, als sie sich kennenlernten? Was hätte das schon geändert? Dann hätte er ihr eben ihre Jungfräulichkeit genommen, na und? Was war daran so Besonderes? Einmal Sex und zack – aus und vorbei. Aber er hackte immer weiter darauf herum, immer wieder und wieder. Dachte er wirklich, sie wäre so dumm zu glauben, dass dann nichts von dem passiert wäre, was passiert war?

Sie hatte doch alles getan, um ihn von ihrer Liebe zu überzeugen! Sie war keine Jungfrau mehr gewesen, Mia dagegen schon. Konnte es ein größeres Geschenk geben, als ihm die eigene Schwester zu Weihnachten zu schenken? Welche Liebesbezeugung konnte er noch verlangen? Damals hatte er doch erkennen müssen, dass ihre Liebe zu ihm grenzenlos war! Sie waren das perfekte Paar, und es gab nichts, was sie nicht füreinander tun würden, das hatten sie sich geschworen. Und doch hatte er ihr Vertrauen missbraucht, und das gleich zweimal.

Gestern Nacht hatte er sie gedemütigt, sie geschlagen, noch dazu vor ihr. Vor dieser kleinen Schlampe, die zugesehen hatte. Doch dafür hatte sie sie büßen lassen. Nur hatte es ihr nicht die Genugtuung verschafft, die sie sich erhofft hatte. Denn noch immer war da dieses Gefühl, dass er sie betrogen hatte, nun schon zum zweiten Mal. Das erste Mal mit dieser Joggerin. Er hatte behauptet, er habe einfach nicht anders gekonnt, habe nicht widerstehen können. Sie hatte er sogar mit nach Hause gebracht, in ihr gemeinsames Zuhause! Auch damals war sie außer sich vor Zorn gewesen, und es war ihr eine Freude, die junge Frau in Stücke zu schneiden und im Rhein zu versenken. Damals hatte sie geglaubt, es wäre eine einmalige Sache gewesen, und er hatte ihr versprochen, ja sogar geschworen, dass so etwas nie wieder vorkam. Sie war diejenige, die die Mädchen aussuchte, sie allein. Und er hatte nicht das Recht, sich über ihre Wahl hinwegzusetzen. Doch er hatte es wieder getan. Unvorsichtig, fahrlässig, beinahe so, als wollte er, dass man ihnen auf die Spur kam. War es der nächste Nervenkitzel, den er brauchte?

Sie blickte in den Spiegel. Ihr linkes Auge hatte sich dunkel verfärbt, die Wange war geschwollen. Er hatte sie geschlagen, *und das nicht zum ersten Mal. Dabei hatte er ihr geschworen, es nicht wieder zu tun. Nie wieder. Ein weiteres Versprechen, ein weiterer Schwur – gebrochen. Ihr Gesicht sprach eine deutliche Sprache. Wie konnte er nur!*

Ihr Handy vibrierte, und das Bild ihrer Mutter erschien auf dem Display. Sie schleuderte das Handy auf den Beifahrersitz, ließ es weiter vibrieren und blickte auf die vor ihr liegende Grünfläche. Sie war mit dem Auto hergefahren, um nachzudenken, zu überlegen, was sie tun sollte. Sie musste jetzt an sich denken, nicht mehr an sie beide. Doch konnte sie das?

Das Handy vibrierte erneut. Sie nahm es zur Hand und warf einen Blick darauf. Ihre Mutter hatte ihr eine Nachricht hinterlassen.

Nach kurzem Zögern drückte sie die Taste, um diese abzuspielen.

»Kira, hier ist Mama«, hörte sie ihre Mutter sagen. »Du, zwei Beamte von der Polizei waren hier wegen Mia. Sie haben mir ganz komische Fragen gestellt. Fragen über dich und Philipp und ... ach, ruf mich doch bitte zurück. Ich weiß überhaupt nicht, was das alles bedeuten soll. Hab dich lieb.«

Sie atmete tief durch, blickte in den Rückspiegel und sah auf ihre geschwollene Wange. Dann öffnete sie die Autotür, beugte sich vor, schloss die Augen und zog die Tür mit einem Ruck zu sich heran. Sie prallte gegen ihre linke Gesichtshälfte. Ihre Augenbraue platzte auf, Blut schoss aus der Wunde. Es schmerzte höllisch, doch sie gestattete sich keinen Laut des Schmerzes. Mit zittrigen Fingern betastete sie die blutende Wunde. Vermutlich würde eine kleine Narbe zurückbleiben. Eilig zog sie eines der bereits benutzten und zusammengeknüllten Taschentücher aus ihrer Hosentasche und tupfte grob das Blut ab. Anschließend schloss sie die Autotür, ließ den Motor an und fuhr los. Von nun an zählte nur noch sie.

17. KAPITEL
Polizeipräsidium Köln
Sonnabend, 1. Juli 2023

Was für eine kranke Scheiße!
LEONHARD MICHELS

Er war so schnell gefahren, wie er konnte. Sophie hatte während der Fahrt mit Christoph telefoniert und sich dann minutenlang die Hochzeitsfotos von Kira und Philipp Berens angesehen. Anschließend hatte sie das Handy weggesteckt und die gesamte Rückfahrt über kein einziges Wort mehr gesprochen.

Auch Leonhard war nicht nach Reden zumute gewesen. Denn wie sollte man auch begreifen, geschweige denn in Worte fassen können, dass die Frau den Mann, der ihre eigene Schwester vergewaltigt und ermordet hatte, nicht nur heiratete, sondern ihm noch dazu half, neue Opfer zu finden? Zwar war es möglich, dass Kira Berens nicht wusste, dass ihr jetziger Ehemann auch Mia auf dem Gewissen hatte, aber musste sie es nicht zumindest ahnen?

Sie betraten das Polizeirevier und gingen auf direktem Weg zum Konferenzraum, in dem sich die Kolleginnen und Kollegen bereits versammelt hatten. Als Sophie und er den Raum betraten, begannen einige Kollegen zu tuscheln.

»Guten Morgen«, sagte Sophie und trat nach vorn. Augenblicklich wurde es so still, dass man eine Stecknadel hätte fallen hören können.

»Wir kommen soeben von Martina Hora, der Mutter des ersten uns bekannten Opfers der Vergewaltigungs- und Mordreihe.« Sie zog ihr Handy hervor. »Mia Hora wurde vor fünf Jahren mit K.-o.-Tropfen betäubt und vergewaltigt, bevor sie an ihrem eigenen Erbrochenen erstickte. Wir haben eine Indizienlage, die nahelegt, dass der jetzige Ehemann ihrer Schwester Kira, Philipp Berens«, sie öffnete das Hochzeitsbild der beiden und hielt es hoch, damit die anderen es sehen konnten, »dafür verantwortlich sein könnte. Kira und Philipp Berens müssen sofort verhaftet und sämtliche von ihnen angemieteten oder gekauften Gebäude nach Katherine Wolf durchsucht werden.«

»Ich habe die Kollegen informiert und bereits die Durchsuchungsanordnungen beantragt«, ließ Christoph sich vernehmen. »Die Beschlüsse müssten jeden Moment kommen.«

»Danke.« Sophie nickte, dann sprach sie mit eindringlicher Stimme weiter. »Aufgrund der Tatsache, dass die bisherigen Opfer sich meist mehrere Monate lang in der Gewalt des Vergewaltigers befunden haben, besteht die Hoffnung, dass Katherine Wolf noch am Leben ist. Unsere absolute Priorität gilt ihr.«

»Wir haben die Fotos soeben an den Verteiler geschickt, auf den ihr alle Zugriff habt«, ergänzte Leonhard. »Sobald das SEK die Wohnung gestürmt hat …« Er konnte seinen Satz nicht zu Ende bringen, denn in dem Augenblick flog die Tür auf.

»Eine Kira Berens hat soeben Anzeige wegen häuslicher Gewalt gegen ihren Ehemann erstattet«, berichtete der Kollege sichtlich aufgebracht. »Sie will außerdem eine Aussage zu den Entführungs- und Vergewaltigungsfällen machen.«

Leonhard und Sophie tauschten einen Blick.

»Nehmt sie vorläufig fest«, entschied Sophie. Leonhard sah, wie die Rädchen in ihrem Kopf ratterten. »Bringt sie in ein Vernehmungszimmer und nehmt ihre Aussage auf. Niemand außer unseren Leuten spricht mit ihr. Lasst die Kamera die ganze Zeit über laufen.«

»Sie wollen also nicht selbst mit ihr reden?«, fragte der Beamte, der soeben Meldung gemacht hatte.

»Nein. Später. Es ist nicht ausgeschlossen, dass ihr Mann auch hier auftaucht. Er muss ebenfalls sofort festgenommen werden.«

»Warum sollte er hier auftauchen?«, flüsterte Leonhard ihr leise zu. »Sie will offenbar ihre Haut retten, aber er wird sich uns doch wohl kaum auf dem Silbertablett präsentieren.«

»Vielleicht will er Schadensbegrenzung betreiben, indem er sich stellt. Obwohl er dazu wahrscheinlich nicht der Typ ist. Eventuell versucht er auch zu fliehen.«

Sophie machte eine Pause und dachte nach. »Ich weiß es noch nicht. Doch ich weiß, dass wir sofort stürmen müssen, wenn wir Katherine Wolf noch retten wollen.« Sie sah die Kollegen an. »Weiß jeder, was er zu tun hat?«

Die meisten der Anwesenden nickten.

»Christoph«, wandte sich Leonhard an den Kollegen. »Sophie und ich wollen beim Einsatz des SEK dabei sein.«

Christoph nickte. »Kommt«, sagte er nur, dann verteilten sich die Beamten, und alle verließen eilig den Konferenzraum.

Trotz der sommerlichen Hitze war es Leonhard eiskalt, als Sophie und er mit Christoph in den Hof gingen, wo sich bereits drei Einsatzwagen des SEK bereithielten.

»Jörg Höffner«, stellte sich der Einsatzleiter vor.

»Leonhard Michels und Sophie Kaiser, BKA«, erwiderte Leonhard.

Ein uniformierter Beamte eilte zu ihnen, ein ausgedrucktes Schreiben in der Hand.

»Der Beschluss«, sagte er nur und reichte ihn Christoph.

»Perfekt«, sagte Höffner. »Darauf haben wir gewartet.« Er klappte eine Karte von Köln auf, die er auf die Motorhaube des Einsatzfahrzeugs legte. »Wir haben uns die möglichen Ziele angesehen. Das Ehepaar Berens lebt offenbar in diesem Haus.

Ein bisschen abgelegen, Ende der Vierzigerjahre erbaut, Keller, Grundstück nach hinten raus. Des Weiteren haben wir das Lager, das von Thorsten Hora angemietet wurde. Auch hier kann man ziemlich unbemerkt kommen und gehen. Weitere uns bekannte Einsatzziele gibt es bislang nicht.«

»Es ist das Haus«, sagte Sophie sofort. »Er will die Opfer bei sich haben. Kontrolle spielt für ihn eine große Rolle.« Sie tippte mit dem Finger auf den Punkt, der dort markiert war.

»Sicher?«, fragte Höffner.

Sophie sah kurz zu Leonhard, dann nickte sie.

»Wir schicken zwei Teams zu dem Wohnhaus und eins zu dem Lager«, entschied Höffner.

»Wir kommen mit«, sagte Leonhard. »Wie gehen wir vor?«

»Na ja, es ist mitten am Tag. Wenn wir da mit zwei Einsatzwagen durchs Wohngebiet fahren, fällt das natürlich auf. Deshalb werden wir dort«, er tippte auf eine Stelle ein Stück vom Haus entfernt, »die Fahrzeuge abstellen und uns zu Fuß dem Gebäude nähern. Zusätzlich werden zwei Kollegen mit einem Fahrzeug der Stadtwerke vorfahren und versuchen, Berens an die Tür zu locken. Wenn er öffnet, überwältigen wir ihn und stürmen. Wenn nicht, gehen wir von hinten rein.«

»Okay, los geht's. Wo fahren wir mit?«, wollte Leonhard wissen. Höffner deutete auf eines der Fahrzeuge.

»Ziehen Sie die kugelsicheren Westen über. Wer weiß schon, was uns da erwartet.« Er bedeutete einem seiner Kollegen, Sophie, Leonhard und Christoph mit Westen auszustatten. »Sie unterstehen bei diesem Einsatz meinem Befehl«, stellte er klar. »Sie werden erst das Gebäude betreten, wenn wir es gesichert und für Sie freigegeben haben.«

»Natürlich«, bestätigte Leonhard. Er konnte Sophie deutlich ansehen, dass sie am liebsten widersprochen hätte.

»Also los. Jeder weiß, was er zu tun hat.« Höffner faltete die Karte zusammen, während ein anderer SEK-Beamter nun

Christoph, Sophie und Leonhard Westen übergab. Anschließend verteilten sich alle auf die Fahrzeuge, die sich kurz darauf in Bewegung setzten. Während der Fahrt sagte keiner ein Wort. Die Stimmung war zum Zerreißen angespannt. Leonhard betrachtete Sophie, die wieder einmal stur geradeaus blickte. In der kugelsicheren Weste wirkte sie noch zierlicher als sonst, und für einen kurzen Moment stieg in Leonhard die Angst auf, dass ihr bei dem Einsatz etwas zustoßen könnte. Und nicht nur bei diesem. Ihr Job brachte es mit sich, dass sie immer wieder in gefährliche Situationen gerieten. Nein, rief er sich zur Räson, so durfte er nicht denken. Genau aus diesem Grund mussten Beziehungen bei den Vorgesetzten gemeldet werden, weil die Furcht um die Sicherheit eines Menschen, für den man tiefere Gefühle hegte, das rationale Handeln beeinflussen konnte.

Nach einer Weile stoppte das Fahrzeug, und alle stiegen aus.

»Also, wir haben das hier schon etliche Male gemacht«, wandte sich Höffner an seine Leute. »Jeder kennt seine Position. Wir müssen bis zum Haus der Verdächtigen unsichtbar bleiben. Sollte die Zielperson von sich aus die Tür öffnen, werden die Kollegen sie überwältigen, und wir stürmen auf mein Zeichen. Wenn nicht, schlägt das hintere Team zu. Also los.«

Leonhard und Sophie folgten den Einsatzkräften im Laufschritt, blieben stehen, wenn diese stehen blieben, und reagierten auf die Handzeichen, die Höffner gab. Etwa zehn Minuten später hatten sie das Haus erreicht und gingen neben dem Gebäude in Deckung, während die SEK-Beamten in Einsatzposition gingen.

Leonhard sah, wie ein Fahrzeug mit der Aufschrift »Stadtwerke Köln« vorfuhr. Zwei Männer stiegen aus und gingen aufs Haus zu. Die beiden verschwanden aus seinem Blickwinkel.

»Guten Tag«, hörte er kurz darauf eine Stimme sagen. »Wir sind von den Stadtwerken und möchten Ihnen mitteilen, dass am kommenden Dienstag in der Zeit zwischen acht und elf wegen Wartungsarbeiten das Wasser in dieser Straße abgestellt wird. Würden Sie bitte hier unterschreiben, dass wir Sie informiert haben?«

Leonhard lauschte angestrengt. Für ein paar Sekunden war alles ruhig, dann hörte er Schritte und Schreie. Offenbar stürmten die SEK-Beamten das Haus.

»Bleiben Sie liegen!«, schnauzte jemand. Leonhard ging davon aus, dass sie Philipp Berens überwältigt hatten.

Sophie und er richteten sich auf und eilten zur Hausecke. Philipp Berens lag mit dem Gesicht nach unten auf den Waschbetonplatten des Wegs, der vom Gartentor zum Haus führte, die Hände bereits mit Kabelbindern auf dem Rücken fixiert. Neben ihm hockten zwei SEK-Männer.

Jörg Höffner trat aus dem Haus und bedeutete Leonhard und Sophie mit einer Kopfbewegung, dass sie reinkommen konnten.

»Im Keller«, sagte Höffner nur, als sie bei ihm waren. Sein Gesicht war von der Sturmhaube verdeckt, doch seine Augen sprachen Bände. Es war definitiv keine Erleichterung, die sich darin spiegelte. Auch wenn Leonhard hoffte, dass er sich täuschte, ging er davon aus, dass sie zu spät kamen.

»Verdammt«, hörte er Sophie murmeln. Offenbar dachte sie das Gleiche wie er.

Sie gingen zur Kellertür, an der ein SEK-Beamter stand, und stiegen die Stufen hinunter. Von unten drangen die Stimmen weiterer SEK-Männer zu ihnen herauf. Ein schwaches Orangenaroma lag in der Luft, das sich mit dem metallischen Geruch von Eisenionen mischte. Leonhard wusste, was das bedeutete, hatte er diesen Eisengeruch doch oft genug in seinem Leben in der Nase gehabt: Hier war Blut vergossen worden, und zwar nicht wenig.

Sophie und er gelangten durch einen engen Flur in einen größeren Raum, in dem sich eine Art Gitterkäfig befand. Die Tür war geöffnet, einer der SEK-Leute trat soeben heraus. Auf einer Pritsche an der Wand lag eine entsetzlich zugerichtete weibliche Leiche. Es würde ein DNA-Abgleich erforderlich sein, um den leblosen Körper einwandfrei identifizieren zu können, doch Leonhard war beinahe überzeugt davon, dass sie soeben die Leiche von Katherine Wolf gefunden hatten. Sie waren zu spät gekommen.

Sophie betrachtete die Leiche, dann ging sie zu der jungen Frau, die so Grauenvolles durchlitten hatte, und berührte vorsichtig deren Gesicht. »Es tut mir so leid, so unendlich leid«, hörte Leonhard, der ihr gefolgt war und nun dicht hinter ihr stand, sie leise murmeln. »Ich konnte dich nicht retten, und dafür schäme ich mich.«

Leonhard legte ihr die Hände auf die Schultern. Sophie drehte sich zu ihm um.

»Bitte geht«, wandte sie sich an ihn und den noch anwesenden SEK-Beamten, »ich möchte mit ihr allein sein!« Leonhard stutzte einen Augenblick, dann nickte er und folgte den SEK-Beamten in den Flur.

Aus gebührender Entfernung beobachtete er, wie seine Partnerin erst auf die Leiche, dann auf das vormals weiße Kleid blickte, das neben der Pritsche am Boden lag. Er konnte ihr ansehen, dass sie damit am liebsten den toten, so grauenhaft zugerichteten Körper des Mädchens bedeckt hätte, um dieses vor den Blicken der SEK-Männer zu schützen und ihm gleichzeitig eine gewisse Würde zurückzugeben. Ihm entging nicht, dass sie dabei schwankte, als würde eine gewaltige Welle über ihr zusammenbrechen und sie mitreißen in ein tiefes Tal der Schuld. Er ahnte, dass sie sich Vorwürfe machte, versagt zu haben. Weil sie nicht schneller gewesen war, Mia Horas Mutter nicht etwas früher befragt hatte, ein paar Stunden nur. Unwillkürlich machte er ein paar Schritte auf die Gitterzelle zu.

»Es tut mir so leid«, hörte er sie flüstern. »Bitte, Katherine, bitte verzeih mir.« Ihre Schultern bebten vor erstickten Schluchzern.

»Komm«, sagte er, trat hinter sie und nahm ihre Hand. »Lass uns alles für den Prozess wasserdicht machen. Wenigstens das können wir für die Opfer und ihre Angehörigen noch tun«, sagte er leise.

»Nein.« Sophie sah ihm fest in die Augen. »Erst müssen wir mit Katherines Eltern sprechen. Wir haben versagt, Leonhard, und dafür müssen wir die Verantwortung übernehmen.«

18. KAPITEL
Polizeipräsidium Köln
Sonntag, 2. Juli 2023

> *Es ist nicht so einfach, wie wir denken. Ich weiß es einfach. Und solange ich nicht alles verstanden habe, kann ich den Fall nicht loslassen.*
>
> SOPHIE KAISER

Während der letzten Stunden hatte Sophie kaum ein Wort gesprochen. Nur bei den Eltern des Mädchens, die sie nach einer schlaflosen Nacht gleich in der Früh aufgesucht hatten, hatte sie ihr Schweigen gebrochen und ihnen mit brüchiger Stimme vom Tod ihrer Tochter und dem vergeblichen Versuch, Katherine aus den Fängen der Mörder zu befreien, berichtet. Wie befürchtet, hatten die Eltern sich zunächst schweigend die Todesnachricht angehört, ehe Anja Wolf sie mit letzter Kraft bat, das Haus zu verlassen. Anschließend war sie schluchzend zusammengebrochen und hatte den Tod ihrer Tochter und das Versagen der Polizei beklagt. Ihr Vorwurf traf Sophie schmerzlich, empfand sie doch genauso: Sie hatte versagt.

Jetzt betraten sie das Präsidium, und Sophie erkundigte sich bei dem Kollegen am Empfang, in welchem Raum Philipp Berens auf seine Vernehmung wartete.

»Warum willst du überhaupt noch mit ihm sprechen?«, fragte Leonhard. »Unsere Aufgabe hier ist erledigt, Sophie. Kira hat vollständig gestanden, der Fall ist wasserdicht. Wenn die Kollegen von der Kölner Polizei ihre Arbeit halbwegs anständig machen, wird er nie wieder auf freien Fuß kommen.«

»Ich möchte ihn verhören, und genau das werde ich tun«, entgegnete Sophie, betrat den Beobachtungsraum des entsprechenden Vernehmungszimmers und betrachtete Philipp Berens, der allein in Handschellen am Tisch saß, durch den Venezianischen Spiegel. »Du weißt doch, wie schnell Verdächtige ihre Aussage zurücknehmen können, manchmal auch auf Anraten ihrer Anwälte, und wenn es dann keine Sachbeweise gibt, ist eine Verurteilung nicht immer sicher. Aber du musst nicht dabei sein, Leonhard. Es ist in Ordnung, wenn du zurück nach Wiesbaden willst. Wir müssen ja ohnehin mit zwei Autos fahren. Ich werde auf alle Fälle noch bleiben und mit ihm sprechen. Ich muss versuchen, es zu verstehen. Für mich.«

Leonhard seufzte. »Ich kann begreifen, was du meinst«, sagte er. »Doch so einem Typen überhaupt noch zuzuhören, ist weit mehr Aufmerksamkeit, als man ihm zugestehen sollte.«

Sophie antwortete nicht. Sie verstand die Emotionen, die Leonhard umtrieben, doch wirklich nachvollziehen konnte sie sie nicht. Denn wie sollte sie künftig versuchen, in die Köpfe der Täter zu blicken, wenn sie keinen Zugang zu deren Motiven fand? Hier bot sich ihr eine einmalige Chance, beim nächsten Mal schneller zu sein und möglicherweise zu verhindern, dass ähnlich veranlagte Täter weitere Opfer hinterließen, indem sie sich in sie hineinfühlte, nachvollzog, wie sie tickten. Diese Chance würde sie sich nicht entgegen lassen.

»Danke für deine Unterstützung, Leonhard«, sagte sie und wandte sich zur Tür, die ins Vernehmungszimmer führte. »Wir sehen uns in Wiesbaden.«

Leonhard schüttelte den Kopf. »Also gut, wie du willst. Unterhalten wir uns mit diesem Scheißkerl.«

»Danke für deine Unterstützung«, sagte sie erneut, öffnete die Tür und hielt sie ihm auf, damit er eintreten konnte. Sie verzichtete ganz bewusst darauf, Fallakten mitzunehmen, denn sie wollte Philipp Berens keine Sekunde aus den Augen lassen und so womöglich eine Geste oder ein Mienenspiel verpassen.

»Mein Name ist Sophie Kaiser, BKA, und das ist mein Kollege Leonhard Michels. Wir würden uns gern mit Ihnen unterhalten, Herr Berens.« Sophie und Leonhard nahmen Berens gegenüber Platz.

»Wo ist Kira?«

»Wie Ihnen bereits mitgeteilt wurde, stehen Sie im Verdacht, Alena Hellweg, Marie Kreutzer, Mirja Schmieder, Selina Breuer und Katherine Wolf verschleppt, vergewaltigt und ermordet zu haben.« Sie sah ihn an. Den Namen »Selina Breuer« hatte sie bewusst mit erwähnt, obwohl man deren Leiche bisher nicht gefunden hatte. Die Leiche aus dem Rhein war noch nicht identifiziert, es handelte sich jedoch nicht um Selina Breuer. Das hatte der DNA-Abgleich ergeben.

Philipp Berens sagte nichts, hielt ihrem Blick stand.

»Darüber hinaus werden Ihnen weitere Vergewaltigungen zur Last gelegt, unter anderem die Ihrer Schwägerin, Mia Hora, die aufgrund von K.-o.-Tropfen an ihrem Erbrochenen erstickt ist.«

Berens lächelte selbstgefällig. Sophie merkte, dass Leonhard unruhig wurde. Sie warf ihm einen kurzen Blick zu, der ihn mahnen sollte, die Ruhe zu bewahren.

»Möchten Sie sich zu den Vorwürfen äußern, Herr Berens? Sie wissen, dass Sie das nicht tun müssen und einen Anwalt konsultieren können?«

»Wo ist Kira?«, wiederholte er seine vorherige Frage.

»Nach welchen Kriterien haben Sie die jungen Frauen ausgesucht? Allein nach ihrem Äußeren? Weil sie blond waren und so perfekt wie Barbiepuppen?«

»Was ist mit dem da? Ist der stumm?« Berens nickte in Leonhards Richtung. Ihre Fragen beantwortete er nicht.

Sophie beobachtete ihn genau. In seinem Blick lag Verachtung, vor allem ihr gegenüber, doch offenbar brachte er Leonhard die gleiche Geringschätzung entgegen.

Sie musste an die Videos und Beiträge denken, die Philipp Berens auf seinen Instagram-Account hochgeladen und die sie sich gestern Nacht zusammen mit Leonhard in ihrem Hotelzimmer angesehen hatte. Er war als Industriekaufmann tätig, versuchte aber nach außen hin das Bild eines großen Machers und sich als eine Art Coach zu präsentieren – nach gesellschaftlichen Standards vermutlich ein Vorzeige-Ken. Sie ahnte bereits, dass sich die Presse genau auf diese Attribute, die ihn nach außen hin attraktiv wirken ließen, stürzen würde.

Auf dem Account gab es nicht ein einziges Foto mit seiner Frau. Die narzisstische Persönlichkeitsstörung war offensichtlich, doch sie hatte den Posts noch etwas anderes entnehmen können: den Wunsch, als sogenannter Sigma wahrgenommen zu werden. Er hatte in mehreren Beiträgen darüber referiert und sich dabei mehrfach widersprochen, da er sich selbst irgendwo zwischen Geltungsdrang, Freiheits- und Unabhängigkeitsstreben positionierte und sein Handeln auf mehrere pseudowissenschaftliche Theorien und Metaphern stützte. Vielleicht könnte sie ihn zum Reden bringen, wenn sie seine Gedankenwelt angriff. Oder würde er sich durch diese Provokation nur verschließen?

»Mein Vorgesetzter überlässt gewisse Sachen mir«, sagte sie und sah zu Leonhard hinüber. »Er lässt sich nicht dazu herab, mit einfach strukturierten Menschen zu sprechen.«

Philipp Berens blickte von Sophie zu Leonhard.

»Der da ist sich zu fein, mit mir zu sprechen?«, brüllte er los. »Dass ich nicht lache! Billige Uhr, stinknormale Klamotten. Was hat der, was ich nicht habe?«

»Intellekt«, sagte Sophie, die ihren Verdacht bezüglich fehlender Impulskontrolle bestätigt sah. Berens war von einer Sekunde auf die andere in die Luft gegangen.

Leonhard spielte das Spiel mit, trug ein selbstgefälliges Lächeln zur Schau und verschränkte die Arme vor dem Körper.

»Mein Vorgesetzter ist sowohl Ihnen als auch mir intellektuell weit überlegen«, setzte sie noch eins drauf.

Es war Berens anzusehen, dass er innerlich brodelte. »Nun gut, Herr Berens«, fügte sie hinzu, als er nichts weiter sagte. »Wir wollten Ihnen die Gelegenheit geben, Ihre Sicht der Dinge darzustellen, da Ihre Frau bereits ausgesagt hat. Doch offenbar sind Sie daran nicht interessiert.«

Leonhard stand auf. »Gehen wir. Ich habe es dir gleich gesagt: Er ist zu dumm, um zu begreifen, was überhaupt los ist. Sperren wir ihn weg, sollen sich doch die Richter mit ihm rumschlagen. Lebenslänglich mit anschließender Sicherungsverwahrung bekommt er eh.«

»Glaubt ihr wirklich, mich damit zu kriegen?« Berens knallte seine gefesselten Hände mehrmals auf den Tisch. »Ich bin kein Idiot. Ihr seid die Idioten. Ihr habt keine Ahnung!«, brüllte er, sprang auf und versuchte, den Tisch umzukippen.

»Nun, offenbar schon«, sagte Sophie, die trotz des Wutausbruchs ihres Gegenübers einfach sitzen geblieben war. »Denn während wir hier sind und Sie sich weigern, mit uns zu sprechen, redet Ihre Frau dafür umso mehr.«

»Nein!« Berens schüttelte den Kopf. »Das würde sie niemals tun.«

»Sie würde und sie hat«, stellte Leonhard klar. »Was denken Sie, wie wir auf Sie gekommen sind? Ihre Frau ist zu uns gekommen und hat geplaudert. Haben Sie sich denn noch gar nicht gefragt, wieso wir plötzlich vor der Tür standen?« Er setzte sich wieder.

»Herr Berens, ich möchte eines klarstellen«, sagte Sophie nun. »Hier geht es nicht darum, ein Geständnis von Ihnen zu bekommen. Wir haben alles, was wir brauchen, um Sie wegzusperren, und glauben Sie mir: Sie werden nie mehr auf freien Fuß kommen.«

»Ach, sieh an. Und warum tun Sie es dann nicht?« Berens starrte sie hasserfüllt an. Sophie konnte sehen, wie es in ihm arbeitete. »Das hier ist für Sie die letzte Möglichkeit, alles aus Ihrer Sicht zu erzählen. Sobald wir diesen Raum verlassen, war es das für Sie. Dann wird Ihnen niemand mehr zuhören, und ich würde gern verstehen, was Sie gedacht und weshalb Sie so gehandelt haben. Was war Ihr Impuls?« Sophie musterte ihn durchdringend, und einen kurzen Moment glaubte sie, dass er sich tatsächlich zu ihrer Frage äußern würde. Doch dann veränderte sich Berens' Haltung, und er verzog den Mund zu einem spöttischen Lächeln.

»Du dumme kleine Schlampe. Was bildest du dir eigentlich ein?«

Sophie blieb noch sitzen, sah Philipp Berens unverwandt an. Nein, er würde nicht über seine Motive sprechen, wurde ihr nach einer ganzen Weile klar, weder mit ihr noch mit sonst jemandem. Sie stand auf.

»Wir sind hier fertig«, sagte sie zu Leonhard, der sich nun ebenfalls erhob. »Gehen wir.«

Draußen spürte Sophie, wie ihre Beine anfingen zu zittern, doch nicht vor Angst oder Erschöpfung, sondern vor Zorn. Mit wackligen Knien ging sie zusammen mit Leonhard zu den Automaten im Eingangsbereich und zog sich eine eiskalte Flasche Wasser. Das Zittern hörte auf, sobald sie einen großen Schluck getrunken und tief durchgeatmet hatte, dafür stellte sich jetzt wieder das Kribbeln ein – wie immer, wenn sie das Gefühl hatte, gleich auf etwas Entscheidendes zu stoßen. Und diesmal wusste sie sogar, wo beziehungsweise bei wem.

»Ich möchte noch einmal mit Kira Berens sprechen«, sagte sie zu Leonhard.

»Wozu? Sie hat alles gestanden«, fragte Christoph, der soeben zu ihnen trat.

»Ja, sie hat alles gestanden«, stimmte Sophie zu. »Doch nicht ohne Hintergedanken.«

»Denkst du, sie will ein geringeres Strafmaß für sich aushandeln? Das ist ja nicht unüblich. Derjenige, der zuerst redet, kommt besser davon.«

»Da hast du recht. Kira Berens jedoch ist selbst zur Polizei gegangen. Sie hat nicht geredet, weil sie festgenommen wurde, sondern weil sie sich ganz bewusst dafür entschieden hat, und zwar nachdem ihre Mutter sie angerufen und gewarnt hatte.« Sie trank einen weiteren Schluck Wasser. »Ihr habt Philipp Berens doch erlebt: narzisstische Persönlichkeit, stark verminderte, wenn überhaupt noch vorhandene Impulskontrolle.« Sie schüttelte den Kopf. »Er würde niemals so geplant vorgehen, würde die Mädchen und Frauen niemals tage- oder sogar wochenlang beobachten, um dann erst loszuschlagen. Die Vergewaltigungen früher, sich spontan Mädchen zu greifen und sich an ihnen zu vergehen – das ist seine Handschrift. Die sorgfältige Planung dagegen traue ich ihm nicht zu.« Sophie schüttelte den Kopf. »Denkt nur mal an die Tote aus dem Rhein und Katherine: Sie waren gezeichnet von wahllosen Schnitten und Stichen in Gesicht und Oberkörper. Das ist eine völlig andere Handschrift als bei den übrigen jungen Frauen, deren Tod auf Erdrosseln und zahlreiche brutale Schläge zurückzuführen ist.«

»Seine Frau hat zugegeben, dass sie den Trick mit dem Kinderwagen benutzt hat, um die Frauen anzulocken«, sagte Christoph. »Aber du hast doch ihr Gesicht gesehen – er hat sie ebenfalls misshandelt! Wir brauchen uns wohl nicht darüber zu streiten, wer von den beiden der gewalttätige Part in der Beziehung ist. Keine Ahnung, warum sie nicht Reißaus genommen und sich schon früher an die Polizei gewandt hat.«

»Gewalt hat nicht immer etwas mit physischen Misshandlungen zu tun, und auch eine gestörte Beziehungsdynamik kann mehr sein als ein Täter und ein Opfer«, gab Sophie zu bedenken. »Ich möchte nur noch ein Gespräch mit Kira Berens führen, Christoph. Dann brechen Leonhard und ich unsere Zelte hier ab und fahren zurück nach Wiesbaden. Ist das für dich in Ordnung?«

Christoph sah von Leonhard zu Sophie. »Sicher, klar doch. Ich lasse sie holen und in eines der Vernehmungszimmer bringen. Wenn sie da ist, gebe ich dir Bescheid.«

Keine zehn Minuten später war er wieder da.

»Sie wartet in Vernehmungszimmer zwei«, teilte er Sophie und Leonhard mit und begleitete sie in den kleinen Beobachtungsraum. Durch den Venezianischen Spiegel sahen sie Kira Berens am Tisch sitzen, reglos, in sich zusammengesunken.

»Was denkst du?«, fragte Leonhard.

»Ich weiß es nicht«, gab Sophie zu. »Sie wirkt auf den ersten Blick verzweifelt, nicht wahr?«

»Könnte man so sagen«, stimmte Leonhard zu.

»Guckt mal auf ihre Hände und Füße«, forderte sie ihn und Christoph auf.

»Was ist damit?«, wollte Leonhard wissen.

»Nun, mit ihrer zusammengesunkenen Körperhaltung suggeriert sie Verzweiflung. Sie müsste unruhig sein, angespannt. Doch ihre Hände sind völlig ruhig, genau wie ihre Beine und Füße. Ein nervöser Mensch würde an den Fingern pulen oder mit den Füßen wippen. Doch sie nimmt ganz bewusst diese krumme Rückenhaltung ein und senkt den Kopf, während der Rest des Körpers eine andere Sprache spricht.« Sophie legte den Kopf schräg. »Vermutlich, weil sie davon ausgeht, dass jemand auf dieser Seite des Spiegels steht und sie beobachtet.« Sie deutete auf die Kamera im Vernehmungszimmer. »Und weil sie genau weiß, wie die Kamera sie einfängt und welchen Eindruck sie mit dieser Körperhaltung erzielt.«

»Hältst du sie wirklich für so kontrolliert?«, fragte Leonhard.

»Ja, allerdings«, bestätigte Sophie. »Komm, sprechen wir mit ihr.«

Zusammen mit Leonhard ging sie ins Vernehmungszimmer hinüber.

»Wir kennen uns noch nicht«, sagte Sophie beim Eintreten. »Das ist mein Kollege Leonhard Michels, und mein Name ist Sophie Kaiser. Wie geht es Ihnen, Frau Berens?« Sie setzten sich, und Sophie deutete auf die Verletzung am Auge der Frau. »Das sieht schlimm aus.«

Kira Berens senkte den Blick. »Es war schon mal schlimmer.« Sie presste die Lippen aufeinander.

»Wollen Sie uns davon erzählen?«, fragte Sophie.

»Muss ich denn? Ich habe das doch alles schon Ihren Kollegen gesagt.«

»Ich kann mir vorstellen, wie schwer das für Sie sein muss«, pflichtete Leonhard ihr bei. »Es war mutig von Ihnen, den Schritt zu wagen und sich an die Polizei zu wenden.«

»Ich habe es einfach nicht mehr ausgehalten«, wimmerte die Beschuldigte. »Die jungen Mädchen und das, was er mit ihnen gemacht hat.«

»Was hat er denn gemacht?«, fragte Sophie.

»Aber das wissen Sie doch.« Kira Berens senkte den Blick. »Er hat sie vergewaltigt.« Sie schluchzte auf. »Und ich habe ihn nicht daran gehindert.«

»Nein, das haben Sie nicht«, bestätigte Sophie. »Sie haben ihm sogar dabei geholfen, an die Opfer heranzukommen, nicht wahr?«

Kira nickte und schluchzte erneut. »Ja. Ja, so war es.« Sie schlug die Hände mit den Handschellen vors Gesicht.

»Erzählen Sie uns von Mia«, bat Sophie.

Kira Berens blickte auf. »Von Mia?«

»Ja, von Mia. Wie war das damals mit Ihrer kleinen Schwester?«

»Ich wusste nicht, was er vorhatte«, wehrte Kira Berens ab. »Sonst hätte ich es niemals zugelassen.«

»Wir müssen Sie das fragen«, brachte sich nun Leonhard ein. »So schwer es Ihnen auch fällt – Sie müssen mit uns darüber sprechen.«

»Nur bei einer vollständigen Kooperation kann Ihnen die Staatsanwaltschaft einen Deal anbieten«, rief Sophie ihr ins Gedächtnis.

»Ich wollte damals zu der Party«, begann Kira Berens zögerlich. »Mia wollte mit. Ich wusste nicht, dass Philipp auch dort sein würde. Er hatte gesagt, er würde nur eventuell vorbeikommen.«

»Was ist passiert?«, fragte Sophie weiter.

»Mia und ich hatten Spaß. Wir haben getanzt, und ich habe einige Freundinnen dort getroffen.«

»Welche Freundinnen?«, fragte Sophie.

»Mädchen aus der Schule.«

»Wissen Sie ihre Namen noch?«

»Nein, die weiß ich nicht mehr.« Kira Berens schüttelte den Kopf.

»Und weiter«, forderte Leonhard.

»Na ja, ich war durch die anderen abgelenkt und habe zunächst gar nicht bemerkt, dass Mia irgendwann weg war. Erst nach einer ganzen Weile ist mir aufgefallen, dass sie gar nicht mehr unter den anderen Gästen war, und da habe ich sie gesucht.«

»Und dann?«, fragte Sophie.

»Ich habe sie nicht gefunden. Sie war ganz plötzlich weg.« Kira atmete geräuschvoll aus. »Irgendwann tauchte Philipp auf und bat mich, mit ihm rauszukommen. Das habe ich getan. Draußen hat Philipp angefangen zu weinen. Ich hatte ihn noch nie weinen sehen. Er war vollkommen aufgelöst. Er sagte, er hätte etwas Schreckliches getan und wollte sich das Leben nehmen.« Sie presste sich die Hände vor den Mund. Es dauerte eine Weile, bevor sie weitersprach. »Er hat mir erzählt, er wäre zur Party gekommen und hätte draußen Mia getroffen. Angeblich hatte sie Alkohol getrunken und sich … nun ja … Sie hat sich an Philipp rangemacht.«

»Die Initiative ging also von Ihrer Schwester aus?«, hakte Leonhard nach.

Kira Berens nickte. »Ja. Ich wusste, dass sie auf Philipp stand. Kein Wunder, er sieht ja auch fantastisch aus.« Sie schüttelte den Kopf. »Doch er hätte sich nicht darauf einlassen dürfen.«

»Ihre Schwester hat Ihren Mann damals also verführt, ist das richtig?«

»Ja, so ist es. Philipp und ich waren noch nicht lange zusammen, und wir hatten zuvor Streit gehabt.«

»Worüber?«, fragte Sophie.

Kira Berens senkte den Blick. »Er war wütend auf mich, weil ich keine Jungfrau mehr war, als wir uns kennenlernten. Wir waren so verliebt, doch das hat ihn total gestört. Ich habe Mia von unserem Streit erzählt, und sie hat an dem Abend der Party zu Philipp gesagt, dass sie noch Jungfrau wäre und er sie haben könnte. Er hat sich darauf eingelassen.

Die beiden hatten Sex, und anschließend ist Mia nach Hause gegangen. Allein. Später hieß es, man habe K.-o.-Tropfen in ihrem Blut nachweisen können, doch Philipp hat mir geschworen, dass er nichts damit zu tun hatte. Keine Ahnung, wer sie ihr verpasst hat. Ihr muss schlecht geworden sein, und sie hat sich übergeben, dann ist sie offenbar bewusstlos geworden. Deshalb ist sie erstickt.«

»Das ist wirklich furchtbar. Und Sie haben Ihre Eltern all die Jahre in dem Glauben gelassen, sie wäre einem Gewaltverbrechen zum Opfer gefallen?«, fragte Leonhard in einem Tonfall, der sowohl Unverständnis als auch Mitgefühl ausdrückte.

Kira Berens nickte. »Ja. Denn ich wollte weiterhin mit Philipp zusammen sein. Hätten meine Eltern gewusst, dass er Sex mit Mia hatte, hätten sie mir verboten, mich weiter mit ihm zu treffen.«

»Sie waren damals siebzehn, fast achtzehn«, wandte Sophie ein. »Sie hätten sich über Ihre Eltern hinwegsetzen können.«

»Heute weiß ich das. Doch damals habe ich keinen anderen Ausweg gesehen.«

»Und die anderen Frauen?«, fragte Sophie. »Die hat Ihr Mann vergewaltigt.«

»Ja, das stimmt. Nachdem ich damals wegen Mia gelogen habe, hat er das gegen mich verwendet. Ich hatte solche Angst vor ihm und davor, dass er meinen Eltern die Wahrheit sagt. Er hat mich geschlagen, deshalb habe ich mitgemacht.«

»Der Trick mit dem Kinderwagen«, sagte Sophie. »War das Ihre Idee oder seine?«

»Seine«, kam sofort die Antwort. »Er hat sich immer wieder neue Sachen ausgedacht, um an die Frauen ranzukommen.« Sie schlug die Hände vors Gesicht und schluchzte auf. »Ich habe ihm geholfen, das stimmt. Ich habe die Kamera gehalten, und ich habe ihm sogar geholfen, die Frauen zu waschen. Doch glauben Sie mir, ich wollte das nicht!«

Sophie und Leonhard tauschten einen Blick. Von einer Kamera war bisher nicht die Rede gewesen.

»Die Aufnahmen aus der Kamera, wo bewahren Sie die auf?«

Kira Berens blickte auf. Sophie schien es, als würde ihr in diesem Moment bewusst, einen Fehler gemacht zu haben.

Es klopfte. Ein Mann im Anzug, der eine Aktentasche bei sich trug, betrat den Raum.

»Guten Tag. Mein Name ist Nils Gruppert«, stellte er sich vor. »Ich wurde zum Pflichtverteidiger für Frau Berens bestimmt. Muss ich Ihnen wirklich sagen, dass meine Mandantin während der Befragung ein Recht auf einen Anwalt hat?«

Christoph betrat hinter Gruppert den Raum.

»Ihre Mandantin hat sich an uns gewandt und ihre vollständige Kooperation angeboten. Sie hat die Verbrechen an den Frauen zur Anzeige gebracht«, stellte Christoph klar.

»Wie dem auch sei – die Befragung ist hiermit beendet.« Er wandte sich an Kira Berens. »Von nun an reden Sie nur noch dann, wenn ich dabei bin, in Ordnung, Frau Berens?«

»In Ordnung«, sagte sie und warf Sophie einen Blick zu. Ihre Körpersprache hatte sich schlagartig verändert. Eben noch hatte sie in sich zusammengesunken dagesessen und vollkommen hilflos, ja verzweifelt gewirkt. Diese Strategie schien sie verworfen zu haben, denn von Verzweiflung war nun nichts mehr zu erkennen.

»Wenn Sie mich bitte mit meiner Mandantin allein lassen würden?«, forderte der Anwalt. »Außerdem würde ich einen Raum ohne Kameras und ohne diesen Spiegel dort bevorzugen, wenn ich mich mit Frau Berens bespreche.«

»Sicher«, stimmte Christoph zu. »Ich lasse Sie in einen geeigneten Raum bringen.«

»Verbindlichsten Dank.«

Sophie und Leonhard erhoben sich und gingen zur Tür. Dort blieb Sophie stehen und drehte sich noch einmal um. Ihre Blicke trafen sich. Ein kurzes Lächeln umspielte Kira Berens' Lippen, das sie nicht mal zu verbergen versuchte.

»Komm«, sagte Leonhard. »Hier gibt es für uns nichts mehr zu tun.«

Sophie folgte ihrem Partner schweigend. Das Gefühl, dass hier erneut etwas ganz gewaltig schiefließ, nahm sie mit sich hinaus.

EPILOG
Acht Wochen später ...

Ihr Handy klingelte. Sophie sah aufs Display, auf dem der Name »Christoph Greger« erschien. Sie hatte nach dem gemeinsamen Einsatz in Köln noch einige Male mit dem Kollegen telefoniert, um sich über den weiteren Verlauf des Verfahrens bezüglich Kira und Philipp Berens auf dem Laufenden zu halten. Dabei hatte sie immer wieder betont, dass sie Kira Berens' Schilderungen nicht glaubte und die Kölner Polizei in jedem Fall noch einmal nach den Filmaufnahmen suchen sollte.

Dies hatten die Kolleginnen und Kollegen auch getan und sowohl das Haus des Ehepaars Berens als auch das vom Vater angemietete Lager auf den Kopf gestellt, außerdem den Arbeitsplatz von Philipp Berens – ohne Erfolg.

Inzwischen hatte auch dieser eine Aussage gemacht und die Darstellungen seiner Frau nicht nur bestritten, sondern mehr als deutlich gemacht, dass sie die treibende Kraft hinter allem gewesen war. Er hatte den Beamten sogar das Versteck des Sticks mit den Filmaufnahmen genannt, doch als sie dort nachgesehen hatten, konnten sie nichts entdecken.

Kira Berens bestritt nicht, dass sie diejenige gewesen war, die den Stick an dem Tag, als sie zur Polizei gegangen war, an einem anderen Ort versteckt hatte. Diesen wollte sie aber erst nennen, wenn die Vereinbarung mit der Staatsanwaltschaft und dem Gericht unter Dach und Fach war. Christoph hatte Sophie vor einigen Tagen am Telefon berichtet, dass die Staatsanwaltschaft offenbar gewillt war, sich auf einen Deal einzulassen, um die Anklage gegen Philipp Berens nicht dadurch zu gefährden, dass die Eheleute sich gegenseitig beschuldigten. Kira Berens war eine Haftstrafe von zwölf Jahren angeboten worden, worauf sie sich letztendlich eingelassen hatte.

Auch das Rätsel um Niklas Harms' eigenartiges Verhalten hatten sie zwischenzeitlich gelöst. Er hatte gestanden, über mehrere Monate ein intimes Verhältnis mit Mirja Schmieder gehabt zu haben, was er seinem Freund David Specker natürlich nicht eingestehen wollte.

»Willst du nicht drangehen?«, fragte Leonhard, der am Steuer seines BMW saß und mit ihr zu einem neuen Einsatzort fuhr. »Wer ruft denn an?«

»Es ist Christoph«, antwortete Sophie und tippte auf den grünen Hörer. »Sophie Kaiser, BKA«, meldete sie sich. »Hallo, Christoph.«

»Hallo, Sophie.«

»Ich sitze mit Leonhard im Auto und schalte dich auf laut, okay?«

»Ja, okay«, kam die Antwort. »Hallo, Leonhard.«

Leonhard erwiderte seinen Gruß.

»Gibt es etwas Neues, oder wolltest du dich nur einfach mal melden?«, fragte Sophie, die ein eigenartiges, ungutes Gefühl beschlich.

»Das auch, aber es gibt tatsächlich Neuigkeiten.« Christoph räusperte sich. »Kira Berens hat ihren Deal gekriegt. Zwölf Jahre, bei guter Führung wird sie wohl nicht mal die absitzen müssen.«

»Und?«, fragte Sophie.

»Als der Deal unter Dach und Fach war, hat sie uns das Versteck des Sticks mit den Filmaufnahmen genannt. Sie hatte ihn direkt vor dem Grabstein ihrer Schwester vergraben, nur wenige Zentimeter.«

»Was für eine perverse Scheiße«, fluchte Leonhard.

»Ja, das kannst du laut sagen. Aber das ist noch nicht alles.«

»Was ist drauf?«, fragte Sophie, und das schlechte Gefühl, das sie soeben gehabt hatte, wurde nun noch stärker.

»Alles«, brachte Christoph hervor, und es war seiner Stimme anzuhören, dass er schwer zu schlucken hatte. »Alles«, wiederholte er. »Alle Vergewaltigungen, angefangen mit der von Mia Hora. Wir haben noch nicht alle weiteren Frauen identifizieren können.«

»Moment. Dann hat er also tatsächlich die kleine Schwester seiner Freundin vergewaltigt, und sie wusste die ganze Zeit über davon?«, fragte Leonhard, blinkte und fuhr rechts ran, wo er mit eingeschaltetem Warnblinklicht stehen blieb.

»Du hast richtig gehört. Ihr könnt euch nicht vorstellen, was für Aufnahmen auf diesem Stick waren.« Christoph räusperte sich angestrengt. »Du hattest vollkommen recht mit deiner Annahme, Sophie. Kira war die treibende Kraft. In dem Video von der Vergewaltigung ihrer Schwester singt sie ein Weihnachtslied, wünscht ihm ein frohes Fest und fragt ihn immer wieder, ob er sich über ihr Geschenk freut. Sie sagt ihm sogar, was er alles mit Mia machen soll, und zum Schluss vergeht sie sich selbst an ihr.« Wieder musste Christoph sich räuspern, diesmal noch angestrengter. »Sie hat ihn auch bei den anderen Vergewaltigungen regelrecht angestachelt, ihm quasi Regieanweisungen gegeben. Sie haben die Frauen gezwungen, ihn ihren Herrn zu nennen. Sie sollten ihn anflehen, dass er es ihnen so richtig besorgt. Nur solche kranke Scheiße.«

Sophie sah Leonhard an, dann blickte sie auf das Handy.

»Danke, dass du uns informiert hast, Christoph«, sagte sie leise.

»Wir hätten auf dich hören sollen, Sophie. In nicht mal zwölf Jahren kommt Kira Berens wieder auf freien Fuß – nach allem, was sie diesen Frauen angetan hat! Alle, die sich die Aufnahmen ansehen mussten, sind total fertig.«

»Jeder von uns hat sein Bestes gegeben«, sagte Sophie, obwohl sie sich selbst immer noch Vorwürfe machte, weil sie nicht schneller gewesen war.

»Ach, eins noch, Sophie«, hörte sie Christoph am anderen Ende der Leitung sagen. »Du hattest doch diese Notiz in die Akte von Alena Hellweg gelegt wegen der Halskette.«

»Richtig. Ich konnte mir nicht erklären, warum sie nicht zerrissen war.«

»Wir haben Kira Berens danach gefragt. Kaum dass sie ihren Deal hatte, hat sie uns auch eine Antwort darauf gegeben. Und wisst ihr, was? Sie hat dabei gegrinst.«

»Nun sag schon, was hat sie geantwortet?«, fragte Leonhard drängend.

»Sie hat so getan, als wäre sie überrascht, dass wir nicht selbst darauf gekommen sind«, gab Christoph Auskunft. »Die Kette war von ihnen als Hinweis gedacht. Deshalb haben sie sie Alena nach ihrem Tod wieder umgehängt.«

»Ein Hinweis? Worauf?« Sophie zog die Stirn in Falten.

»Wisst ihr noch, dass Alenas Mutter uns mitgeteilt hat, es wäre eine ›Schwesternkette‹? Kira hat ausgesagt, dass sie sich Alenas Schwester als Nächste holen wollten. Ist das noch zu fassen?«

Einen Moment schweigen sie, alle in ihre eigenen, finsteren Gedanken versunken. Dann fragte Christoph: »Seid ihr noch dran?«

»Ja, wir haben nur einen Augenblick gebraucht, um uns halbwegs zu sammeln«, antwortete Leonhard.

»Ja, ging uns hier genauso. Wenigstens ist der jüngeren Hellweg-Schwester das Schicksal erspart geblieben.«

»Laura. Der Name der Schwester ist Laura«, erinnerte sich Sophie.

»Richtig. Laura Hellweg«, bekräftigte Christoph. »Nicht auszudenken, wenn die beiden sie sich auch noch geholt hätten.

Aber das ist dank euch ja nicht passiert. Ihr seid wirklich gut in eurem Job.«

»Nein«, widersprach Sophie und hörte, wie ihre Stimme brüchig wurde. »Wir haben die beiden zwar überführen können, doch wir haben trotzdem versagt, denn wir konnten Katherine Wolfs Leben nicht retten. Und das werde ich mir für immer vorwerfen.« Sie warf Leonhard einen Blick zu und nickte.

Er ließ den Motor wieder an und reihte sich in den Verkehr ein. »Mach's gut, Christoph. Wir sind schon auf dem Weg zum nächsten Fall.«

»Wo geht's hin?«, fragte Christoph.

»Darüber dürfen wir keine Auskunft geben. Nur dass wir innerhalb Deutschlands bleiben.«

»Na dann, Waidmannsheil. Schnappt sie euch, wen auch immer.«

»Das werden wir«, versicherte Sophie ihm entschlossen, dann drückte sie die rote Taste.

»Wie geht's dir damit, dass die Berens damit durchkommt?«, fragte Leonhard, nachdem sie eine Weile gefahren waren.

»Ich habe es befürchtet«, erwiderte Sophie und starrte nachdenklich geradeaus. »Doch jetzt ist es nicht mehr zu ändern, also mache ich mir keine weiteren Gedanken darüber. Sie muss mit ihrer Schuld leben. Aber wie ich sie kennengelernt habe, wird die sie nicht stören.« Sie sah auf die Uhr. »Fahr ein bisschen schneller. Sonst werden die Kollegen uns heute Abend nicht mehr vollständig informieren können.«

»Du willst heute Abend direkt loslegen?«

»Na sicher! Und diesmal sollten wir uns von vornherein ein Hotelzimmer teilen, findest du nicht?«

Der BMW machte einen Schlenker nach rechts, als hätte Leonhard versehentlich zu heftig am Lenkrad gerissen. Sophie löste den Blick von der Windschutzscheibe, sah zu ihm hinüber und begegnete dabei seinem überraschten Blick.

Sie schüttelte den Kopf. Manchmal konnte sie sich über die Reaktionen ihres Partners nur wundern.

»Zweisamkeit steigert effizientes Denken, wusstest du das nicht?«

NACHWORT

Wie auch im letzten Fall *Der Sandmann* mit der Fallanalytikerin Sophie Kaiser und dem Mordermittler Leonhard Michels beruht auch der Roman *Ken und Barbie* auf wahren Ereignissen, die wir nachfolgend gerne für Sie schildern möchten. Auch diesmal haben wir die Orte der Verbrechen nach Deutschland verlegt und uns gefragt, wie sich heutzutage ein Fallanalytiker oder Profiler mit den Taten auseinandersetzen und zur Lösung dieser Verbrechen beitragen würde.

Ken und Barbie waren ein kanadisches Serienmörderpaar namens Paul Bernardo und Karla Homolka, das in den Jahren 1990 bis 1993 mehrere junge Frauen entführte, folterte, vergewaltigte und tötete und mit ihren Verbrechen die Polizei in Atem hielt. Zuvor hatte Bernardo als Alleintäter bereits damit begonnen, zahlreiche Frauen in Scarborough, einem späteren Stadtteil von Toronto, zu vergewaltigen, und wurde von der Presse der Scarborough Rapist genannt. Bernardos Modus Operandi (Vorgehensweise) bestand darin, dass er seine Opfer in der Dunkelheit von hinten angriff, diese würgte und aufforderte, sich nicht zu wehren, da er sie sonst töten würde. Während der erniedrigenden Vergewaltigungen sprach er mit den hilflosen Frauen, fragte sie beispielsweise, ob sie einen Freund hätten, und kontrollierte sogar ihre Ausweise – starke Anzeichen für einen Kontrollzwang beim Täter. Je häufiger Bernardo zuschlug, desto fordernder wurde er bei seinem Drang nach Bestätigung. So verlangte er beispielsweise von seinen Opfern Bekundungen wie:

»Ich bin eine Hure!«, oder: »Ich liebe dich, und ich tue das, weil ich meinen Freund hasse.« Er ließ sich frohe Weihnachten wünschen und als tollen Liebhaber loben.

Trotz der großen Häufigkeit von Vergewaltigungen innerhalb kürzester Zeit und der sich doch stark ähnelnden Vorgehensweise des Angreifers, gingen die zuständigen Ermittler nicht von einem Serientäter aus – eine fatale Fehleinschätzung, wie sich später in der Verhandlung über die von Bernardo und Homolka begangenen Morde zeigen sollte.

Der »Erfolg« seiner Taten ließ Bernardo unvorsichtig werden. Bei einer weiteren Vergewaltigung konnte sein Opfer ihn im Licht einer nahe stehenden Straßenlaterne erkennen und ein Phantombild zeichnen lassen, woraufhin sich viele Zeuginnen und Zeugen mit Hinweisen auf den Täter bei der Polizei meldeten, darunter auch einige, die Bernardo erkannt haben wollten. Bernardo wurde von der Polizei befragt, außerdem eine DNA-Probe entnommen, die später zu seiner Festnahme führen sollte. Da Anfang der Neunzigerjahre die molekulargenetische Untersuchung von Blutproben, Sperma und Speichel noch in den Anfängen steckte und nur wenige forensische Labore mit dieser Methode vertraut waren, dauerte die Auswertung zwei Jahre. Erst dann konnte ihm nachgewiesen werden, dass er tatsächlich der sogenannte Scarborough Rapist war.

Vor seiner Verhaftung hatte sich Homolka 1991 zwischenzeitlich von ihm getrennt, weil er sie mehrfach geschlagen hatte, war dann aber – wie viele andere Frauen mit Gewalterfahrungen auch – zu ihm zurückgekehrt. Als er sie im Februar 1993 erneut verprügelte und krankenhausreif schlug, ging sie zur Polizei und gestand zur Überraschung der Polizei mehrere grausame Morde an jungen Frauen.

Auf den ersten Blick waren Bernardo und Homolka ein Traumpaar. Beide sahen gut aus und wirkten nach außen hin wie typische junge Verliebte. Sie heirateten am 29. Juni 1991.

Der Roman beginnt an ebenjenem Datum mit dem Fund einer einbetonierten Leiche im Rhein. Das zweite Opfer von Bernardo und Homolka, Leslie Mahaffy, wurde im Juni 1991 verschleppt, über mehrere Tage gefoltert, vergewaltigt und dann mit einer Kettensäge verstümmelt (mutiliert) und in einem Stausee in Beton eingegossen versenkt.

Wie in unserem Buch beschrieben, machte Bernardo seiner Frau Karla tatsächlich immer wieder Vorwürfe, dass sie als Siebzehnjährige bei ihrem ersten Sex keine Jungfrau mehr gewesen war. Bernardo entwickelte als Jugendlicher eine Besessenheit, was die Jungfräulichkeit von Frauen anging. Erklärungen lassen sich in seiner Kindheit finden, die ein Fiasko war. Bernardo musste zum Beispiel mitansehen, wie sein Vater seine Schwester vor seinen Augen sexuell missbrauchte und später für dieses Verbrechen angeklagt wurde. Als er sechzehn war, erzählte ihm seine Mutter, die an Depressionen und Angstzuständen litt und sich mehr und mehr zurückzog, während eines Streits, dass sie seinem Vater fremdgegangen und er bei einem dieser Seitensprünge gezeugt worden sei. Der Mann, den er für seinen Vater gehalten hatte, war also in Wahrheit sein Stiefvater. Bernardo beschimpfte seine Mutter daraufhin als »Hure« und »Schlampe« und wünschte ihr den Tod, während er versuchte, nach außen hin den Schein zu wahren. Er wurde als charmant und offen wahrgenommen, war ein guter Schüler und engagierte sich während seiner Kindheit und Jugend bei den Pfadfindern – ein typisches Verhalten bei Menschen, denen die »dunkle Seite« in ihrem Wesen durchaus bewusst ist und die sich bemühen, diese durch angepasstes, unauffälliges, höfliches und hilfsbereites Verhalten zu kaschieren.

In Paul Bernardos Entwicklung ließen sich zunehmend Tendenzen von Misogynie (Hass auf Frauen) erkennen. Er begann, Frauen zunehmend zu objektifizieren und an ihnen gemeinsam mit Freunden typische Anmachsprüche auszuprobieren, vor allem wenn Alkohol im Spiel war. Je mehr er trank, desto männlicher fühlte und benahm er sich.

Er verspürte einen immer stärker werdenden Drang, Dominanz auszuüben, während er gleichzeitig seiner homosexuellen Neigung nachgab, ohne sie konkret auszuleben. Seinen Freunden erzählte er beispielsweise, dass er mit seiner Partnerin nur Analverkehr ausführe; eine Praxis, die er in den kommenden Jahren durchgehend beibehielt.

In Anlehnung an Bernardos negatives Frauenbild haben wir die sogenannte Pick-up-Artist-Szene (Aufreißer-Szene) aufgenommen, die häufig mit einem bestimmten Frauen- und Männerbild verknüpft ist und auf Social-Media-Plattformen immer wieder für Kontroversen sorgt. Sogenannte Coaches meinen, ihren Followern über oftmals fragwürdige psychologische Methoden bestimmte Verhaltensweisen nahebringen zu können, die ihnen bessere Chancen bei der sexuellen Verführung fremder Menschen, besonders von Frauen, bescheren sollen. Männern soll zu einem neuen und zu mehr Selbstbewusstsein verholfen werden, wobei die Coaches jedoch häufig auf das veraltete »Idealbild« der unterwürfigen, hörigen Frau zurückgreifen, die sich dem dominanten Mann unterzuordnen hat und sich dies insgeheim auch wünscht. Als zentrales Vorbild für ein solches »Sigma Male«-Verständnis gilt die frauenfeindliche Ideologie von Patrick Bateman, Hauptfigur in dem 1991 erschienenen Film *American Psycho*.

Auf einschlägigen Social-Media-Plattformen wird von einer Hierarchie in der Männerwelt ausgegangen, in der es vor allem sich unterordnende Männer gibt – die sogenannten Betas bis Omegas. Die wenigen Anführer, die von Frauen als sexuell attraktiv wahrgenommen werden und erfolgreich sind, werden Alphas genannt. Diejenigen, die sich freiwillig außerhalb dieser Hierarchie bewegen, sind die Sigmas. Sie könnten – so die Theorie – Alphas sein, entscheiden sich aber bewusst dagegen, um ihre eigenen Ziele zu verfolgen. Das soll sie für Frauen sehr mysteriös und anziehend machen, sie persönlich geben einer solchen Bestätigung aber nicht nach, sondern gehen wie »einsame Wölfe« ihren Weg. Die Vorstellung ist hier häufig, dass Frauen ohnehin schlecht für einen Mann seien und man keine tiefe emotionale Bindung zu ihnen zulassen sollte, da sie im Zweifelsfall nur auf das Geld und den Erfolg des Mannes aus seien und ihn früher oder später betrügen würden. Besonders sogenannte Incels, also Männer, die unfreiwillig zölibatär leben und die eine hegemoniale Männlichkeitsideologie verfolgen, fühlen sich von der Vorstellung, ein Sigma zu sein, angezogen.

Es muss an dieser Stelle wohl nicht gesagt werden, dass das Resultat einer solchen Ideologie, die von Millionen Usern begeistert rezipiert wird, Frauenhass und Vorverurteilung sind. Wir haben diese Strömungen aus der Social-Media-Welt aufgenommen, um einen kleinen Einblick zu geben, wie gefährlich und selbstzerstörerisch diese sein können und dass sie gerade bei Menschen mit einem schwachen Selbstbewusstsein mitunter verheerende Ausmaße haben.

Während seines BWL-Studiums arbeitete Paul Bernardo nebenbei in einer Firma, deren Kunden er in Scarborough betreute, dem Ort seiner Vergewaltigungen. Trotz seines kargen Einkommens kleidete er sich gut, wurde wegen seines eitlen und abschätzigen Verhaltens gegenüber Frauen von seinen Kollegen als Mitglied der MCPs bezeichnet, eine Kurzform für Male Chauvinist Pigs – männliche chauvinistische Schweine. Bernardo entwickelte zunehmend ein gestörtes Verhältnis zur Sexualität, da er Gewalt- und Machtfantasien bald überwiegend mit Lust verband und diese in seinen Beziehungen auslebte. Er legte eindeutig sadistische Verhaltensweisen an den Tag: Eine Freundin schlug er beispielsweise immer wieder grundlos, übergoss sie mit kaltem Wasser, erdrosselte sie beinahe mit einem Seil und nahm von ihr Fotos in entwürdigenden Positionen auf, die er später in der Kirche aufhängen wollte. Lehnte sich die Freundin gegen ihn auf und drohte mit Trennung, änderte Bernardo sein Verhalten schlagartig: Er mutierte zum freundlichsten Menschen, verteilte Küsschen und versprach Liebe, nur um sie kurz darauf wieder zu betrügen. Den Sex mit anderen Frauen dokumentierte er filmisch und zeigte die Aufnahmen der Freundin.

Darüber hinaus entwickelte er die obsessive Wahnvorstellung einer Farm aus Jungfrauen, mit denen nur er jederzeit Sex haben konnte. Diese Fantasien übertrug er auf seine Partnerschaft. Er warf Homolka vor, dass diese bei ihrem ersten intimen Verkehr keine Jungfrau mehr gewesen war. Dies führte dazu, dass Karla Homolka ihm 1990 als »Ausgleich« ihre eigene, gerade einmal fünfzehn Jahre alte Schwester Tammy als »Weihnachtsgeschenk« anbot, auch weil sie Angst hatte, die Kontrolle über Bernardos sexuelle Gier zu verlieren, da dieser, wie sie wusste, Tammy heiß begehrte. In einem mit fein säuberlicher Schrift geschriebenen »Gutschein« sicherte sie ihm zu, dass sie Bernardos Wünschen entsprechend auch »kranke und perverse Handlungen« begehen werde. Zu jener Zeit wohnte Bernardo bei Karlas Familie, was die Umsetzung ihres Angebots natürlich erleichterte. Nachdem die Eltern am 23. Dezember ins Bett gegangen waren, verabreichte das Paar Tammy ein Getränk mit einem Beruhigungsmittel, welches Karla bei ihrer Arbeitsstelle in einer Tierarztpraxis gestohlen hatte. Anschließend betäubte Karla ihre Schwester zusätzlich mit einem Tuch, das sie mit einem Narkosemittel getränkt hatte. Danach vergewaltigte Bernardo die Bewusstlose, dann forderte er Karla auf, es ihm gleichzutun. Die beiden filmten die Tat. Tammy, die sich vermutlich aufgrund des überdosierten Narkotikums erbrach, erstickte. Obwohl die Ermittler bei der Untersuchung von Tammys plötzlichem Tod Hinweise auf eine Beteiligung der beiden fanden, gingen sie schlussendlich von einem tragischen Unfalltod nach übermäßigem Alkoholkonsum aus; eine toxikologische Untersuchung der bei der Obduktion von Tammy gewonnenen Körperflüssigkeiten erfolgte nicht.

Schon bei diesem Verbrechen zeigte sich Bernardos Präferenz für einen ganz bestimmten Opfertypus: Ihn interessierten junge Mädchen, die im besten Fall noch Jungfrauen waren.

Gestärkt durch die im Sande verlaufenen Ermittlungen, beging Bernardo weitere Vergewaltigungen und Morde; häufig mit Karla Homolkas Hilfe, die seine Vergewaltigungen mit der Kamera festhielt. Karla war der Lockvogel für junge Mädchen, die sie mit den gestohlenen Betäubungsmitteln gefügig machte, um sie anschließend zusammen mit Bernardo zu quälen und zu vergewaltigen. Dabei kam es öfter zu einer Art Rollenspiel, bei dem die bewusstlosen Opfer Kleidung der toten Schwester von Karla angezogen bekamen und stellvertretend für Tammy missbraucht wurden. Auch diese Taten wurden gefilmt, die Videobänder von Bernardo versteckt.

Ganze fünfeinhalb Jahre nach seiner Verhaftung Anfang 1993 konnte Bernardo endlich als der Scarborough Rapist identifiziert werden. Bei der anschließenden Gerichtsverhandlung war es jedoch nach wie vor schwierig zuzuordnen, welche der Tathandlungen von Paul Bernardo und welche von Karla Homolka vorgenommen wurden, da es den Ermittlern nicht gelang, das Versteck der Videobänder ausfindig zu machen. Bernardo und Homolka beschuldigten sich gegenseitig, zudem hatten Homolkas Anwälte mit der Staatsanwaltschaft eine Verabredung getroffen, wonach sie im Prozess gegen Bernardo als Kronzeugin aussagte und im Gegenzug im Juni 1993 zu zwölf Jahren Haft lediglich wegen zweifachen Totschlags verurteilt wurde. Als *deal with the devil* – eine Abmachung mit dem Teufel – ging dieser Pakt in die kanadische Justizgeschichte ein und sorgte wegen der geringen Strafe für Karla Homolka für großes Entsetzen in der Bevölkerung.

Diese hatte als Begründung für ihre Tatbeteiligung angegeben, sie wäre lediglich eine von Bernardos Sexsklavinnen gewesen, die er wie die anderen Opfer gedemütigt und immer wieder zusammengeschlagen hätte. Sie habe ihren Mann nicht geliebt, im Gegenteil: Sie habe ihn lediglich aus Pflichtgefühl geheiratet.

Während das Verfahren nach Karla Homolkas Verurteilung gegen ihren früheren Ehemann fortgesetzt wurde, tauchten nach intensiver Suche die Filmaufnahmen auf, die das Paar während seiner Taten von sich aufgenommen hatte. Es stellte sich heraus, dass Homolka aktive Täterin und keineswegs, wie von ihr behauptet, Opfer war.

Homolka sagte beim Prozess gegen Bernardo aus, die Videobänder bewiesen seine Schuld, obwohl es äußerst unüblich ist, dass ein anderer Beschuldigter gegen den Hauptbeschuldigten aussagt und ihn dadurch zusätzlich belastet. Während Bernardo wegen zweifachen Mordes und der zahlreichen Vergewaltigungen zu lebenslanger Haft verurteilt wurde, kam Homolka 2005 auf freien Fuß. Der Fall wird bis heute kontrovers diskutiert, besonders Homolkas Rolle als aktive Täterin.

Mehrere Psychiater kamen zu unterschiedlichen Ergebnissen, was Karla Homolkas Gefährlichkeit angeht. Konsens herrscht darüber, dass Homolka ein besonderes Interesse an Verbrechen hat und sich besonders zu Männern hingezogen fühlt, die Verbrechen begehen. Ob sie selbst jedoch auch ohne Bernardo Verbrechen begangen hätte und inwieweit sie sich beeinflussen ließ oder sogar – wie auf den Videobändern zu sehen – der aktive Part war, bleibt ungeklärt.

Wir haben die Zeiträume, in denen die Opfer von den Tätern festgehalten wurden, fiktional verlängert. Tatsächlich waren die eigentlichen Spannen, in denen die Opfer in der Gewalt der Täter waren, deutlich kürzer. Die Auffindesituationen haben wir den wahren Vorlagen angeglichen. Da es in unserer Geschichte jedoch mehr Opfer gibt, haben wir ähnliche Orte hinzugefügt, die den Wert der Opfer für die Täter unterstreichen – nämlich absolut geringschätzend und entmenschlichend. Wir haben auch aufgenommen, dass die Leichen von den Tätern gewaschen und ihnen die Haare geschnitten wurden. Dies geschah laut Homolka jedoch keineswegs, um den Opfern dadurch einen kleinen Teil ihrer Würde zurückzugeben, sondern lediglich, um Beweise zu vernichten.

Unsere Hauptfigur Sophie Kaiser hat ihre ganz eigene Herangehensweise an Fälle. Dabei haben wir uns stark an Axel Petermanns Erfahrungen als langjähriger Fallanalytiker orientiert. Besonderer Fokus liegt auf dem Verhalten des Täters bei der Tötungshandlung und dem Umgang mit dem toten Opfer, da nur so eine Antwort auf die Frage gefunden werden kann, inwieweit sich dieser personifiziert, also Handlungen begangen hat, die ihm wichtig waren (zum Beispiel übermäßige Gewalt, Verstümmelung, Erniedrigung und Bloßstellung des Opfers, aber auch Handlungen, die Reue und Scham erkennen lassen).

Erwiesenermaßen führten Unzulänglichkeiten und Schlampereien bei der kanadischen Polizei sowohl bei der Suche nach dem Scarborough Rapist als auch bei den Verbrechen des mörderischen Duos dazu, dass es Jahre dauerte, bis Paul Bernardo und Karla Homolka verhaftet und verurteilt werden konnten. Ein zur Klärung der Umstände eingerichteter Untersuchungsausschuss zeigte später ungeschminkt die Gründe des Scheiterns auf und wies darauf hin, dass auch fehlende Kompetenz beim Austausch von Meldungen und Hinweisen das Erkennen der Vergewaltigungsserie verhindert hatten. Um diesen Mangel zu beheben, wurde von der Royal Canadian Mounted Police (RCMP) die ViCLAS-Datenbank (Violent Crime Linkage Analysis System) entwickelt, die vorwiegend dazu dient, die Informationen bei vermuteten sexuell assoziierten Tötungsdelikten und Sexualtaten effektiv und schnell zusammenzuführen, da – wie im Fall von Paul Bernardo und Karla Homolka – eine erhöhte Wiederholungsgefahr besteht. Schwerpunkt dieses Analysetools ist die Beschreibung des physischen, sexuellen und verbalen Täterverhaltens, das sich immer wieder durch die individuelle Vorgehensweise der Täter unterscheidet, sodass Zusammenführungen mit noch ungeklärten Verbrechen, aber auch die Identifizierung von Taten bereits bekannter Täter möglich sind.

Eine weitere Möglichkeit, um Täter bei ungeklärten Tötungs- oder Sexualdelikten zu identifizieren, besteht in der Analyse des Tatgeschehens. Während der klassische Ermittler einer Mord- oder Sonderkommission nach der Entdeckung der Tat – verkürzt gesagt – *auf der Spur* arbeitet, also den am Tatort aufgefundenen Beweisen folgt, um dessen Urheber zu identifizieren, ihn gegebenenfalls mit der Tat zu konfrontieren und zu überführen, versuchen Fallanalytiker oder Profiler die *Spur hinter der Spur* zu lesen. Was zunächst kryptisch klingt, ist einfach zu erklären. Im Wesentlichen wird das Tatgeschehen rekonstruiert, die Entscheidungen des Täters und die Biografie des Opfers analysiert, um das Motiv des Verbrechens zu erkennen. So wird beispielsweise eine Beschreibung des Täters zu seiner Persönlichkeit, seinem Alter, seiner Nähe zum Opfer, seinen Fähigkeiten und Schwächen usw. erstellt, um ihn von anderen potenziell Verdächtigen unterscheidbar zu machen – eine Vorgehensweise, die, angewandt im Fall von Paul Bernardo und Karla Homolka, sicherlich dazu hätte beigetragen können, weitere Opfer zu verhindern.